哲學研究叢書・學術思想叢刊

老子之人性論與無名思想

蕭振聲　著

目次

馮序

一

　　馮友蘭認為古代中國哲學的特質有幾個要點，其中包括以下一點：[1]

> 中國古代哲學的著作多名言雋語和比喻例證。由於這種表達方式不夠明晰，缺乏理論的聯繫，故中國哲學的語言長於暗示，而拙於系統的推理和論證。

順此，不少學者常有一種誤解，以為古代中國哲學不重思辨，沒有嚴整的系統，長於暗示而拙於論證，便進而認為有關的著作只能以藝術性的語言表達，不能用理論性的語言來詮釋和分析。西方學者如 David Hall 與 Roger Ames 更強調古代中國哲學的語言是「非分析的」（non-analytic），而古代中國哲學家或思想家的思考模式是「關聯性的」（correlative），與西方哲學家或思想家的分析性的思考模式截然不同，甚且以雙方的語言、概念為不可通約的（incommensurable）。其實並非如此。古代中國哲學論著的表達形式雖多為非理論性的，但這並不表示有關內容沒有內在的邏輯理路，可供我們加以詮釋和分析。至於以所謂「關聯性的思考」為非分析性的，乃是毫無根據的說法。[2]

---

[1]　參閱馮友蘭《中國哲學簡史》第一章第二至第三節，收入《三松堂全集》第六卷（鄭州市：河南人民出版社，1989年），頁6-13。

[2]　參閱 Yiu-ming Fung, "On the Very Idea of Correlative Thinking," *Philosophy Compass* (Blackwell) vol. 5, no. 4 (2010): 296-306.

雖然並我不同意以上提到的觀點，但我不得不承認：在古代中國哲學的文獻中，道家的語言有較多的類比、暗喻及形象性的用法，加以原文段落無統、論析隱晦，對研究者言，實難統理成章，更遑論盡得先哲之真意。

我年輕時對道家哲學思想很感興趣，博士論文中亦有一章論道家的言說問題。但其後鑽之越深，則越覺難以駕御其語言，難以建立一融貫的圖像。其後再閱此章，更覺其為失敗之作，故從不敢嘗試把文章整理發表。及年近退休時，看到不少學者以不同的視角，並以嚴謹的方法，嘗試探究道家哲學中的一些甚具理趣的問題，終於使我舊火重燃，謹附驥尾之後，以試誤之心，對老子和莊子的若干理念作出解析。其中對我有啟發之功的，除了資深學者如方萬全、方克濤（Chris Fraser）、莊錦章、張錦青、楊儒賓、鄭凱元等教授外，振聲的博士論文及其他道家著作都給予我重新思考問題的挑戰和引導。[3]

二

振聲的博士論文題目是：「道家的行動哲學：以『因』概念為主之探究」。此論文對「因」一詞在道家及黃老道家著作中之諸種用法的細密而精準之分析，不僅是基於他用功於文字訓釋的成果，更且是在於他長期探索所培養成的哲學的敏銳觸覺（philosophical sensibility）。建基於廣泛而深入的材料考察，他對引用西方哲學理論來解析道家的行動理念作出嚴謹的驗證和公平的評斷。例如，針對各家有關意向與行動的不同觀念，振聲都能有效地運用 John Searle 的意向性行動理論（theory of intentional actions）和語文行為理論（theory of speech acts）

---

3 最近本人撰寫的論文 "Skill and *Dao* in the *Zhuangzi*"（曾在臺灣哲學學會的年會及其他大學的講座上發表），即深受振聲論文中對道家行動理論分析的啟發而完成。

來微觀地分析各種意向行動的不同滿足模式（modes of satisfaction）。在宏觀分析方面，他探用 Donald Davidson、Michael Bratman 及 Alfred Mele 等大家的「欲求—信念」模型（desire-belief model），有效地將道家各派的行動理論以融貫的方式說明，並對其他著名學者（如採現象學角度作分析的 J. W. Krueger 和用分析哲學方法來分析的 Chris Fraser）的說法予以恰當而有力的批判。此外，他也能提出堅實的論證，指出 John Searle 的 "intention-in-action" 一觀念不適合用來說明道家的思想。與 Krueger 和 Fraser 的觀點不同，他提出一些堅實的論據，以論證道家的行動理論是關於第二序的行動（second-order action），而非以具體行動（或第一序的行動）為直接探討的對象。個人認為：此論文實具有原創性的見解和啟發性的洞見。

與振聲的博士論文比較，他這部有關老子的專著可說是更臻成熟之作。此書的第一主題是老子的人性論。對於當今學者提出的「性自然」、「性善」、「性真」諸種說法，振聲都能提出合理的評析：既有肯定，亦有質疑，從而作出檢視、清理、補強的工作。他指出「自然」只是一形式概念，當論者言及自然人性時，焦點主要是落在所謂「形氣」或「才性」上。但和荀子言才性一樣，這種性是價值中立的（value-free），而無規範的意義（normative meaning）。故此，以此說言人性，似失卻規範性之涵義而難言以人性為價值取向之基。

至於「性善」之說，他認為老子的「善」之概念與儒家的「善」之概念應有分際。表面看來，在老子的性善論詮釋中，「善」並無太重的道德負荷，它在相關的詮釋脈絡中甚至可以被看作為非道德語詞（amoral term），它遠於道德（morality）而反近於道德中立（moral neutrality）。依個人理解，振聲似認為老子以「遮詮」（*apoha*: exclusion）的方式來表達其去除善惡二元性之計度。換言之，若以老子之性為善，此一概念須建基於去除善惡二元性之計度而為高一層次者。個人認為：依老子之說，在制度化的社會中，凡人為建制之行動

皆伴有違離人為建制之行動的人為行動。道德建制之可能，正預設不道德的事實。老子的理想似是要去除這種共生的人為二元性之計度，以復歸無名之樸、無為之根。此乃他所取向或嚮往的無此共生二元性之計度的和諧狀態之本真世界。如我們借用 John McDowell 之說，[4]欲要復歸於無名、無為、無執、無欲……之本真，必須 "silencing"（暫譯為「歸寂」）或 "to silence"（暫譯為「使之歸寂」）一般道德之欲與伴隨的不道德之欲（工具理性之計度），去除一般建制之欲與伴隨的不合建制之欲，故其所謂「聖人欲不欲」，乃是以第二序的欲（the second-order desire）去 "silence" 第一序的欲（the first-order desire）。[5]

振聲認為：「在老子的理想社會中，人人各行其是，互不相涉，並無強勢弱勢之分，無人有待救援，我們便無由對他者表現慈愛。這種『不慈』，也許才是老子所肯定的『慈』——即『大慈不慈』也。」個人認為：這種在 "silence" 慈與不慈二元性之計算而得的「大慈」之「慈」，正是一種不必用慈去對付不慈之人性本真，一若赤子之純真。慈與不慈二元性中的「不慈」乃是與慈愛之行相反的「惡行」；而 "silence" 慈與不慈二元性之計算而得的「大慈不慈」中之「不慈」乃是不必作慈愛之計度。要進入一非工具理性的和諧境地，亦回復人性的本真狀態，「損」的、「去」的、「無」的、「不」的 "silencing" 的工夫是必需的。若與振聲討論的「性超善惡論」比較，最大的不同是此說並不為針對善惡二元性之現實而訴諸一圓滿的性體或知體以克服惡之產生。此說不但不否定善惡二元性之現實，更且要在預設善惡二元性之現實下才能用「無為」的工夫以使之「歸寂」。

---

4 John McDowell, "Virtue and Reason," *The Monist* (1979), lxii: 331-50; reprinted in Stanley G. Clarke and Evan Simpson, eds., *Anti-Theory in Ethics and Moral Conservatism* (Albany: SUNY Press 1989): 87-109.

5 此乃借用 Harry G. Frankfurt 之說。參閱 Harry G. Frankfurt, "Freedom of the Will and the Concept of a Person," *Journal of Philosophy* (1971), 68 (1): 5-20.

「歸寂」不是以圓滿的性體或知體來為善去惡，而是以「無為」的工夫使計度性的善與惡之欲求皆失效。如果說「欲無欲」也有目的，那也只是在第二序工夫下所成就的 "unintended consequence"。

有關「性真」之說，振聲認為「真」要置放在「靜」的脈絡上來理解方有真切的意義。用此觀之，就老學而言，「性真」必須預設「性靜」，或曰「性靜」比「性真」更為基本。在這意義上，「性靜」較諸「性真」當更能代表老子對人性的看法。換言之，和前述二說一樣，必須放在工夫論上來理解回歸人之本性。

此書的第二主題是老子的無名論。一如在第一主題中他對老子的人性論之新說，同樣是放在工夫論的層次上立說。他在書中強調：老子之「名」除了名字、稱謂、言說諸義，尚可作名望、聲譽、地位解；故對老子之無名思想來說，語言問題固是本質所在，唯工夫論問題亦為不可忽略的面向。此可謂切中肯綮之論。換言之，純從「命名」（naming）的角度，亦即從指涉理論（reference theory）的角度分析老子「無名」的理念，極可能忽略了「無名」的理念是扣緊老子以「無為」工夫為核心思想的整體性。順著此一思路，振聲對「無名」與「有名」之關係及「始制有名」之論析，以及將這些問題置放在「無為」的工夫論上作全盤的考察，可謂推陳出新，而精義迭出。

此處我想補充一點的是：「命名」除涉及指涉理論之外，亦可從語文行為理論來分析。依照 John Searle 的觀點，命名作為一種履行性的語文行為（performative speech act），具有構造社會實在（social reality）（包括制度和制度性的事實〔institutional facts〕）之功能。[6]例如在周朝的禮樂制度之下對人與物的命名，同時就是一種授權的行為。用 John Searle 的語文行為理論來說，命名乃是藉著聖王或傳統的權威

---

6 John Searle, *Making the Social World: The Structure of Human Civilization* (Oxford: Oxford University Press, 2010): 94-5.

而賦予制度中的每一名或器一種身分或地位功能（status function）及規範力量（deontic power），並從而得到集體的認同或接受（collective recognition or acceptance）。無論王者是透過暴力而得到政權，或藉著宗法世襲傳統而成為王者，也無論人民大眾震懾於暴力，崇拜領導的英明，或依從傳統而集體認同某人可配以「王者」之名，一旦認可此一命名，此被認可的制度性的事實即賦予某人一種王者的權位，對之亦有某種權利與義務的規定或期望。《左傳》上說的「名與器不可以假借於人」及「名以制義，義以出禮，禮以體政，政以正民。」正顯示命名具有製造規範世界之功效，及亂名足以使建立的規範世界失效。

就老子言「無名」與「有名」，及「始制有名」與「知止」諸義來看，個人認為他亦有可能是針對命名所製造出來的善惡共生的二元性世界而立說。對孔子而言，他的理想是要藉「正名」以使失序的規範世界重建起來；對老子而言，他的理想則是要使此善惡共生的二元性世界「歸寂」，以進入或回復人性本真所在的和諧美境。

三

在這本老學專著及其他已發表的論著中，振聲不但能廣泛而深入地吸收前輩學者的研究成果，更且能推陳出新。此書對《老子》中的兩個重要課題作出了系統性的研究。此專著無論在文本內涵的詮釋、哲學理論的重建及思想發展的探索方面，都有所突破。前輩學者在這兩個課題上的貢獻固屬無容置疑，但其努力或側重在文本詮釋之上，或集中於思想史探索之上，或傾向於理論性發揮之上，鮮有能兼顧及這三方面而提供一綜合性的研究。振聲此一專著的特色，正在於其能綜合文本詮釋、哲學解析及觀念史探索三方面，在前人的研究基礎上跨進一步。

在方法論上，此一專著不僅能不為漢學式的思想史（sinological

intellectual history）的進路所侷限，且能結合哲學解析而採取觀念史（history of ideas）的進路，對老子思想的問題既能說明其產生之原因（genetic cause），亦能說明其構成之理據（justificatory reason）。一方面可避免觸犯只言歷史實證的發生性謬誤（genetic fallacy），另一方面亦可避免陷入脫離文本的空談（out of text and out of context）。此外，振聲在此專著及其他論著中，非常謹慎地引用西方的哲學理論來解析及說明老子的課題，意在揭示一些具普遍性的問題之涵義，並提供一些極具開發性的理念之分析與說明。與其他嘗試以西方理論來處理相關問題的西方學者比較，他在糾正他們脫離文本的弊病之餘，更能進一步提供其獨特的見解，建立一既融貫又合理的解釋。

這是一個「哲學困惑的時代」。在這個時代，來清理中國哲學的問題，特別是老、莊的課題，乃是一件不容易的工作，需要長期的努力與嘗試。目前振聲的研究作出了一個很好的嘗試，今後日益月增，企予望之。

馮耀明

二〇一八年九月二十八日教師節

於臺中東海大學

導言

　　本書屬於老子哲學的專門研究，探討的範圍包含兩大部分：人性論與無名思想。眾所共知，《老子》中無「性」字之用例；而老子之「名」，亦多從「名字」、「稱謂」或「言說」解。前一現象在文獻上多少限制了老子人性論的深入討論；後一通見則挾著詮釋的優勢遮蔽了老子之無名思想在語言面向外的其他可能面向。本書的基本論旨是：老子雖不言「性」，但其對人性問題卻展現了非常周延的思考；至若其「無名」概念，則可安放在無為工夫的脈絡上呈顯新貌。要之，本書旨在藉由對這兩個論題的考察和重詮，突顯老子哲學廣受忽略而又值得注意的若干側面。以下分為問題意識、研究方法、章旨概述三個環節交代本書的一些背景資訊和內容特色。

一　問題意識

　　無庸諱言，從傳統的義理、訓詁之學到當代的漢學研究，先秦諸子一直都具有顯學的地位。而在先秦諸子中，又以儒、道兩家最為重要。老子（約西元前六世紀）作為先秦道家的代表人物，不論其人、其書還是其對後世之影響，都稱得上是歷久不衰的研究項目。概觀既有的研究動態和成果，本書之問題意識主要可歸結為兩點。

（一）老學不乏熱門題材，人性論與無名思想的考察、重詮工作嚴重受限

　　大致言之，學界對老子的探討似多集中在幾個熱門的議題上，顧

此而失彼，這樣便不可免的分薄了老子的人性論和無名思想理當受到的關注。我們可循「文獻」和「義理」兩大方面略述老子研究之現況，從中瞭解人性論和無名思想在老學研究中辛苦經營的處境。

從文獻的方面看，老子研究最少有三個題材正在熱烈爭論中，分別是「老子其人和其書之關係」、「《老子》成書之過程」和「《老子》各版本之間的異同和演變」。就前兩個問題言，上世紀初之「古史辨」運動，業已圍繞老子年代及《老子》一書之晚出問題作了許多討論。[1] 而據錢穆（1895-1990）先生稱，疑《老子》為晚出者始於清代汪容甫（1745-1794），其說後為梁啟超（1873-1929）所承[2]，錢先生自身在上世紀中期亦提出不少文證。[3] 可惜的是，雖然幾乎所有頂尖的學者都曾投身於這兩個問題的思辨與詰難，但依然未能求得一致的答案。事實上自一九七三年長沙馬王堆漢墓帛書《老子》甲乙本、一九九三年荊門郭店楚墓《老子》甲乙丙三組、二〇〇九年北京大學藏西漢竹書《老子》相繼出土和重見人世以來，老子其人其書之關係及《老子》之成書、分篇、分章過程非但沒有得到釐清，問題反而更形複雜。[4] 這些出土文獻的再現同時亦激起了學人對第三個問題的興

1　有關古史辨學派對《老子》其人其書的扼要看法，可參看張鴻愷：《先秦至漢初《老子》思想之發展與變遷》（臺北市：萬卷樓圖書公司，2009年），頁2-6。

2　錢穆：〈自序〉，《莊老通辨》（香港：新亞研究所印行，1957年），頁2。

3　錢先生之文證主要見於下述三篇論文：〈中國古代傳統中之博大真人老聃〉、〈關於老子成書年代之一種考察〉、〈再論老子成書年代〉，同收入氏著：《莊老通辨》，頁11-20、21-60、61-102。

4　此處試舉一例以明之。當長沙馬王堆帛書《老子》出土時，許多學者指出這不止反映了通行本《老子》之篇次和章次序列在魏晉之前曾經後人改動，在某程度上也印證了《老子》當成書於戰國末年或秦漢之際。然而郭店竹簡《老子》出土，證明了若干《老子》材料早於戰國中期以前業已流傳。有部分論者遂主張《老子》早出說之不誤，蓋郭店《老子》甲、乙、丙三組之材料類近於依不同主題或興趣結集而成之「節選本」，既曰「節選」，則必源出於一內容完整之「祖本」也。唯仍有學人持相反意見，主張甲、乙、丙三組呈現不同主題，不表示其為「節選」之性質，因早期道家集團之不同成員或因個人興趣、需求而記錄或撰寫今本《老子》之材料，這

趣：諸傳世本《老子》如嚴遵本、河上公本、王弼本、傅奕本、范應元本和帛書本、郭店竹簡本、北大漢簡本有何異同？其間是否有傳承關係或可找出一條（或數條）演變的軌跡？若答案是肯定的，那麼此傳承和演變當如何著手理解？

而從義理的方面看，老子「無」的形上學、「道生萬物」的存有論、「不可道、不可名」的語言哲學、「致虛守靜」的修養工夫論以及其在中國思想史上的深遠影響諸項，雖然多已成國學常識或學界通見，但仍然一直吸引著學界的目光，相關論文及專著出版之繁，無待細表贅引。值得一提的是上述各種《老子》相關的出土文獻並不止涉及老子其人其書的史實問題、考據問題或版本定型及流變問題，也涉及對老子上述諸項義理問題的重新理解及後續思考。或許可以反過來看：就老子哲學的研究現況來說，晚近數十年來出土文獻的頻繁重現，固有利於老子舊有義理問題之保持活力和展現討論價值，但對於老子哲學的新問題之提出和反省而言，卻不見得有何積極的裨益。[5]

些不同主題的零散材料一直累積，很有可能在某段時期經由一編纂者搜集、排列、修訂、結集，而成今天所見《老子》之初稿。倘此說為是，則《老子》之背後乃是一「作者群」，而非某單一之作者。如此，則老子其人是否存在依然是一個問題。當知郭店《老子》之發現，對於《老子》之早出晚出以及是否真有老子其人之判定，未必起到具體的作用。由此例觀之，出土文獻之重見天日，固然提供了實質的文本證據和研究基礎，卻反而同時帶來更多疑問、困惑，或激發起更多針鋒相對的看法。

5　這裡也可補充說明一點。隨著當代中西知識之交流頻繁，愈來愈多學者從中西比較哲學的角度探討老子思想。但如同文中所指出的狀況，即便是對老子思想作比較哲學式的研究，亦多是針對既有的顯性議題入手，以見老子思想在西方的學術語言中所呈現的新貌。例如較早期的傅偉勳（1933-1996）、陳榮灼、袁保新諸先生均著眼於老子之形上學或存有論，並將之與海德格（Martin Heidegger, 1889-1976）哲學互相參照；而就晚近學界狀況來看，鍾振宇先生嘗對老子的「無為」和海德格的「泰然任之」兩個概念進行比較研究，又從歐陸哲學視野重構老子之語言存有論；賴錫三先生亦從海德格、卡西勒（Ernst Cassirer, 1874-1945）、巴舍拉（Gaston Bachelard, 1884-1962）、本雅明（Walter Benjamin）等哲學家的語言理論和修辭理論重探老莊的道論和語言哲學。至於西方漢學家如陳漢生（Chad Hansen）從哲學詮釋學角度

　　藉前論可知，從「文獻」和「義理」兩大方面看，學界的老子研究均具有不少穩定的或可供持續討論的議題。這一情形不可避免地擠壓了考察老子人性論和重詮其無名思想的空間。當然，這不表示論者對這兩個議題提不起任何興趣。事實上，有關老子人性論之重建與定位，以及老子無名思想在語言詮釋外的工夫論解讀，雖然非屬主流，成果也不多，卻一直是若干有志者致力從事的工作。然不可否認的是，此兩者就目前的研究趨勢看來，畢竟談不上是矚目的研究題目。這是本書嘗試以老子之人性論和無名思想作為研究範圍的消極原因。

（二）老子之人性論和無名思想大有開發潛力

　　如上所述，老子之人性論和無名思想雖非老學主流，但仍有一定的市場。因此，吸收現有成果，審視長短優劣，從事引申發揮，帶動討論效應，乃是本書以此兩者作為研究範圍的積極原因。

　　就老子之人性論研究來說，最早從兩漢之交嚴遵（西元前86年-

探討老子之道論和政治思想、森舸瀾（Edward Slingerland）從概念隱喻的語言學角度析論老子之「無為」，也廣為學界所熟知。可以說，從西方哲學觀點考察老子哲學，有時亦受老子哲學中現成、熱門之議題所吸引，新問題之提出或對冷門題材投入關注始終是老子研究中的弱勢。有關傅偉勳、陳榮灼、袁保新諸先生對海德格和老子的比較性研究之引介，可參看賴錫三：〈後牟宗三時代對《老子》形上學詮釋的評論與重塑——朝向存有論、美學、神話學、冥契主義的四重道路〉，收入氏著：《當代新道家——多音複調與視域融合》（臺北市：臺灣大學出版中心，2011年），頁1-105。至於前引其他學人之觀點、著述則分見：鍾振宇：《道家與海德格》（臺北市：文津出版社，2010年）；鍾振宇：〈老子的語言存有論〉，收入氏著：《道家的氣化現象學》（臺北市：中央研究院中國文哲研究所，2016年），頁155-196；賴錫三：〈老莊的肉身之道與隱喻之道——神話・變形・冥契・隱喻〉、〈從《老子》的道體隱喻到《莊子》的體道敘事——由本雅明的說書人詮釋莊周的寓言藝術〉，同收入氏著：《當代新道家——多音複調與視域融合》，頁289-336、337-393；Chad Hansen, *A Daoist Theory of Chinese Thought: A Philosophical Interpretation* (New York: Oxford University Press, 1992), pp. 196-230; Edward Slingerland, *Effortless Action: Wu-wei as Conceptual Metaphor and Spiritual Ideal in Early China* (New York: Oxford University Press, 2003), pp. 92-176.

西元10年）的《老子指歸》，以及東漢至魏晉時期之河上公（約西元
一世紀）、王弼（226-249）的老子注釋開始，「性」字已被用來解讀
《老子》中「德」、「真」、自然」、「無為」這些重要觀念。唐宋以後
道教的性命思想源出於老莊，尤為人所熟知。至乎當代學人更喜對老
子之人性思想作重建式的理論定位，如性自然論、性善論、性超善惡
論、性真論等，皆是常見於道家研究著作中的說法。可以說，雖然老
子之人性論研究無論在質在量，均遠遜於前述的文獻考證工夫和義理
析辨工作，但畢竟已有了一定的累積，也有了良好的起步。依此，對
前人所論作內容要點的歸納、總結，以及作理論得失的考察、檢討，
既順理成章，亦具很高的開發價值。

　　而就老子之無名思想來說，學界多從語言哲學的角度看待之，主
張老子之論「無名」，旨在表達形上道體之不可言說性、語言功能之
限制性和制度名位之不必要性。本書則特別強調：老子之「名」除了
名字、稱謂、言說諸義，尚可作名望、聲譽、地位解；故對老子之無
名思想來說，語言問題固是本質所在，唯工夫論問題亦為不可忽略的
面向。本書即循此認識，對《老子》首章、第二十五章、第二十八
章、第三十二章、第三十七章、第五十二章等涉及「名」的章段作出
工夫論重詮，藉此闡發老子「無名」思想與「無為」工夫之關係。

　　總之，老子之人性論研究已積聚了一定成績，實有進一步整理、
檢視、探究的必要；全於老子之無名思想，在語言哲學領域中幾已窮
盡一切詮釋的可能，故另拓其他路向，或可通往新的理解。這些因素
反映出老子之人性論與無名思想含藏很大的開發潛力，值得我們予以
正視和致力思索。

二　研究方法

　　前述的問題意識界劃了本書的探討範圍。這裡則交代本書著手探

討時所依循的方法進路。大略言之，根據版本的多樣性、主題的侷限性、領域的適切性和論述的批判性，本書主要運用四種研究方法。

（一）版本的多樣性：各種傳世本與簡、帛本之對照比較

《老子》和其他古文獻的一個很大的不同，在於其他古文獻在版本上大多單一明確，流傳亦相對穩定；縱有異文偶見，亦不致妨害整體的理解。反觀《老子》版本之繁冠於典籍，除嚴遵本、河上公本、王弼本、傅奕本諸較重要的傳世本外，唐宋以後的各種碑本、刻本更屈指難數。[6]唐代敦煌《老子》殘卷於清光緒年間重出壁穴[7]，唐代《老子》寫本之真貌終使人得見。應指出的是，《老子》屬韻文體，句式精簡凝煉，版本間的大同小異，很容易導致對某些字詞或義理不同甚至相反的理解。尤其晚近五十年來馬王堆帛書本（秦末漢初）、郭店竹簡本（戰國中期偏晚）、北大漢簡本（西漢初期）的陸續出土，不管是篇次的順序或篇名的有無，還是章節的排列或章數的多寡，甚至是措辭用語的特異和佚文逸句的發現等等，都大大衝擊甚至推翻了許多對老學的定論。職是之故，本書探討老學，特重諸種傳世本和簡、帛本在字詞、章句上之對照比較，儘量做到消化吸收，以期達成較真切、合理的結論。

茲舉兩例以明之。本書第四章討論通行本第四十一章「道隱無名」一句時，便特意與帛書本的「道褒無名」和北大漢簡本的「道殷無名」互相比較，藉由對這三句的剖析和詮解，得出以下結論：「道隱」即「道小」，而「道褒」和「道殷」即「道大」。「道小」意即道

6　有關《老子》各種傳世本、碑本、寫本、佚本、刻本和其他版本之資訊，可參看蔣錫昌：〈書目〉，《老子校詁》（臺北市：東昇出版事業公司，1980年），頁1-20；朱謙之：〈序文〉，《老子校釋》（北京市：中華書局，2011年），頁1-5。

7　有關敦煌《老子》寫本殘卷之發現、校證和評價，可參看程南洲：《倫敦所藏敦煌老子寫本殘卷研究》（臺北市：文津出版社，1985年）。

不求作為「萬物主」之名（無名），這是在「以反求正」原則下取得
「萬物主」之名（有名）的程序；而「道大」意指道取得「萬物主」
之名（有名）後，卻不以「萬物主」之名自我標榜（無名），這是在
「無執故無失」原則下維繫「萬物主」之名的方法。合言之，「道隱
無名」和「道褒／殷無名」之間非但沒有矛盾，反而共同表達了老子
由「無名」而「有名」，再由「有名」復返於「無名」的工夫理路。

其次，本書第五章對通行本第二十八章「樸散則為器」之義理提
出別解，即結合帛書本「大器免成」和北大漢簡本「樸散則為成器」
兩句立說，結論是：「大器免成」之「免」字不誤。依字面看，其意
為道體本身（大器）自然具備最完整的規模，並不需如萬物那樣經歷
製作或漸漸成長之過程（免成）。據此，「樸散則為成器」的「成器」
便是「免成」或「既成」之「器」，與「樸」字首尾呼應，共同指謂
老子之道。如此一來，通行本「樸散則為器」一語便需重新思考：若
「樸散則為器」的「樸」、「器」俱指「道」而言，則「散」字就不能
作「分散」、「分化」解，蓋「樸分散而為道」不成義也。「散」有
「展示」義。故「器」若指「道」，則「樸散則為器」便可重詮為：
道體在經驗世界展示了可操作的無為之道。正因道體展示了無為之
道，老子才能順理成章說「聖人用之，則為官長」——聖人掌握並運
用此一無為原則，即可擔當百官之長領導群眾。此一義理，《老子》
書中俯拾皆是，適見此解可取。由是觀之，將傳世本的文句與晚近出
土的簡、帛本交叉對照，並尋繹其意，修正舊說之餘，又足抉發新
義。本書探究老學，頗受益於此一研究方法。

（二）主題的侷限性：吸收、審視有限的學界成果，以劃
定問題範圍

如前節所示，老子既未及論「性」，其「名」亦罕有別解，故對
本書而言，可資參考的前人論述可謂非常有限。而正是這一主題上的

侷限決定了本書的另一研究方法：吸收、審視有限的學界成果，一方汲取有用資源，一方釐清限制所在，藉以勘定切實可行的論述範圍。

譬如在老子人性論之檢討工作上，本書特闢一章專論過去老子人性論之幾種重要詮釋，並根據對這幾種詮釋的要旨理解和理論得失之考察結果，另闢一章重構老子人性論之體系。這一研究方法的運用主要見於首兩章。而在老子「名」概念的重探工作上，本書則歸納、整理了數種採取語言哲學進路的主流詮釋，並在學理上提出批評，以證此進路之有憾。復從批評的立腳點出發，以見工夫論的進路不失為詮釋老子無名思想的另一選項。這一研究方法則合見於第四章和第五章關於「無名」和「有名」的論述。扼要言之，本書提出新說和重詮，均先著手開展文獻回顧的工作，以此作為對現有材料斟酌取捨、截長補短、擇善而從、並對所探討的問題範圍作重點突破的指導原則。

（三）領域的適切性：針對《老子》及二手材料的重要觀念、詞彙作意義分析

勉強言之，西方哲學首重問題、議題之提出，而中國古代的哲學文獻，主體則在一系列的概念、範疇。[8]因此之故，研讀中國古代哲學文獻時，循字詞概念的解析入手乃是必要的工夫。[9]事實上，撤除

---

8 這只是一粗略的區分，並不表示中國哲學忽略問題、議題之提出，亦不意味西方哲學不重概念、範疇之運用。寬鬆的說，中國哲學家多藉由對概念、範疇賦予殊義或新義來表達對問題或議題的看法；而西方哲學家則擅長提出新問題和對議題作省察，其所運用的概念、範疇，以及概念、範疇所具有的較為穩定的意義或常規的用法，則主要是在問題的提出和議題的省察中逐步衍生、發展出來的。這裡只是從大處著眼提示中國哲學在表達方式上的特色。

9 這正是張岱年（1909-2004）先生撰寫《中國哲學大綱》時以「析其辭命意謂」為其中一項工作目標，並以「對於中國哲學之根本觀念之意謂加以解析」乃是「解析法在中國哲學上的應用」的理由所在。葛榮晉先生有相近觀點：「中國哲學既不同於印度哲學，也不同於西方哲學，它有一套獨特的哲學範疇體系。所以我們研究中國哲學史，只有全面深入地剖析中國哲學範疇的本來涵義及其演變過程，才能真正了

中國哲學的個別脈絡不論，只就思考方法的次序步驟來說，要理解一個語句，本就必先針對語句中的關鍵詞語從事意義釐清的工作。這是任何學科做學問的共法。在以思辨為要務的哲學寫作中，這一要求當更嚴格。依此，考慮到中國哲學在表達方式上的特殊性和思考方法的普遍性，本書除了扣緊老子的重要觀念作解析，亦用心於梳理、澄清二手材料中關鍵用語的意思，冀在忠實引介老學之餘，亦能對專家學人的洞見，摘其旨要，辨其條理，以報導於學界。

就前者而言，本書第二章嘗針對「道」、「德」、「根」、「靜」、「復」諸詞在《老子》中的用法作出詳細的考察，亦圍繞「自然」、「無為」、「柔弱」之意思及其間之義理連結進行釐清，並在這些意義分析的基礎上進一步說明這些重要觀念和老子之人性論、工夫論之關係。第四章、第五章對《老子》各種版本中與老子「名」概念有關之異文，以及王弼與范應元之注文的辨析工作尤為重視。第六章更是以對「道」、「名」、「欲」、「玄」四詞的概念分析作為探尋《老子》首章的工夫論義蘊的方法進路。

而就後者而言，本書嘗針對學人詮釋老子人性論和無名思想之關鍵詞彙進行分析，以見其說明效力及限制。如第一章仔細剖析了學人藉以界定老子人性論的「自然」、「善」、「真」諸概念之意思，以明其詮釋的著眼點及理論特色。第三章則扣住學界有關「性超善惡」的討論，釐清了「超」字的雙重涵義，從而區分了性超善惡論的兩個版

解和把握不同哲學家及其哲學體系的真實內容。」前述說法和引文分見：張岱年：〈自序〉，《中國哲學大綱》（南京市：江蘇教育出版社，2005年），頁15；葛榮晉：〈自序〉，《中國哲學範疇導論》（臺北市：萬卷樓圖書公司，1993年），頁1。張、葛二先生這種針對文獻哲學範疇所做的解析工夫，在晚近學界亦蔚為主流，鄭吉雄先生多年來推動的「觀念字解讀」，以及佐藤將之先生的「概念重疊結構分析法」，都是性質相近的方法進路。相關介紹參看：鄭吉雄主編：〈導言〉，《觀念字解讀與思想史探索》（臺北市：臺灣學生書局，2009年）；佐藤將之：《中國古代的「忠」論研究》（臺北市：臺灣大學出版中心，2010年），頁20-31。

本。第五章則從學界對老子之「有名」概念的理解入手，清理出學界的兩個主流詮釋，從而呼應了第四章對老子「無名」思想的主流詮釋之回顧、介紹和審視的工作。綜括言之，對《老子》文獻及二手材料的重要觀念、詞彙、用語之分析考察，實支撐起了本書大部分的論述，因而是使本書順利撰成的一個極具實效性的研究方法。

（四）論述的批判性：藉分析哲學的方法作理論檢討

在對《老子》文獻、一般老學義理及有價值的二手材料進行探析、詮說和引介外，對學界的老學研究從事理論的評估、檢討亦是構成本書的重要環節。上述三種研究方法適用於前一性質的工作，至於後一性質的工作，本書主要運用分析哲學的方法來著手處理。

大致說來，所謂分析哲學的方法，可包含語言分析和邏輯分析兩大部分。舉例說，馮耀明先生在早年的一篇大文中，即以邏輯分析、概念分析及語言分析的方法來界定「分析哲學的方法」。[10]後來馮先生出版巨著《「超越內在」的迷思：從分析哲學觀點看當代新儒學》[11]，即廣泛運用語言分析和邏輯分析的技巧檢討、審視當代新儒學的語言概念和理論間架。可知其所謂「分析哲學觀點」實兼指語言分析和邏輯分析。葉錦明先生的博士論文旨在探究中國哲學與分析哲學之互補，當中獨闢一章專論分析哲學的方法，亦包含語言分析和邏輯分析兩大環節。[12]既有前例可援，故本書所稱的分析哲學的方法，自當沿用此一現成的意義。

問題是，語言分析和邏輯分析又是怎樣的方法程序？

---

10 馮耀明：〈中國哲學可以用分析哲學的方法來處理嗎？〉，收入氏著：《中國哲學的方法論問題》（臺北市：允晨文化實業公司，1987年），頁311。

11 馮耀明：《「超越內在」的迷思：從分析哲學觀點看當代新儒學》（香港：香港中文大學出版社，2003年）。

12 葉錦明：《中國哲學與分析哲學之互補》（香港：香港中文大學哲學學部博士論文，1993年），頁3-51。

　　所謂語言分析，如李天命先生所界定的，乃是指「釐清主要用語的意思，辨明關鍵論點的義理，由此著手去分析問題的一種思考的方法」。[13]至於如何對用語和論點作釐清和辨明，葉錦明先生則總結出幾項具實用性的原則，例如「慣常用法原則」——在一般情況下必須根據慣常用法去使用語言、「同情理解原則」——在字詞概念出現殊義或新義時，不倉促否定它的合理性，而是首先探問它何以如此被使用的理由，以及「脈絡辨義原則」——考察字詞概念在不同脈絡中是否具有不同意思，或最少是否可被理解。[14]當然，在運用這些原則時，還涉及到一些由哲學傳統或分析哲學所發展出來的方法學概念，如範疇錯置（category mistake）、家族相似性（family resemblance）、歧義（ambiguity）、含混（vagueness）、癖義（idiosyncratic sense）[15]等。本書對一些重要論題或材料從事語言分析時，即斟酌運用上述原則和方法學概念。例如第一章和第二章分別批評「性自然論」和「季子非稚子」之訓，其背後的根據就是「慣常用法原則」；第一章對蒙培元先生有關「人性自然」的諸多論述提出了「真而多餘」的疑問，則是對「脈絡辨義原則」的運用。此外，第四章以「範疇錯置」標示王弼等人以為語言活動不適用於形上道體的哲學立場，以「充分且必要條件」（sufficient and necessary condition）突顯丁亮先生的「名」、「欲」關係，第五章以「歧義」概念和「意思」（sense）、「指涉」（reference）之區分回應廖名春先生對「異名同謂」的說法，俱可看作是援引了語言哲學的概念工具去分析問題和提出批評。

---

13 李天命：《語理分析的思考方法》（香港：青年書屋，1999年），頁9。

14 有關這三個原則的說明和例釋，詳見葉錦明：《邏輯分析與名辯哲學》（臺北市：臺灣學生書局，2003年），頁3-12。按：文中對這三個原則的簡介，主要參考了葉先生的說法，並作了若干調整和補充。

15 語言分析所涉及的方法學概念當然不止此五種，這裡只是酌量舉其要者。對方法學概念更詳備的分類和討論，可參看李天命：《語理分析的思考方法》，頁37-72；葉錦明：《邏輯分析與名辯哲學》，頁12-28。

　　對於邏輯分析，馮耀明先生和葉錦明先生均曾提出清晰合理的界說。[16]綜合他們的說法，所謂邏輯分析，可被理解為將語句的邏輯結構以邏輯符號形式展示出來，並據此考察、判定語句之間是否有涵蘊（implication）關係或相關的論證是否對確（valid）的一種分析程序。[17]本書在接受這一界說的同時，嘗試作額外的強調，把對邏輯謬誤（fallacy）的判定工作亦視為邏輯分析的要務。這一額外的強調主要基於三個理由。一、邏輯是研究正確推理的學科，而大多數的謬誤則涉及不正確的推理[18]；因此，對謬誤的判定應可視為邏輯分析的反面的運用。二、一般的邏輯學著作，都包含介紹謬誤的章節。這是將

---

16 馮耀明先生說：「什麼是邏輯分析的方法呢？我想這至少可以包含兩種分析的程序：一種是有關語句的邏輯結構分析；另一種是有關語句與語句之間邏輯論證的分析。」葉錦明先生則說：「當我們用邏輯作為分析的工具，去展示出詞句的邏輯範疇或邏輯結構或邏輯關係的時候，我們所做的工作，就是邏輯分析。」兩段引文分見：馮耀明：《「超越內在」的迷思：從分析哲學觀點看當代新儒學》（香港：香港中文大學出版社，2003年），頁141；葉錦明：《中國哲學與分析哲學之互補》（香港：香港中文大學哲學學部博士論文，1993年），頁31-32。按：簡言之，除了「展示語句的邏輯結構」是二先生之所同外，馮先生所強調的「邏輯論證的分析」和葉先生的「展示邏輯關係」應可視作同一事。蓋「邏輯關係」的「關係」，在葉先生的脈絡中主要是指「涵蘊」（implication）；而論證的「對確性」（validity），正表現在前提涵蘊了結論。

17 必須補充說明的是，馮耀明和葉錦明二先生所說的邏輯分析，主要是指符號邏輯（symbolic logic）或謂詞邏輯（predicate logic）的分析而非語句邏輯（sentential logic）或命題邏輯（propositional logic）的分析。

18 有些謬誤如「肯定後項」、「訴諸無知」、「以偏蓋全」等固然涉及推理，但有些謬誤則明顯不涉及推理，例如「混合問題」只是含有不適當預設的問題，「自相矛盾」則可以藉語句的形式出現（必然假的語句）。兩者俱非推理，但公認屬於邏輯謬誤。因此謬誤不能被界定為「不正確的推理」。有的學者如李天命先生、梁光耀先生等考慮到這個情況，因此把「謬誤」界定為「不正確的思考方式」。詳細討論請見梁光耀：《思考方法淺論（共十二講）》（香港：香港人文哲學會出版，1997年），頁41-43。按：就本書的立場而言，本書對所討論的材料牽涉何種謬誤的判定工作，主要採用一般邏輯著作的謬誤分類；至於「謬誤」作何種界定，並不影響本書實質的討論。

謬誤的分類和辨別方法視為邏輯分析的一個佐證。三、就馮先生和葉先生的邏輯分析工作來看，實質上也包含對謬誤的分析在內。[19]這亦支持了邏輯分析不排斥邏輯謬誤的判定工作。必須指出，本書對二手材料所作的理論檢討所涉及的邏輯分析，主要就是邏輯謬誤的判定工作。譬如第一章循歸謬法突顯蒙培元先生的「自然人性論」或涉「真而多餘」之空話，第四章主張王弼等人對老子「無名」概念之詮釋隱含自相矛盾，第六章指出高明先生對老子「有欲」此一特殊用語在未加說明的情況下採取了兩種相反的理解，遂有雙重標準之嫌等等，都屬於判定邏輯謬誤的理論檢討工作之嘗試。

三　章旨概述

根據上述的問題意識和研究方法，本書分甲、乙兩編凡六章對老子之人性論與無名思想進行探究。第一、二、三章屬甲編，主題是老子之人性論；第四、五、六章屬乙編，主題是老子之無名思想。特別要指出的是，甲、乙兩編的首兩章（第一、二、四、五章）是該編主題的主體部分；而兩編的末章（第三、六章）則旨在對主體部分之重要論點或未及言明處作出提點和補充說明，可分別視為對甲、乙兩編的附論或補錄。

---

19 舉例言之，葉錦明先生批評楊俊光先生對辯者二十一事的若干討論含有「雙重標準」，又藉由類似「歸謬法」的論證方式揭示沈有鼎先生對「矩不方」的分析不確，正是很典型對邏輯謬誤的展示。此外，馮耀明先生論證熊十力（1885-1968）先生「不一不異」和「草木瓦石也有良知」二說分別犯上「自相矛盾」和「乞取論點」的毛病，又認為當代新儒學對邏輯的批評是「自我否定」的說法，亦明顯是對邏輯謬誤的判定工作。前引相關討論分見：葉錦明：《邏輯分析與名辯哲學》，頁175、194；馮耀明：《「超越內在」的迷思：從分析哲學觀點看當代新儒學》（香港：香港中文大學出版社，2003年），頁187、192、239-240。

（一）甲編：老子之人性論

甲編共有三章專論老子人性論之研究狀況及相關義理問題，分別是第一章〈老子人性論研究述評〉、第二章〈老子人性論之重建〉、第三章〈老子性超善惡論評析〉。

第一章旨在針對中國哲學界三種較流行的老子人性論詮釋進行概述和評論。第一種是「性自然論」，其說發源於嚴遵、王弼，而由郭沂、王中江、蒙培元等當代學者承其緒、揚其波，成一時主流。這一詮釋立基於老子之道論及其對「自然」價值之推崇，具有可靠的文獻根據；然而「以自然言人性」的進路不止在表達方式上可能無法發揮正常的辨識或區分功能，而且與「自然」一詞在學界的人性論話語習慣亦殊難一致。第二種是「性善論」，張岱年、徐復觀（1904-1982）、高亨（1900-1986）、呂錫琛諸先生在這問題上著述頗豐，論證深刻，許宗興先生所論亦有極高之參考價值。這一詮釋從老子論「德」之圓滿性入手，固頗得老子之意；唯「德」之圓滿性是否「善」之充分條件，以及其與儒家性善論在本質上難以通約諸問題，應仍有斟酌之餘地。第三種是「性真論」，代表學者有陳鼓應、陳靜、林明照諸先生。這一詮釋注意到老子對「真」概念之重視及其對「人為」或「俗偽」之批判，既有《老子》文本依據，亦能自外於儒家性善論而取得獨立的地位；唯「性真」在學人的詮釋下是否得化約為「性善」，以及「性真」必須預設「性靜」這些難點，則實有再思考之必要。

第二章在第一章的基礎上對老子人性論進行重建工作，並提出如下論旨：性自然論、性善論、性真論三種詮釋的價值，在於各自關注到老子人性思考的不同面向。因此必須將三者合轍並觀，方較能見得老子人性論之全幅面貌——「性自然論」主要從老子之「道」論著眼，由「道性自然」來論斷「人性自然」，其價值在於呈現了老子人

性論之理論背景。「性善論」主要循老子之「德」論出發，由人類社會中價值理想之實現始源於人性常態之保存來論斷人性是善，其價值在於突顯了人性之內涵特色。「性真論」主要依老子之「真」概念入手，由人為之失和人文之偽來反襯人性之真，其價值在於指示了人性必須恢復之工夫論問題。本章即立足於性自然論、性善論、性真論的詮釋價值，分從「老子人性論之背景」、「老子人性論之內涵」、「老子人性論所關涉之工夫論」三個環節來重建老子人性論體系。

在性自然論、性善論和性真論以外，性超善惡論也是對老子人性論的一個主流詮釋。總概言之，性超善惡論之論旨和性自然論、性善論兩者頗相關，而又不失其理論特質。因此特關第三章對性超善惡論這種詮釋作出引介和評析，作為對前兩章有關老子人性論之文獻回顧和理論重建兩種工作的補錄。

第三章指出，學界所提出的性超善惡論，約可區分為兩種版本：一種主張老子視人性為純善、至善者，而無一「惡」與之相對，張岱年先生是此一版本之代表。另一種主張老子視人性為無關於善惡，而此種無關善惡之人性在價值上卻高於儒家式的道德本性。劉笑敢先生作為此說代表，晚近更提出「人性本貴」的提法突顯「性超善惡」之精義。第三章除了引介上述學者之理論陳構、並以《老子》文本印證其說外，亦嘗試對之作一批判性的探問，如指出「性超善惡」之詮釋或有架空道德語詞之困境、「性至善」之版本或難以分辨儒道，以及「人性本貴」之提法或同皆適用於孟、荀、告三子，而無法彰顯老子人性論特色等。本章亦指出，這些考察的結果不在批評本身，反在於藉由批評發現問題，繼而釐清老子人性論研究之限制所在及可用力之方向。

（二）乙編：老子之無名思想

乙編亦有三章專論學界的老子無名思想之研究狀況及相關義理問

題，分別是第四章〈重探老子「無名」思想〉、第五章〈工夫論視野下的「始制有名」〉、第六章〈循「無為」思想重讀《老子》首章〉。

第四章旨在完成兩項工作：一、考察學界對老子「無名」思想所採取的語言哲學詮釋，並評其長短得失；二、試循工夫論之入路立一新見，以見其說明效力。就第一項工作而言，學界論老子之「無名」思想，主要有兩條線索：一是論道體之「無名」，主要分從「言說活動之有限」和「認識能力之有限」作說明，代表學者有王弼、范應元、劉笑敢先生等；二是論人事規範上之無名，主要分從「政治事務之不立名分」和「修養工夫之不立名號」作說明，這裡主要討論了王弼和丁亮先生的說法。這兩條線索之「無名」有一共通點，即俱從「命名」之語言入路詮釋「無名」，而有「無以名」、「不可名」、「不當名」諸解。第二項工作即承接前一項工作之批評反省，轉從「無為」之工夫入路重探老子「無名」思想，論旨是：「無名」除了可作「無以名」、「不可名」、「不當名」諸語言哲學詮釋外，尚可結合老子之「無欲」、「無為」而作一工夫論詮釋。在此詮釋下，「無名」是指對求名之欲的消除和清理，而不是指語言對宇宙本體的不可觸及或政治社會名位之不作析辨。第二項工作主要結合了《老子》文本證成此一論旨。此外，末節亦嘗指出「無為」之工夫入路既可避免「命名」之語言入路的理論難題，也能對老學義理展現良好的說明效力。

根據本書的詮釋，老子之「無名」必須關聯到「有名」來說，然後其「無名」思想方見其全貌。故在泛論老子之「無名」思想後，特闢第五章專論老子之「有名」概念。此章之探討主要圍繞第三十二章的「始制有名」一語開展。和對「無名」思想的理解一樣，論者亦多循「命名」之語言入路決定「始制有名」之義理，概言之，其說有二：一是政治活動的詮釋，一是語言起源的詮釋。前一詮釋之「始制有名」是指國家始建之時置立不同等級地位之必然，其「名」乃是政治上之名爵、名位或名分；後一詮釋之「始制有名」則是指作為整體

的道分剖而為萬物，遂得被賦以便利人們認識和溝通的符號，其「名」則是萬物之名字、名稱或名謂。這兩種詮釋在《老子》文本上既站得住，又頗具義理上的通融，當是其可取之處。唯其既未充分切合第三十二章消解侯王權力欲之題旨，亦未照顧到「始」、「有名」二詞在《老子》中之專門用法，甚至與老子「大制不割」之理想暗含衝突，則難免有其限制。此章從工夫論的視野重新考察「始制有名」一語，提出以下的觀點：一、老子以「始」為「無名」，故「始制有名」可視為表達了「無名」和「有名」的某種關係。二、「制」除了「制度」、「分剖」諸義外，尚有「達致」、「完成」諸義。故「始制有名」，可解作「無名」是達致、完成「有名」的條件。三、在工夫論視野中，「無名」是指對名位之欲的清理，依此，以「無名」為「有名」之條件，就是指侯王之不求名位，正是其所以獲得或維持名位者。這適可呼應老子「無為而無不為」之義理。

第四、五章分從工夫論的角度重新探討老子之「無名」和「有名」二概念，主張由「無名」而「有名」的工夫程序涉及侯王對名望、名位之欲的處理方式，也可被視作「無為而無不為」的另一表述。而「無名」、「有名」及「欲」的議題，正是《老子》首章的主體部分。由於在本書之詮釋框架中，「名」和「欲」俱和無為工夫有密切關係，因此第六章特由「無為」思想重讀《老子》首章，以為第四、五章之附論。

第六章指出，構成首章義理脈絡的「道」、「名」、「欲」、「玄」四組觀念，可被置放在無為思想的背景下形成一個工夫論的系統說法——「道可道，非常道；名可名，非常名」除了道體之非經驗性或語言之限制性等詮釋外，尚可被理解為對「常規之作為」和「反常規之作為」的關係之說法：循常規之作為入手，反不能長保成效，故其作為實不可取；循取得名望之常規入手，反不能長保名望，故其非取得名望之良法。此一詮釋，可看作是對第四、五章之論旨的反面表

述。「無名」、「有名」和「無欲」、「有欲」則從正面表述呼應、印證第四、五章之立場。至於「玄」字，此章認為在「奧密」、「神奇」、「深遠」諸通行義外，尚可作工夫字之運用，而被視為和「損」字同義。故「玄之又玄」，義同於「損之又損」。損者無為，無為則無不為，故首章之「玄之又玄，眾妙之門」，遂可看作是「無為而無不為」的另一表述，因而含具了工夫論之義蘊。這一義蘊，正是本書乙編探究老子無名思想時所極力證成的。

甲編
老子之人性論

第一章
老子人性論研究述評

一　問題緣起：備受冷落的老子人性論研究

　　與儒家如孟子（約西元前372-西元前289年）、荀子（約西元前313-西元前238年）及宋明理學家之人性論相比，老子人性論在中國思想史上的確沒有受到太多的重視。[1]略察其故，儒家自漢代以迄清季一直掌握著學術上的發言權，在彼長此消下抑制了道家的發展，固然為主要因素之一；然「性」此一關鍵詞彙不見於《老子》，致使對其人性思想之探究及其理論擴充缺乏一穩固的立足點或入手處，或許猶為問題癥結所在。的確，若考慮到「性」字自先秦時代起一直是言人人殊、百家異說，便應不難接受這個看法：倘使對「性」的探討攸關思想家人性論之建立，而老子又未嘗言「性」，那麼主張老子提出了某種人性論在道理上便似乎是站不住腳的。這樣一來，任何對老子人性論的重構，不是難脫空中樓閣之嫌，甚至得惹來無中生有之譏嗎？

　　這本是老子人性論研究的一個瓶頸。可幸的是，從兩漢、魏晉、唐宋以來，便陸續有論者為突破這個瓶頸作出努力。這個熱潮延續到當代，非但未曾稍減，甚或可以說，當今學人所投入的心血更多，所獲得的成就也更大。泛言之，古代論者主要是把老子之「道」、「德」、「自然」諸詞以「性」字及相關語彙如「性命」、「情性」等釋之。當今學人承續相關成果之餘，更進而將之系統化，提出「性自

---

[1] 此誠如鄭開先生所稱：「長期以來，人們在泛濫於儒家心性論的同時，反倒昧於道家心性論的形態和特徵，似乎心性哲學只是儒家的『獨門功夫』。」參看鄭開：《道家形而上學研究》（北京市：宗教文化出版社，2003年），頁305。

然」、「性善」、「性真」諸種深具界說意義的提法。比較地說，在老子
人性論研究上，古代論者喜作「字詞釋讀」，當今學人則多屬意於
「理論定位」。如此豐富厚實的研究資源，當然有待一番檢視、清
理、補強、推廣的工夫。本章之撰，即旨就學界現有成果對前述三種
理論定位之要旨作概括性之引介，並在此引介之基礎上對其文獻基
礎、合理程度、說明效力等進行分析評估。前者是「述」的部分，後
者則為「評」的部分。這一「述評」可為下一章有關老子人性論之重
建工作起到鋪墊的作用。

二　性自然論述評

（一）「性自然論」要旨概述

　　「性自然論」可算是老子人性論研究中最主流的詮釋。它之所以
成為主流，「自然」一詞是老學核心觀念固然是一個背景因素，但更
重要的原因可能是老子之「自然」特別關注人類社會的生存狀態[2]，
而人性論正是以探究人在現實上特別是理想上的生存狀態為目的。[3]
例如劉笑敢先生指出，當主體發展存在的狀態不受外界直接作用或強
力影響，這時主體的狀態就稱得上是自然的。這一「自己如此」之意

2　劉笑敢：《老子：年代新考與思想新詮》（臺北市：東大圖書公司，2005年），頁68。
3　根據唐君毅（1909-1978）先生的研究，中國思想家最早所發現的人性，乃是具自然
　　之生命欲望或情欲之性，這是《詩》、《書》、《左傳》、《國語》中所說的性。後來告
　　子的「生之謂性」或「食色之性」亦是指此自然生命之性。但中國古代特別是先秦
　　時代人性論之基本觀點，主要是就人之面對天地萬物，並面對其內部所體驗之人生
　　理想，而自反省人性之何所是。而這正是孟子之言性善、莊子之言復性命之情、荀
　　子之言化性起偽的理由所在。相關說法參看唐君毅：《中國哲學原論·原性篇：中
　　國哲學中人性思想之發展》（臺北市：臺灣學生書局，1989年），頁21-22、70-71、
　　533-534。依唐先生所論，我們或可總結說，中國古代人性論不僅考察人在現實上具
　　有何種生存狀態，亦反省人在理想上應有何種生存狀態。

是「自然」一詞最基本的意含。[4]尤需注意的是，老子之「自然」並沒有對人類社會的生存狀態作任何負面的假設，相反，「自然」含有對正面價值的追求。[5]

　　如果老子主張人類社會的存在發展能自行其是，不當受外力軌範制約，則顯然老子必須預設人性有其先在的自足動力。[6]這是眾多主張老子持「性自然論」的學人所共許之義。早在西漢末嚴遵的老子注釋中，此趨向已甚為顯明。譬如嚴遵這樣解讀《老子》第五十一章的「夫莫之爵而常自然」一段話：

　　　　無為為物，無以物為，非有所迫，而性常自然。[7]

嚴遵認為與事物相接之道在於「無為」（無為為物），而非妄意對事物增損改變（無以物為）。「無為」之所以能成全事物，並不是由於它逼迫了事物的活動，而純是順任物性自然發用而已。對《老子》第六十四章的「以輔萬物之自然而不敢為」，嚴遵也有類近的解讀，他說：

　　　　不置而物自安，不養而物自全。……天下無為，性命自然。[8]

4　劉笑敢：《老子：年代新考與思想新詮》（臺北市：東大圖書公司，2005年），頁89。

5　劉笑敢：《老子古今：五種對勘與析評引論》修訂版（北京市：中國社會科學出版社，2009年），上卷，頁75。

6　楊儒賓先生對這一點論述很精到，他說：「在中國思想史的脈絡中，由『自』組成的語彙通常具有反他律、反他力的涵義，『自得』、『自在』、『自由』、『自適』、『自化』等語彙莫不如是。這些語彙在道家典籍最常見，……強調存在物有一種自足的內在動力（氣）……而由『自然』所代表的這群家族詞彙適用的範圍更從事物之存在引申到人的主體之適意狀態。」參看氏著：〈理學論述的「自然」概念〉，收入楊儒賓編：《自然概念史論》（臺北市：臺灣大學出版中心，2014年），頁184。楊先生這番話雖非針對老子的「性自然論」立論，但很能釐清「性自然論」的邏輯及其背後的預設。

7　〔漢〕嚴遵著，王德有點校：《老子指歸》（北京市：中華書局，1994年），頁46。

8　〔漢〕嚴遵著，王德有點校：《老子指歸》（北京市：中華書局，1994年），頁80。

說萬物無需依仗外力的措置給養而能「自安」、「自全」，其實就是預認了萬物達致「安」、「全」狀態之動力乃是由內而發。嚴遵將這種「自安」、「自全」之自然動力歸諸「性命」，頗符合「人性自然」的觀念，或至少有意將「人性」和「自然」兩個概念作義理上的連結。

王弼《老子注》屢以自然釋性，更可謂開風氣之先。例如第二十九章注曰：

> 萬物以自然為性，故可因而不可為也。可通而不可執也。物有常性，而造為之，故必敗也。物有往來而執之，故必失矣。[9]

此處主張萬物之性就是「自然」。人為萬物之一，則人亦當以自然為性。對於此自然之性，王弼認為老子主張以因循順應為上。夫何故？第二章注和第二十章注分別謂「自然已足，為則敗也」和「自然已足，益之則憂」[10]，前一「足」字是指自然之性本具充足的動能，任何外力的介入只會適得其反；後一「足」字則不是指充足的動能，而是指任何事物之性相對於其本身來說就是「至正」的標準，故無需畫蛇添足，假借後天的舉措。正由於王弼的詮釋預設了人類本性自足，不假外求，所以他依老子義主張最理想的治國方法就是不干涉民眾的生活。舉例說，第二十七章注「因物自然，不設不施」、第二十九章注「聖人達自然之至……故心不亂而物性自得之也」、第四十二章注「我之非強使人從之也，而用夫自然」、第六十五章注「愚謂無知守真，順自然也」[11]等，同皆表達了這種建基於性自然論的治國思想。

9　〔魏〕王弼著，樓宇烈校釋：《王弼集校釋》（臺北市：華正書局，1992年），頁77。
　　按：書中凡引通行本《老子》悉據此本。為省篇幅，僅隨文附以章號，不另標註腳。
10　〔魏〕王弼著，樓宇烈校釋：《王弼集校釋》（臺北市：華正書局，1992年），頁6、47。
11　〔魏〕王弼著，樓宇烈校釋：《王弼集校釋》（臺北市：華正書局，1992年），頁71、77、118、168。

　　當代學人承王弼之說者甚眾。性自然論成一時主流。如郭沂先生說：

> 道最根本的特性是自然，因而人性最根本的特點也是自然。……「含德之厚」意即最能體現人之自然本性的人。……「赤子」精氣至足，他必然一如其自然、一如其本態，從而其身心極其和諧，無憂無慮。和諧就是「常」。「常」當指人的恆常之態，即人之自然、人之本態。[12]

王中江先生看法類似：

> 老子在一定意義上表述了自然內在本性的特點。……照老子的看法，順乎其性而不逆，常守而不失，就是有「德」，就是最高的自然境界。……德性也可以說是「樸」，它指事物最完善地保持著自己的本性和原質，沒有變形和造作，沒有失去和強加，自然而然，淳厚無比。……老子要求物和人擺脫外在東西的束縛和制約，回復自然本性。[13]

郭、王二先生皆謂老子以自然言人性，且「自然之性」乃一極飽滿的和諧狀態。蒙培元先生亦主道家建立了一套有別於儒家的「道德主體論」的「自然人性論」[14]：

> 老子所說的「自然」人性，具有兩個顯著的特徵：一是超越

---

12 郭沂：《郭店竹簡與先秦學術思想》（上海市：上海教育出版社，2001年），頁686-687。

13 王中江：《道家學說的觀念史研究》（北京市：中華書局，2015年），頁156-157。

14 蒙培元：《中國心性論》（臺北市：臺灣學生書局，1990年），頁47。

性、絕對性；二是原始性、樸素性。……就前者而言，它是超
道德、超倫理的形而上者。……但老子所說的「自然」，……
卻又是樸素自在的存在。既不需要任何人為的雕琢，也不需要
任何知識的積累。如同嬰兒一樣，保持著原始的自然狀態，這
才是人的真性情。……老子所謂「樸」，所謂「自然」，以清靜
無為為基本特徵。[15]

蒙先生有進於郭、王二先生者，是他在「性自然論」的詮釋立場上引
進了「清靜無為」的元素，即以「清靜無為」為人性之自然狀態。除
前述學者外，高正先生說老子「順從自然出發，強調恢復人的素樸本
性」[16]，姜國柱、朱葵菊二先生稱「老子在『天道自然無為』宇宙觀
的基礎上，建立了自然人性論」[17]，余開亮先生謂道家之人性論是
「性自然論」，又謂老子之德論是其人性論，「德」即自然之心和自然
之性的護持[18]，悉從「性自然」的角度界定老子人性論。

（二）對「性自然論」之評論

依前論，早於漢、魏開始，已有論者如嚴遵、王弼等循人性論的
視野考察老子之自然思想。這一視野並非來自主觀選擇或任意取捨，
它本身的確符合老子對清靜無為的價值肯認及對人為造作的批評態
度。這就是何以多有當代學人接續此一立場而對性自然論有所補充、
發展。可以相信，說老子以自然為人性，既有思想史上之充足理由，
其證立又頗得老子文本根據。當然，基於學術討論之責任，對當中若

---

15 蒙培元：《中國心性論》（臺北市：臺灣學生書局，1990年），頁48-50。

16 高正：《諸子百家研究》（北京市：中國社會科學出版社，1997年），頁130。

17 姜國柱、朱葵菊：《中國歷史上的人性論》（北京市：中國社會科學出版社，1989
年），頁23。

18 余開亮：《先秦儒道心性論美學》（北京市：北京師範大學出版社，2015年），頁138-
141。

干細節問題斟酌推敲是必要的，故試申論如下焉。

1 以「自然」言性的表達方式之問題

「性自然論」這個稱謂，在表達方式上固然照顧到老子對人性之自然狀態的推崇，但問題是：「自然」只是一形式概念，就其字面來看，它畢竟沒有標示出老子所推崇的人性具有何種內涵。要說明老子如何推崇人性之自然，似乎得額外提出某種具體理論作為附翼。例如說人性之自然是圓滿素樸，如王弼所論；或曰人性之自然是清靜無為，如蒙培元先生所示。換言之，說老子推崇人性之自然固無可厚非，但必須同時指出「人性之自然是什麼」方有實質的意義，否則「性自然」這樣的表達方式難免掛空之嫌。然而這恰是問題所在：假如必須指出老子所主張的人性之自然是圓滿素樸或清靜無為，那麼「圓滿素樸」或「清靜無為」這些較具體的說法就足以表達老子的人性思想；而這樣一來，「性自然」這種表達方式就等於可有可無了。

此外，正由於以「自然」言「人性」是一形式的說法，它本身不表達任何具體內涵；因此，說老子主張人性自然，就無法將老子的人性論和其他先秦學者的人性論清晰地區別開來——理由是在某意義上，所有談論過人性問題的先秦諸子都可說具有「性自然」的理論預設。比如孟子雖不言「自然」一詞，但他認為人一旦乍遇特殊機緣，德性即自發呈現，故曰「乍見孺子將入於井，皆有怵惕惻隱之心」（《孟子》〈公孫丑上〉）。[19]在此語中，「乍見」一詞表示道德感情的湧現是自然內發，而獨立於任何外在條件。由於道德感情在孟子屬人性，所以在孟子的立場，道德感情乃是出於人性之自然。據此，孟子之性善論未嘗不可納入「性自然論」之一型。明確地以「自然」概念增釋孟子之「善性」，則見於清代的《四庫全書總目》，其謂：「卿恐

---

19 〔宋〕朱熹：《四書章句集注》（臺北市：大安出版社，1996年），頁328。

人恃性善之說，任自然而廢學，因言性不可恃，當勉力於先王之教。」[20]當中以「恃性善」和「任自然」對舉，適反映出清人視孟子所謂「善」為人性之「自然」。至若荀子於〈正名〉篇謂人性是「不事而自然」，於〈性惡〉篇謂人的本能和感官反應是「感而自然，不待事而後生之」[21]，更明白屬於以「自然」言人性之進路。由於荀子所言的人性之自然是「惡」[22]，是則荀子之性惡說，遂可看做「性自然論」的又一型矣。

總而言之，先秦諸子言人性，實多從「性自然」的理論預設出發，分別只在於彼此所言之「自然」各具不同內涵——譬如孟子是以「善」為人性之自然，荀子是以「惡」為人性之自然，甚至可以說，告子（約西元前420-西元前350年）是以「無定向」為人性之自然[23]，

---

20 〔清〕永瑢等撰：《四庫全書總目》（北京市：中華書局，1965年），頁770。

21 〔清〕王先謙撰，沈嘯寰、王星賢點校：《荀子集解》（北京市：中華書局，1981年），頁412、438。

22 學界對荀子之性惡論主要提出「人性本惡」和「人性向惡」兩種詮釋。前者主張荀子的人性是一先天的惡性，即人性本備負面的道德價值，依此，「性」是就形式言，「惡」是就內涵言；後者則主張荀子的人性是一道德中立者，「惡」只是人性在後天環境中受放縱之異態，依此，人性可謂傾向於惡，而未可言全幅是惡。筆者治荀子，以為兩說皆可成立，唯更屬意於「人性本惡」的詮釋。主題所限，無法詳論，僅表示個人立場如上。感謝匿名審查委員指出問題，讓筆者更深入思考兩說之分際。

23 以告子之人性為「無定向」主要是針對「人性之無分於善不善也，猶水之無分於東西也」這一說法而言，例如徐復觀先生即嘗以「無定向」一語詮釋告子這一立場。參看徐復觀：《中國人性論史・先秦篇》（臺北市：臺灣商務印書館，1969年），頁190。按：值得注意的是，「無定向」旨在強調人性的活動恆受外勢干擾，但這「干擾」只是一種引導，而非一種改造或扭傷。因此，「無定向」一說只能界定「人性之無分於善不善」，而不適用於界定告子在「杞柳之喻」中所提及的「性無善無不善」，蓋後者正如孟子所說，是以「仁義」為對人性之戕賊也。莊錦章先生即循此指出，正由於「性無善無不善」意味人性的戕害，因此告子才改以水譬論人性；理由是當水受到外力的引導而朝著某種方向，並不涉及對水的任何戕害（no violence is done to it when channeled），這只表示水本身是「無定向」（does not have any inherent direction）而已。相關說法請參看 Kim-chong Chong, *Early Confucian Ethics: Concepts and Arguments* (Chicago: Open Court, 2007), pp. 38-39.

等等。由這些分析可知，光說人性自然，並無法辨識老子和其他先秦諸子論人性之異同。「性自然論」這一表達方式在老子人性論的重建工程中似難以發揮應有的說明效能。

2 「自然」一詞在人性論話語中專指「形氣」或「才性」之問題

「自然」雖為一形式概念，它在一套人性論中承載了哪些內涵得視乎理論建構者對它的具體規定；但從當代人性論研究的普遍話語看來，論者對於「自然」一詞在人性問題上的具體指涉幾乎已形成了一個慣例，那就是專門指涉人的生理本能、食色之欲，或與生俱來的智能上的分限。亦即，當論者言及自然人性時，焦點主要是落在所謂「形氣」或「才性」上。

且引數家之說以為證。陳來先生在探討先秦儒學「以氣論性」一系時，即「自然人性論」命之：

> 先秦早期儒學對「人性」問題的主流看法，……而性即是天生的好惡，就是人的內在的喜怒哀樂之氣；……這種以生之自然者為性的看法，還是接近於自然人性論，其哲學的思考基本上是「以氣論性」而不是以理為性的進路。[24]

在此，陳來先生所稱的「自然人性」，乃是扣緊喜怒好惡等情欲或「氣性」而言。陳鼓應先生也以「自然人性論」稱呼自〈性自命出〉、告子以及荀子有關情、欲的思想：

> 自然人性論為先秦心性論與情性論之主軸。……自孔子「性相近也，習相遠也」（《論語》〈陽貨〉），經告子「生之謂性也」

---

24 陳來：《竹帛《五行》與簡帛研究》（北京市：生活・讀書・新知三聯書店，2009年），頁76-77。

（《孟子》〈告子上〉），再到莊子「性者，生之質」（《莊子》〈庚桑楚〉）及荀子「不事而自然謂之性」（《荀子》〈正名〉）。這一系列自然人性論的主張，成為先秦人性論的主軸。而新近公布的郭店楚簡《性自命出》突出人性論中「情」的主題，上博《恆先》則論及人性論中「欲」的議題，更加強了自然人性論在先秦人性論中的主體地位。[25]

依陳先生的用法，「自然人性論」以人之生理特徵為主線，當然不包括老子那種強調圓滿、清靜的「性自然論」。梁濤先生的觀點與陳先生相近，主張古人最早是從生命的自然特徵來理解性，而生命在生長、發展過程中表現出來的情感、欲望、能力等即是其生命之性。[26]梁先生認為，孔子的「性相近」，〈性自命出〉的「喜怒哀悲之氣，性也」，以及告子的「食色性也」，都是上述意義的氣性或自然之性。[27]此一「自然之性」異於老子之「性自然」甚明。此外，勞思光（1927-2012）先生謂魏晉的才性派是以人的生理、心理等「自然之性」作為探究課題[28]，牟宗三（1909-1995）先生以「自然而本然之質」稱呼告子所說的「無分於善惡」或「無仁義之道德性」的人性，又以「自然之質的氣性」稱呼王充（約27-97）所說的以氣為本質的性命[29]，皆是循人的生理特徵或才質上的定限來理解人性之「自然」，從而有別於老子「性自然論」中「自然」一詞的具體指涉。

25 陳鼓應：〈莊子論人性的真與美〉，收入氏著：《莊子人性論》（北京市：中華書局，2017年），頁68-69。

26 梁濤：《郭店竹簡與思孟學派》（北京市：中國人民大學出版社，2008年），頁135-136。

27 梁濤：《郭店竹簡與思孟學派》（北京市：中國人民大學出版社，2008年），頁142、145、321。

28 勞思光：《中國哲學史》（香港：崇基書局，1980年），卷2，頁153。

29 牟宗三：《才性與玄理》（臺北市：臺灣學生書局，1993年），頁10、25。

　　可以說，依學界慣例，「自然人性」也者，乃是指人的生物性的本能情欲，以及其智力、才能上的定限。由此看來，「性自然論」一方面以「性自然」規定老子之人性論，但同時當中的「自然」一詞卻又別有所指，與大多數論者對何謂「自然人性」的普遍認知之間顯然出現落差。[30]當然，在討論人性問題時對「自然」一詞另賦新義並非不可接受，但如果得依賴更多的輔助性理論才能釐清老子之「性自然論」和廣大學人所說的「自然人性論」並不一樣，這不是剛好反映出「性自然論」有待具體解說，因而是一較單薄的詮釋嗎？

　　此外，即使是循「性自然」詮釋老子的論者，亦多承認形氣或才性屬於自然人性。由於這兩種「自然」概念不同甚至相反，論者的說法便難免前後扞格。以王中江先生的說法為例，他固承認老子的「常德」是「自然內在本性」[31]，同時也承認人的喜好、欲求、厭惡、趨利避害、悅生惡死等都是「人的自然屬性」或「人的自然性情」。[32]顯

---

30 這裡僅是就中國哲學界對「自然」一詞的普遍用法而言。事實上，不止中國哲學界，就連西方哲學界論及「自然人性」時，其所謂「自然」也主要是指經驗世界或形下世界的「形氣」。例如李明輝先生即指出，英語中的 nature 一詞，除了「本性」義外，亦兼有「自然」義，「自然」主要是就實然層面而言。依此，所謂「人性」就是「人底自然」的意思。而告子的「生之謂性」，正合乎西方人「以自然為性」的觀點。此外荀子的「生之所以然者謂之性」、董仲舒（西元前179-西元前104年）的「如其生之自然之資謂之性」、揚雄（西元前53-西元前18年）的「人之性也，善惡混」，以及韓愈（768-824）的「性也者，與生俱生也」諸說，也可歸入「以自然為性」的觀點。參看李明輝：《康德倫理學與孟子道德思考之重建》（臺北市：中央研究院中國文哲研究所，1994年），頁123。按：李先生認為告子、荀子、董仲舒、揚雄、韓愈等人的人性論合乎西方人「以自然為性」的觀點，正反映出他主張西方人所謂「人底自然」乃是人之本能、情意、欲求等「形氣」。因為告子等人之「性」，正屬於「形氣」的概念。既然這樣，則更足證「自然人性」在中西哲學界俱是指形氣層面的東西。如此，若仍要說老子主張人性自然，就應進一步論證兩者之「自然」不是同一概念。下一章將指出，性自然論的「自然」，必須與老子其他重要觀念如「柔弱」、「剛強」、「無知無欲」、「真」、「偽」等交互解釋，才能較確切而全面的表達老子之人性思想，而這便涉及老子思考人性問題的不同層面。

31 王中江：《道家學說的觀念史研究》（北京市：中華書局，2015年），頁156。

32 王中江：《出土文獻與道家新知》（北京市：中華書局，2015年），頁137-138。

然的,「常德」作為清靜淳厚之性,和情緒、欲求等血氣之性絕不能劃上等號,王先生卻同歸之「自然」。這種用法上的搖擺不定反映出「性自然論」對老子而言未必是一個可取的稱謂。

蒙培元先生的說法更為徹底。蒙先生主張老子持的是「自然人性論」,其所謂「自然人性」是指清靜無為之性。[33]但在他看來,告子、荀子亦有自然主義人性論思想,唯告子、荀子的「自然人性」,乃是指生物學的感性欲望如飲食男女、趨利避害。[34]談到董仲舒和王充時,蒙先生亦謂他們「在本質上是自然人性論者」[35],唯此處的「自然人性」,卻不是老子所說的那種清靜無為之性,亦不全是告子、荀子所強調的生物性,而是指可待教化而完成的善質、形體的自然需要,以及稟氣之厚薄而有的善惡之性等。[36]而在論王畿(1498-1583)時,蒙先生又說其將「良知」規定為「人的自然本性」。[37]於是在蒙先生看來,「道德性」又為自然人性之一型矣。合言之,在蒙先生的規定下,非道德性(清靜之性)是自然人性,道德性(善性)是自然人性,就連不道德性(惡性)也是自然人性。顯然易見的是,將「自然人性」一詞應用得如此之廣,以至於幾乎任何人性論都稱得上是某種「性自然論」,這時說老子主張「性自然論」固然是真的,但終究只是一種「真而冗餘」(true but trivial)的說法罷了。

---

33 蒙培元:《中國心性論》(臺北市:臺灣學生書局,1990年),頁48-50。
34 蒙培元:《中國心性論》(臺北市:臺灣學生書局,1990年),頁83-84。
35 蒙培元:《中國心性論》(臺北市:臺灣學生書局,1990年),頁169。
36 蒙培元:《中國心性論》(臺北市:臺灣學生書局,1990年),頁152、159、173。
37 蒙培元:《中國心性論》(臺北市:臺灣學生書局,1990年),頁418。

三　性善論述評

（一）「性善論」要旨概述

在性自然論外，老子人性論又常被歸結為性善論。依這派說法，老子論「德」實即論「性」。[38]由於老子主張回歸「德」的基礎可達致天下的和諧美善，論者遂以「德」字表示最圓滿的善性。

將老子視為一性善論者主要基於兩個文獻上的理由。第一個理由是老子肯定人性本來圓滿。第二十八章這樣說：

> 常德不離，復歸於嬰兒。知其白，守其黑，為天下式。為天下式，常德不忒，復歸於無極。知其榮，守其辱，為天下谷，常德乃足，復歸於樸。

---

38 將老子之「德」視為一人性論概念可說是道家研究中的一個通見。論者甚繁，恕不贅引。然而，論者雖大多同意老子是以「德」言「性」，但對於老子何以專言「德」字卻鮮有辨析。唯沈清松、郭沂、鄭開三位先生有所議論，可資瞭解此一關鍵問題。約言之，沈先生認為老子之所以用「德」字討論人性，是由於「德」指稱「人與宇宙萬物秉承自道而本有之自發能力」，是「人與萬物皆平等本具之動能，並不獨特地突顯人類主體」，故「『德』概念所展示的人性論是去除人類中心之後的人性論」。郭先生則認為，根據「性者，生而然者也」的古義，老子之「德」可被理解為「性」。而老子之所以在字面上不以「德」為「性」，是因為在傳統觀念中，「性」即是「情欲」；而「德」作為「禮」的內在性，卻是與「情欲」互為對立者。至於鄭開先生則藉錢鍾書先生之言指出，「德」字本具「性能之固持者」一義，故「本性」乃是「德」字之古誼。如此，老子的「德」概念本就包含其人性思想。概括言之，老子之所以專言「德」字，三位先生所持理由有別：沈先生是持存有學的理由：「德」字的使用旨在宣示萬物平等，故人性之發用，在於消解人類中心主義；郭先生是持倫理學的理由：老子意在藉「德」字突破傳統觀念，肯定人性當中可有情欲之外的「禮」的根源。至若鄭先生則是持字源學的理由：「德」字含具「本性」之義，故言「德」無異於言「性」。前述引語和相關說法分別參看：沈清松：〈老子的人性論初探〉，收入臺大哲學系主編：《中國人性論》（臺北市：東大圖書公司，1990年），頁7-9；郭沂：〈從「欲」到「德」——中國人性論的起源與早期發展〉，《齊魯學刊》2005年第2期（總第185期），頁12；鄭開：《德禮之間：前諸子時期的思想史》（北京市：生活・讀書・新知三聯書店，2009年），頁378、381。

可堪注意的是「常德乃足」一語。「常德」即人性之常態,「足」者圓滿之謂。此句斷言人性自始即處於一圓滿狀態。第五十五章以「赤子」為「含德之厚」者,也表達了相同的思想。至於根據什麼理由來斷定人性是「厚」、「足」或「圓滿」,則主要取決於人性自身是否即可提供人類行為最理想的標準。對老子來說,答案當然是肯定的,故老子曰「為天下式,常德不忒」。「不忒」即無所偏差。正面言之,就是認為人性無待後天或外力的增益或矯飾,而為人類行為的「至正」的座標,此亦「式」之義也。由此可帶入第二個理由:老子相信立足於圓滿之「德」而推及社會政治,則天下自然安定,無需苦心經營。如第六十五章說:

> 故以智治國,國之賊;不以智治國,國之福。知此兩者亦稽式。常知稽式,是謂玄德。玄德深矣,遠矣,與物反矣,然後乃至大順。

老子認為治國只消循本性或「玄德」著手,無需運用智識謀慮,而一切事務自然順當均衡。在這種說法中,「智」之無用武之地,正從反面印證了「玄德」的圓滿和自足。而「玄德」之所以是圓滿和自足,老子在此給出了和第二十八章相同的答案——玄德是治國之「稽式」。基本上,論者多抱持這樣的主張:由於「大順」乃一「善」的狀態,而「大順」又是因任「玄德」所致;是則「玄德」作為善之所從出,其本身自當亦為一善。此即以老子為一性善論者之要義。如高亨先生說:

> 老子全書無性字,所謂德即性也。……夫嬰兒赤子未失其本性者也。而老子以嬰兒為常德不離,以赤子為含德之厚,則老子所謂德即性且以人性為至善,良可斷言。……唯老子以性為至

善，故其人生哲學，在全己之性。其政治哲學，在全人之性。
己既反於嬰兒，更率天下人同反於嬰兒，即無為而無不為矣。[39]

　　在此，高亨先生以「至善之性」詮釋「厚德」，並認為外推此至善之
性，便可成己成人，這種說法，顯屬「性善論」之立場。

　　呂錫琛先生則以為老子「尊道貴德」之說含有一「道德教育原
則」。他說：

> 從人性本樸、順應自然的基本觀點出發，道家提出了「尊道貴
> 德」、「因性而教」的道德教育原則。「道」乃是人類以及宇宙
> 萬物造化之本源和根本規律；「德」乃是「道」貫通、落實於
> 萬事萬物而展現出來的本性；……所謂貴德，即是遵循「道」
> 落實於個體道德實踐層面及社會生活層面倫理道德要求；所謂
> 「因性」，即是因任「道」貫通於個體生命而展現出來自然之
> 本性，因順、保持和復歸於個體的自然本性，「復歸於樸」，
> 「見素抱樸」。[40]

呂先生亦以道家或老子之「德」含有「道落實於天地萬物而為其本
性」一義。而人類之「德」，即見於人類生具實踐倫理道德的要求。
遵循實踐倫理道德的要求，並在社會生活層面予以落實，正是老子所
言之「貴德」。呂先生雖未明確以「性善」界定老子之人性論，但考
慮到呂先生主張老子是以「德」言「性」，且其以「道德實踐」、「倫
理要求」詮釋「德」之內涵亦合「性善論」中的「善」之通義，故謂
呂先生藉性善論解讀老子，亦當為呂先生所首肯。

---

39 高亨：《重訂老子正詁》（上海市：上海古籍出版社，1956年），頁12-13。
40 呂錫琛：〈論道家「因性而教」的道德教育思想〉，收入吳光主編：《中華道學與道
　教》（上海市：上海古籍出版社，2004年），頁110-111。

徐復觀先生尤為此說代表,他說:

> 《老子》雖沒有性字,更沒有性善的觀念;但他所說的德,既
> 等於後來所說的性;而德是道之一體,則他實際也認為人性是
> 善的。[41]

徐先生明確主張老子之「德」等於「性」,而此「德」此「性」實際
上又為「善」;故在其詮釋下,老子之人性論必須循「性善」的脈絡
來理解。徐先生進一步藉由儒家之性善論釐清老子之性善論。例如他
在解讀第十九章「絕仁棄義,民復孝慈」和第六十七章「慈故能勇」
時指出:

> 我以為老子所反對的,是把仁義孝慈等當作教條;而並非反對
> 其自然的流露。三十八章「上仁為之而無以為」,則彼並未反
> 對自然流露之仁。……他在政治方面,依然是抱有民胞物與的
> 宏願,所以他說的「慈」,與孔孟的「仁」,實有其精神的會通
> 點。[42]

此謂老子相信人可有仁義孝慈的自然流露。衡之於徐先生後文所說的
「百姓應在由德所賦予的自然之內,而不至於突破自然,以至互相競
爭、戕害」[43]諸語,可知仁義孝慈的自然流露,乃是「德所賦予的自
然」;而「把仁義孝慈當作教條」,就是「突破自然」。此足證徐先生
主張老子肯認人可有仁義孝慈之性。徐先生續謂:

---

41 徐復觀:《中國人性論史・先秦篇》(臺北市:臺灣商務印書館,1969年),頁356。
42 徐復觀:《中國人性論史・先秦篇》(臺北市:臺灣商務印書館,1969年),頁351。
43 徐復觀:《中國人性論史・先秦篇》(臺北市:臺灣商務印書館,1969年),頁354。

老子與儒家，同樣是基於對人性（在《老子》稱為德）的信賴；以推及政治；而為對人民的信賴。所以兩家的政治思想，都是以人民為主體的。[44]

和高亨先生一樣，徐先生認為老子之性善論可發揮理想的政治果效——相信人在自我實現的動能上是自足的，故御民理政，實無需大費周章，刻意以外力矯治。

又有謂老子或道家所持守的不僅是性善論，更且是「絕對的性善論」。高亨先生所說的「至善」，已有這種意味。張岱年先生立場最為明確：

道家所認為「性」者，是自然的樸素的，乃所謂「德」之顯現。……道家認為人人惟當任其性命之情，不要矯揉造作，如是即可達到至治之境界。此種學說，亦可以說是一種絕對的性善論，認為人性本來圓滿，順人之本性，當下便是最好的生活。此本性之善，是絕對的，而非與惡相對的，如仁義禮智等與惡相對之善，乃道家所不承認。[45]

老子相信人初稟受自道的「德」是最淳厚的，這應該就是引文中「人性本來圓滿」之意。張先生的創見，在於認為此圓滿本性是一絕對的善，而有別於儒家的相對的善。張先生此說雖是泛論道家，但用來解讀老子當無不可。

此外，許宗興先生亦以他所構想的「本性論」詮釋老子的人性論。根據許先生的界定，「本性論」主要在探討「善」或「成聖質

---

44 徐復觀：《中國人性論史‧先秦篇》（臺北市：臺灣商務印書館，1969年），頁355-356。

45 張岱年：《中國哲學大綱》（南京市：江蘇教育出版社，2005年），頁193。

素」在人性中是否本然具足之問題。所謂「具足」含有「本具」、「皆具」、「圓具」三義,「本性論」即旨在證明「善」或「成聖質素」是「吾人本具」、「人人皆具」、「吾人圓具」。[46]當中所謂「圓具」,是指凡人所具之「善」或「成聖質素」與聖人同質等量[47],亦即人人本具之性是絕對圓滿者。[48]許先生指出,老子主張人人可由「致虛守靜」達至「觀復」、「道」、「久」之聖人之境,而「修之於身、其德乃真」亦說明道德必往外擴展,由身、家、鄉、邦而天下,此為聖者生命之理想展現,凡此皆意味著老子主張所有生命圓具成聖質素。[49]值得一提的是,在許先生的用法中,「成聖質素」是「善」之別名,而「圓具」又是指「絕對圓滿」,那麼說老子主張所有人皆圓具成聖質素,就是說人性中含有絕對的善。是則許先生的老子詮釋,實可看作「絕對的性善論」的一個版本。

(二)對「性善論」之評論

根據前述幾位學人的觀點,性善論的詮釋,對內不僅回歸文本,對外更可會通儒道,立說穩健之餘,思路不失全面通達。以下試作檢討,以呈示當中可能遇到的問題。

1 儒道人性論不可通約之問題

略言之,在「老子道性善」的脈絡中,「善」可分作兩個層面:一是本性之淳厚,一是社會之和諧。前一「善」以「赤子」(第五十五章)或「嬰兒」(第十章、第二十章、第二十八章)為代表,後一「善」則以「小國寡民」(第八十章)或「民莫之令而自均」(第三十

---

46 許宗興:《先秦儒道兩家本性論探微》(臺北市:文史哲出版社,2008年),頁24-25、71。

47 許宗興:《先秦儒道兩家本性論探微》(臺北市:文史哲出版社,2008年),頁25。

48 許宗興:《先秦儒道兩家本性論探微》(臺北市:文史哲出版社,2008年),頁329。

49 許宗興:《先秦儒道兩家本性論探微》(臺北市:文史哲出版社,2008年),頁239。

二章）為象徵。依老子，赤子或嬰兒代表著最充盈飽滿的生命力，而小國寡民和百姓自均則象徵了社會恆處於簡單穩定狀態之理想。同樣地，在儒家性善論的語境中，「善」亦可分作有兩層面：一是本性之道德傾向，一是人倫之充極實現。依儒家，本性之道德傾向落實為各種道德感情的流露如惻隱、羞惡、辭讓、是非等心理反應，而人倫之充極實現則見於不同身分、角色的道德踐履如父慈子孝、兄友弟恭、夫妻相敬、朋友有信等。比較看來，儒家的「善」，是作為一個道德語詞（moral term）來使用；而在老子的性善論詮釋中，「善」卻無太重的道德負荷，它在相關的詮釋脈絡中甚至可以被看作為非道德語詞（amoral term），它遠於道德（morality）而反近於道德中立（moral neutrality）。依此，兩家之「善」在字面上雖同，其所表達的概念（concept）卻不一樣。易言之，老子和儒家在「性善」的立場上，或得面臨不可通約（incommensurability）的問題。

或云老子和儒家在性善論上有三種互相通約的可能，唯細審之，或不無商榷。

一、或云兩者之善內涵相通。如徐復觀先生認為老子只是反對仁義孝慈之教條化，而非反對其自然的流露，故老子和儒家，當有精神的會通點，此已見前文析論。陳鼓應先生說老子主張人們應恢復天性自然的孝慈[50]，並謂老子主張人際交往當以仁為前提，以信為根本，而通於孔子之學[51]，看法也是如此。這一觀點顧及了不同學派在處於相同歷史背景和面對相同生活環境時的共同關懷，當然是一個優點；但過於強調雙方之同，卻難免模糊了或縮小了老子和儒家在思考方式上或表達方式上的分野。案老子是主張「聖人不仁，以百姓為芻狗」（第五章）。所謂「不仁」非麻木無情之謂。正如王淮（1934-2009）

---

50 陳鼓應註譯：《老子今註今譯及評介》（臺北市：臺灣商務印書館，2000年），頁123。
51 陳鼓應：〈從郭店簡本看《老子》尚仁及守中思想〉，收入陳鼓應主編：《道家文化研究》（北京市：生活・讀書・新知三聯書店，1999年），第17輯，頁71。

先生指出，老子實是以此一「遮詮」方式表示聖人對百姓一視同仁，不以某一人為可貴可愛者，故為「大仁不仁」。[52]倘此說不誤，則老子所主張之「仁」（大仁），是要通過「不仁」來顯現的。以此例彼，老子所主張之「孝」、「慈」，亦必藉「不孝」、「不慈」以見之——一般所稱的「孝」，主要是指父母遇有問題或急難，兒女展現負責態度或盡心照料的意思。但老子認為，在（他所設想的）理想的社會中，人皆生活寧定，無有問題急難，如此兒女們便無由對其父母展現所謂負責的態度或具體的孝行。這種「不孝」，也許才是老子所肯定的「孝」。或可依「大仁不仁」的表達方式而稱之為「大孝不孝」。[53]「慈」亦然——一般所謂「慈」，是指對別人抱有同理心或同情心，而善待之之謂。這預設了別人處於弱勢，而有待於我們基於道德上的金律或銀律而施予援手。但在老子的理想社會中，人人各行其是，互不相涉，並無強勢弱勢之分，無人有待救援，我們便無由對他者表現慈愛。這種「不慈」，也許才是老子所肯定的「慈」——即「大慈不慈」也。老子之「忠」、「義」等觀念亦可通過類似方式建立結構相同的解析。以這樣的方式理解老子之仁義孝慈，當然和儒家分別頗大。

---

52 王淮：《老子探義》（臺北市：臺灣商務印書館，1980年），頁24-25。

53 除了「大孝不孝」外，相同的義理亦可用「不孝之孝」來表達。Wim De Reu 曾將先秦文獻中的各種弔詭或悖論（paradox）根據語意關係之不同整理為三大類（group）：反義（antonymy）、同義（identity）和涵蘊（implication）。每大類又可細分為表達方式不同的兩個次類（subgroup）。其中，第二大類（同義）的兩個次類分別是「大 X 不 X」和「不 X 之 X」，意即「大 X」和「不 X」或「不 X」和「X」這些概念之間的矛盾關係在各自的句式中被規定為在意義上等同，因而衍生出弔詭的性質。Wim De Reu 舉例說，「道」字含有「言說」（to speak）之義。依此，「大道不稱」（按：即「大道不道」）可被代換為「不道之道」而不失其義。然則，根據 Wim De Reu 的研究，「大孝不孝」確可轉述為「不孝之孝」，理由是兩個句式俱表達了「某種和其對反互相等同」的意思。據此，下文所謂「大慈不慈」，一樣可以被理解為「不慈之慈」。前述先秦文獻中的詭論分類及相關資訊，詳參 Wim De Reu, "Right Words Seem Wrong: Neglected Paradoxes in Early Chinese Philosophical Texts."*Philosophy East and West*, 56.2 (April 2006): 282-283, 297.

至少，儒家的仁義孝慈，是通過「他人受苦」（不忍人之心）、「面對
羞辱」（不受嗟來之食）、「善待父母」（敬、色難）、「百姓無依」（老
者不安、少者不懷，朋友不信）等狀況來彰顯的，這無論如何不能和
老子意義的不仁、不義、不孝、不慈相比附。要之，若要藉由老子和
儒家在「善」內涵上持相同立場以證成雙方可彼此通約，似乎必須提
出更多的說明或證明。

　　二、或云老子和儒家在「善」內涵上雖互有不同，但這些不同只
是「善」的表現形態之異，這不妨礙兩者在本質上同屬性善論。就像
中國清代以前的封建制和中央集權制在權力分配的表現形態上雖互有
不同，但這不妨害兩者同屬君主專政體制。然而這樣一來，此論旨就
會遭到前述性自然論的某個困境──由於老子和儒家同主性善論，若
要進一步指認出兩者之「善」分別何在，勢必要道出老子之「善」具
有哪些有別於儒家之「善」的獨特性，例如強調原初生命力之充盈圓
滿，或由此而來的簡單純樸的社會生活型態等。這些老子性善論的內
容，顯然和儒家性善論著重道德感情之自然內發和禮義性的人倫關係
差距甚鉅。這裡的問題是：假使要額外引進這些輔助性理論方能具體
說明老子的性善論及標示出其有別於儒家性善論之特質，這不是恰巧
反證了對老子人性論的說明並不能單單立足於「性善」觀念嗎？既如
此，以「性善論」詮釋老子，不就變得無關痛癢了嗎？

　　三、又有云老子之善性是絕對的，儒家之善性則是相對的，此一
「絕對－相對」之框架既可說明老子和儒家言性善之差異，又可建立
兩者之通約關係。案此論旨若要成立，至少得證明儒家之善性屬於相
對性的善性。但首先要問：「絕對」和「相對」的區別判準如何建
立？如果這裡所謂「相對」是指儒家之善性在一般情形下為善，但在
某些特殊處境中可轉而為惡，就像「捐款」在一般情形下為善，而在
洗錢或賄賂的動機下則為惡，那麼顯而易見，儒家特別是孟子之善性
並不受這種相對性的污染。甚至可以說，儒家之善性，乃是一絕對的

善。對於何謂「絕對」，牟宗三先生所言最精簡透徹：

> 康德說：世間除善意外，無絕對的善。善意之為絕對的善即道
> 德性本身之定然的善。孟子之性善即此道德性本身之性之定然
> 的善。而所謂氣質之「善的傾向」，則不過是在經過道德的自
> 覺後，易於表現道德性本身之性之「定然的善」的資具而已。
> 若不經過此道德的自覺，時時去表現此道德性本身之性之定然
> 的善，而且時時在表現中以此定然的善去提煉它，去規定它，
> 則此氣質之善的傾向純是偶然的，無定準的，並無必然
> 性。……此種氣質的傾向，其為善並非「定然的」，亦非道德
> 性之當身。[54]

推牟先生意，儒家之善性本身即可提供道德判斷的充足依據。它不會
隨處境之異而出現善惡比例上的變動甚至善惡之間的翻轉，相反，不
同處境中的道德判斷之所以可能，悉以善性本身為座標，此即「定然
之善」中「定然」之意。「定然」即「絕對」者也。也就是說，儒家
之善性亦可稱得上是「絕對的」。先不論老子之善性是否真是絕對
的，但就算假定它是絕對的，它也得面臨一個兩難：如果老子之絕對
善性和儒家之絕對善性無別，那就等於彼此化約，從而泯滅了兩者之
間迥異的理論預設和理論效果；如果認為彼此有別，則老子人性論的
特點就不在主張「絕對善性」本身，而在於其背後具有哪些有別於儒
家的「絕對善性」的獨特觀念。然而，如果為了避開這個兩難而退一
步承認老子所持的只是「相對善性」，則又違反了老子視人性為充盈
圓滿、淳厚樸實的基本立場了。

---

54 牟宗三：《才性與玄理》（臺北市：臺灣學生書局，1993年），頁8-9。

2 「德」的圓滿性和「善性」之關係問題

　　論者將老子之「德」視為善性，主要理由在於「含德之厚」（第五十五章）和「常德不離／乃足」（第二十八章）諸說反映出老子將「德」視為圓滿自足的本性。這一理由似乎假定了本性之「圓滿」是本性之「善」的充分條件。若其所謂「圓滿」是指本性即已提供了指導社會邁向和諧安定的理性原則，那麼將「德」詮釋為「善性」在一寬泛的意義上似乎是可被接受的。然而性善論畢竟是儒家所倡，到底「性善」何義，還是得回歸到儒學內部方取得較穩健的立論根據。以孟子為例，當他以「善」字談論人性時，他所著眼的似乎不是人性本身是否圓滿，而是人性中是否具備先天的道德結構。著名的四端之心，即可被理解為此一先天結構的四種表現型態。四端是分說，性是總說，善則言其屬性也。即使許多學人主張儒家之善性乃圓滿自足，否則一切工夫皆不可能，這種「善」和「圓滿性」的連結不過是相對於某種詮釋角度而然，並非題中應有之義。因為主張孟子之善性僅為一有待萌發護育的端苗、在質在量均不足備的論者亦不在少數。對這些論者而言，善性縱非圓滿，亦不礙其為善性也。由此看來，無論是否將人性視為圓滿，均不妨害人性之為善——亦即，人性之「圓滿」和人性之「善」沒有必然的連結，前者不當成為後者的充分條件。這樣一來，試圖以德的圓滿性證成老子的性善論，若非推論太過，就是另立「善性」的標準，從而減殺了和儒家性善論進行會通比較的意義。

四　性真論述評

（一）「性真論」要旨概述

　　又有云道家人性論可以「性真論」當之。唯必須指出，論者言「性真」，旨就莊學立論，其意為性真論至莊子得大成，其在老子僅

為萌芽。然雖為萌芽，不礙老學為性真論之先聲。

　　所謂「性真」是對應「俗偽」來說的。陳靜先生對這兩個概念的意義及當中的關係，有十分準確精闢的討論。她說：

> 道家不論人性之善惡而論人性之真偽。……所謂真性，是指人受之於天的本然之性，所謂俗偽，是指禮義法度規範下的世俗社會。道家認為，人文世界的禮義法度出自人的造作，是人為的結果，故稱之為「偽」，偽者，人為也。又因為禮義法度一經形成，便成為社會普遍遵行的習俗，故莊子眼裡的偽，往往等同於俗。真性為「樸」，而禮義法度是從外在的方面要求人和規範人，……真性和偽俗之間永遠存在著根本性的緊張。[55]

將「真性」和「俗偽」對言，就是把「人性」和「人為」視為對反——行為益偽，則真性愈損，持守真性，則偽將不存。引文中的真、偽關係，雖然主要是依莊子立論，但陳先生肯定老子三言「真」字，尤其是當中的「其德乃真」之說，實開啟了《莊子》乃至《淮南子》的「人性本真」之方向[56]，是則老子之學，亦未嘗不以後天俗偽為悖離人性之真象者。如《老子》第二十章以沉醉世俗享樂的「眾人」和「貴食母」的「我」作對比，第五十五章以赤子之「含德之厚」反襯俗人之「物壯則老」，以及郭店楚墓竹簡《老子》甲組的「絕偽棄詐，民復季子」[57]一語，在某意義上均可被視為預設了俗偽和真性的對反關係，從而印證了陳靜先生將道家人性論界定為性真論

---

55 陳靜：《自由與秩序的困惑——《淮南子》研究》（昆明市：雲南大學出版社，2004年），頁254。

56 陳靜：《自由與秩序的困惑——《淮南子》研究》（昆明市：雲南大學出版社，2004年），頁251-257。

57 荊門市博物館編：《郭店楚墓竹簡》（北京市：文物出版社，2001年），頁111。

的合理性。[58]

　　唯「性真」只是一形式說法。陳靜先生雖肯定老子隱含性真論之傾向，卻未明言老子對「真」賦與了何種實質內容。陳鼓應先生的研究則補充了這個缺口。陳先生直言老、莊二子在性真論上有一承續關係：

> 《莊子》的性真論與《老子》一脈相承，在文獻上可得到充分的印證。《老子》言「真」僅有三處，從道體之真（見二十一章）、本性之真（見四十一章）到行為修養之真（見五十四章）。《莊子》言「真」多達四十五見，與人的本性有關者，可分為這樣幾個不同的層次，即從道體之真（「道之真」）到本性之真，再從德行修養之真（如「緣而葆真」）到審美心境之真（「采真之遊」）。[59]

「本性之真」也者，即《老子》第四十一章「質真若渝」的「質真」二字。陳先生肯定「老子重質」[60]，即人類某些自然的天性。綜合其相關說法，老子之「質」作為人類天性，主要包括孝慈、仁義、忠信等。[61] 又從陳先生有關「外在規範的演化，……禮的繁瑣化則易流於

---

58 值得一提的是，以俗偽突顯真性，正涵蘊了把老子之「自然」視為含有人性論意義的概念。理由在於，當老子批判侯王和當世之民流於「俗偽」時，意思是他們違反了「自然」。依此，所謂「真性」正好是扣住「自然」來說。例如王博先生在晚近一場演講中便主張：「道家則以……玄德，以順物『自然』的方式成就之，此『自然』，即是物之本性，即是真。如果說儒家以『善』來成就萬物，道家則是以『自然』之『真』來成就萬物。」王博先生雖未明示老子持「性真」思想，但最少可以宣稱，王博先生是以老子具有「性真論」的傾向。前述引語參看王博：〈虛無的偉大意義：道和德的另外一個方向〉，《中國道教》2017年第3期，頁24。

59 陳鼓應：〈莊子論人性的真與美〉，收入氏著：《莊子人性論》（北京市：中華書局，2017年），頁73。

60 陳鼓應註譯：《老子今註今譯及評介》（臺北市：臺灣商務印書館，2000年），頁123。

61 相關說法參看：《老子今註今譯及評介》（臺北市：臺灣商務印書館，2000年），頁

失真」[62]的說法看來,「質真」之「真」,強調的是孝慈、忠信等本性的自然流露,它們本身就是道德行為的人性基礎[63],而非反過來屬於對某種禮儀節度的配合或屈從。要言之,在陳先生看來,老子之「質真」和「禮」確有密切關係,但「質真」不是禮的「外在貌飾」,而是禮的「內在情質」。[64]

林明照先生發展了陳鼓應先生前述觀點,主張老子之「真」兼具存有論及人性論上的意義。而就人性論來說——

> 至於老子「真」在人性論上的意義,則是呈現在「真」用來指
> 出人內在之「德」的固實。……「德」內在於人除了成為人的
> 自然本性,此本性更作為人事價值理序的應然根源,而以此來
> 具體成就「道」作用於現實人生的價值意義。……「真」對於
> 「德」所作的指涉,即在於指出人內在之「德」的持守,正是
> 人事價值自然展現在人倫場域的根源。老子「真」的這一內
> 涵,在莊子則深化為人性之本真。[65]

要之,林先生主張老子的「德」具有「人性」的指涉,而此一人性乃是確立人事價值理序的基礎。所謂「真」,就是對人類藉由持守德性而展現人倫價值的一個形容詞。此處林先生雖肯定老子之「真」對莊子之「性真」發生影響,但未明言老子有性真論的傾向。這一主張要

123、195;〈先秦道家之禮觀〉,《漢學研究》第18卷第1期(2000年12月),頁4-7;
《老莊新論》(香港:中華書局,2002年),頁85-87;〈從郭店簡本看《老子》尚仁
及守中思想〉,收入陳鼓應編:《道家文化研究》(北京市:生活・讀書・新知三聯
書店,1999年),第17輯,頁70-72。

62 陳鼓應:〈先秦道家之禮觀〉,《漢學研究》第18卷第1期(2000年12月),頁7。

63 陳鼓應:《老莊新論》(香港:中華書局,2002年),頁86。

64 陳鼓應:〈先秦道家之禮觀〉,《漢學研究》第18卷第1期(2000年12月),頁6。

65 林明照:《莊子「真」的思想析探》(臺北市:臺灣大學哲學研究所碩士論文,2000
年),頁13-14。

到其另一大作才明朗化。例如林先生解讀《老子》第三十八章時，嘗謂老子之「德」「指向人的天真本性與生命質性」[66]，具體內涵則有「忠信的自然情感」[67]，以及「無私的慈仁精神」[68]；而在道、德、仁、義、禮的次第淪落中，「內在情感的本真性已弱」、「內在真情性已最為式微」[69]，林先生釋曰「本性已隱，真情見蔽」。[70]從其屢言「本真」、「真性」、「真情」諸詞看來，林先生確有意循「性真」的角度理解老子之人性論。

（二）對「性真論」之評論

將老子之人性論界定為性真論，或視之為具有性真論的傾向，既合乎「真」、「德」二概念在《老子》中的關聯性，亦有思想史上的說明效力，故實不失為理解老子人性論的良好入路。以下試作兩項提問，冀能釐清老學和性真論之關係，從而在此議題上推動更深入的思考。

1　「性真」和「性善」之分際問題

性真論之提出，一方面是由於「人性善惡」的主流框架不足以衡量道家對人性的理解，另一方面則是由於「人性真偽」方屬道家本身的問題意識。對此，陳靜先生析論甚詳。[71]陳鼓應先生謂「性善」和

66　林明照：《先秦道家的禮樂觀》（臺北市：五南圖書出版公司，2007年），頁90。

67　林明照：《先秦道家的禮樂觀》（臺北市：五南圖書出版公司，2007年），頁93。

68　林明照：《先秦道家的禮樂觀》（臺北市：五南圖書出版公司，2007年），頁97。

69　林明照：《先秦道家的禮樂觀》（臺北市：五南圖書出版公司，2007年），頁92。

70　林明照：《先秦道家的禮樂觀》（臺北市：五南圖書出版公司，2007年），頁94。

71　陳靜先生曾針對張岱年先生以「性超善惡論」詮釋道家人性論的進路提出疑問。她說：「張先生對道家人性思想的特點有非常切實的理解，但是卻有一個善惡論性的儒家框架，這樣就出現了一個理解上的錯位：說道家論人性超善惡，恰好表明衡量的標準是善惡，而善惡又不足以衡量道家對人性的理解。其實，道家關心的不是人性善惡的問題，而是人性真偽的問題。我們應該用道家自己的問題意識，去理解道家的相關思考，並且用道家自己的語言，把他們的思想重構出來。」參看陳靜：

「性真」是兩種不同的論述方向[72]，亦是出於同一考慮。易言之，「性善」和「性真」，不應僅是稱呼有別，儒道兩家對人性內涵以至人生價值理想的不同看法亦應在這兩種人性論的分際之間清晰地被指認出來。陳靜先生於老子性真論著墨不多，可探討處有限；陳鼓應先生和林明照先生的說法相對詳審具備，思索的空間也較大。

依其說，無論是「質真」之「質」，還是「其德乃真」的「德」，均表述人類的某種天性。所謂「真」，就是指這種天性未經後天俗偽窮耗、扭曲或污染的一種原初狀態。老子未明言這種「真性」內涵為何，陳、林二先生則藉由對《老子》第十八章、第十九章、第三十八章的註解提出具體說明：老子只是反對把孝慈、仁義、忠信等德目外推為規矩或教條，而不是反對人類天生具備孝慈之性、仁義之情、忠信之質，故得以「真性」稱之。此說的優點是一反傳統對老子倫理學的保守態度，像陳鼓應先生所指出，可幫助人們「重新認識老子對仁慈忠信義禮等德行所持的肯定立場，進而為老學倫理思想的重建，打開寬廣的空間」[73]，但缺點卻是模糊了它和儒家性善論之間的界限。孝、仁、義在孟子屬「善性」，無待費心饒舌；「慈」在孔子是「慈於眾」[74]之義，以孟子語言之，即「推恩」（《孟子》〈梁惠王上〉）或「以不忍人之心行不忍人之政」（《孟子》〈公孫丑上〉），皆屬性善論的範疇。至若忠、信在《論語》、《禮記》屬士君子立身行事之本，為行仁

《自由與秩序的困惑——《淮南子》研究》（昆明市：雲南大學出版社，2004年），頁251。此外，李靈玢先生亦承續陳靜先生之說，對儒、道二家「性善／惡」和「性真／偽」之辨有所闡發，頗有參考價值。詳參李靈玢：〈老莊人性觀〉，《湖北社會科學》2009年第12期，頁105-108。

72 陳鼓應：〈莊子論人性的真與美〉，收入氏著：《莊子人性論》（北京市：中華書局，2017年），頁69。

73 陳鼓應：〈從郭店簡本看《老子》尚仁及守中思想〉，收入陳鼓應編：《道家文化研究》（北京市：生活・讀書・新知三聯書店，1999年），第17輯，頁64。

74 這是朱熹（1130-1200）對《論語》〈為政〉「孝慈則忠」一語中「慈」字的注語。參看〔宋〕朱熹：《四書章句集注》（臺北市：大安出版社，1996年），頁77。

之要目；而在郭店儒簡的〈忠信之道〉、〈六德〉、〈魯穆公問子思〉諸篇中，忠、信特言內心由衷的真純與竭盡，是「仁之實」、「義之期」，它應由曾子、子思一派重心性工夫的儒者所傳承下來。[75]倘此說不誤，則忠、信在儒家，又可被視為性善論脈絡下的兩個概念。問題的癥結隨之顯現：如果一方面公認孝慈、仁義、忠信是儒家的善性，同時又將之詮釋為老子的真性，那麼「性善」和「性真」這兩種人性表述除了言詮之異、名謂之別外，究竟還可容納哪些實質的區分？

2 「性靜」與「性真」孰更基本之問題

依前文所述，性真論主要立足於「以俗偽對顯真性」的問題意識。假如老子果持「性真」的觀念，則確認他具有此一問題意識當屬首要之務。的確，在《老子》中不難找到相關說法。老子肯定世間充滿各種俗偽，但並不認為這些俗偽來自某種負面或醜陋的人性。相反，他主張俗偽乃是人們單純、樸實的本性在後天社會化歷程中逐漸失喪、異化、畸變的結果。例如第三章說：

> 不尚賢，使民不爭；不貴難得之貨，使民不為盜；不見可欲，使民不亂。

「尚賢而爭」、「貴貨而盜」、「見欲而亂」是由古至今俗偽的典型，但老子並沒因此斷言人類有「爭亂之性」或「為盜之性」。相反，他相信「含德之厚，比於赤子」（第五十五章），也肯定「常德不離，復歸於嬰兒」（第二十八章）。人類在赤子或嬰兒之時因未受後天俗偽的扭曲，故其時的行為表現才最能代表人性的真實面貌，此之謂「德」。從「離」一字可知，後天俗偽對人類生命所產生的影響是一種對本性

---

75 陳麗桂：《近四十年出土簡帛文獻思想研究》（臺北市：五南圖書出版公司，2013年），頁270-275。

的背離。如果「嬰兒」意味人本性的真實，而人在社會化後的行為又是對本性的背離，則人在社會化後的行為相對於其本性來說當然是「不真實」的。「不真實」即「偽」，故曰「俗偽」。如此看來，說老子含有一「性真」思想，自有充足的文獻依據。

但說俗偽是對本性的背離仍是不夠徹底的。因為我們可追問：俗偽對本性的背離以何種方式呈顯？觀老子描述俗偽，特重人類行為浮躁、蕩亂的一面。如第三章的「爭」、「盜」、「亂」，第十二章的「心狂」、「行妨」，第二十章的「熙熙」、「察察」，第五十三章的「好徑」和「盜夸」，第五十七章的「忌諱」、「利器」、「伎巧」等，均屬顯例。換言之，由於俗偽以浮躁、蕩亂為特徵，而俗偽的特徵又和本性背反，那就反映出浮躁、蕩亂之反面——老子以「虛靜」表之——方為人性之真象。這就是為什麼老子說「歸根曰靜」（第十六章）——包括人類在內的天地萬物，其根源處同是「靜」的狀態。由於赤子或嬰兒是人類在生命階段上的「根」，那麼，倘若承認赤子或嬰兒的本性最能代表人類的「真性」，則「真性」之「真」顯然要置放在「靜」的脈絡上來理解方有真切的意義。用此觀之，就老學而言，「性真」必須預設「性靜」，或曰「性靜」比「性真」更為基本。在這意義上，「性靜」較諸「性真」當更能代表老子對人性的看法。

五　結論

老子雖未明言「性」字，但不代表他對人性問題缺乏思考，更不意涵他不具備一種關於人性的學說。相反，老子所提出的許多觀念，如「德」、「樸」、「真」、「根」、「自然」、「赤子」、「嬰兒」等，非但和人性思想密不可分，而且他對於人類的現實活動、社會行為或既成的生活模式的批判，尤能透顯出他對人性的某種洞見。這可說是老學的公論。魏晉玄學和唐宋道教於此義固多引申擴充，當今鴻儒碩學的詮

釋解讀更是百花齊放。為便於分梳異同，突顯問題所在，故試論介三種對老子人性論之定位如上。要之，針對老子之重視自然價值，有謂老子持「性自然論」；針對老子之推崇赤子嬰兒，有謂老子持「性善論」；針對老子之批判浮文詐偽，有謂老子持「性真論」。可以這樣說：對人性的探討在《老子》中最多只呈現為一些方向性的線索，但經過古今學者的努力，人性問題在當代老學研究中已完全顯題化了。這三種老子人性論之定位，本章業就古今學者所論詳述其旨，復從學術用語、文獻釋讀、哲學分析諸角度評其長短得失。作為一以述評為旨的工作，本章的動機不在陳構老子之人性論；然而所得出的各項結論，對於老子人性論之重建工作來說多少能提供若干有用的參考或啟示。這正是下一章的主題。

第二章
老子人性論之重建

一　引論

　　前一章嘗就「性自然論」、「性善論」、「性真論」三者對老子人性論之研究概況作出述評。本章則試從此述評的基礎出發，追溯老子在人性問題上的思考步驟，藉此啟動老子人性論之重建工作。

　　作為老子人性論的三種理論定位，「性自然論」、「性善論」、「性真論」可說是各有得失。得的是它們既持之有故，又言之成理，因而對老子之人性思想展示了相當強的說明效力；失的是它們在開創局面、努力作重點突破的同時，實難做到面面俱到，故遭受若干文獻上和學理上的困難，自是不可免之事。當然，這些困難未必是本質性的，它們大多是在理論創構的過程中所觸及的外緣問題或枝節問題。舉例說，性自然論遭到「各種人性論俱屬性自然論」的困難便不一定出自理論內部的缺陷，它或是由於理論陳構者對「自然」一詞採取了過於寬鬆的用法所致。又如性善論被質疑混同了儒道之善，此或與詮釋者的論述過度淡化兩者差異有關，而不盡然是性善論這種定位本身的內部毛病。再如性真論雖看似無法區別「性真」和「性善」，但這種相混也只是相對於將儒家價值視為道家的真性內涵之提法而有，性真論的意義其實並非（亦無需）被儒家性善論所決定。事實上，若撇除這些在理論創構過程中發生的外緣問題或枝節問題，只保留其中有益的部分，這三種定位對於老子人性論之整體瞭解仍然是相當有幫助的。

　　比如說，性自然論鮮明的突顯了道論在老子人性論中的基礎地位，實有利於我們瞭解老子思考人性問題時的形上學背景。其價值並

不因「自然」一詞的使用有著前章所述難題而有所削弱。性善論或未明辨儒道之「善」的異同，但其強調實現價值理想的動能內足於人性，而無待求之於外，則其論述重點必歸於人性有何內涵之問題。性真論批判後天俗偽，以為後天俗偽是對先天人性的悖逆，這種思路，必同時迫顯出一套以回復人性真象為目標的工夫論。它固未明晰區別其與「性善」之分際，亦未對其與「性靜」之主從先後作妥善安排，但這與工夫論的提出，並不相妨害。由此可見，前章對這三種人性論定位作出檢視，並不在否定它們、消解它們，反是要瞭解其優劣得失所在，藉此為老子人性論的重建工作釐定若干取捨的參考。本章分析考察《老子》中和人性有關的字詞觀念，在貼近《老子》文本或道家思想脈絡的同時，即盡量避免觸犯前述的種種難點，這是「捨」的部分。而在說明老子人性論的體系結構時，則嘗試將前述三種定位安置在老子思考人性問題的不同層面上，並循此拼湊出老子人性論較完整的圖像，這則是「取」的部分。就此方面言之，得失批評和理論重建之間並不需截然二分，相反，前者的成果正所以構成後者的內容。故本章嘗從「性自然論」、「性善論」、「性真論」三種定位出發，分別切入老子人性論之背景、內涵和相關之工夫論，以作為重建老子人性論的三個支撐點。

二　老子人性論之背景

　　依學界通見，老子在人事上的所有主張，悉由其對所謂「道」的理解推演而出。這是老子作為一位史官所具備的「以天占人」或「推天道以明人事」[1]的思維方式。而由於人性論在人事問題上扮演了基

1　「推天道以明人事」一語乃清代《四庫全書》編纂者的提法。參看〔清〕紀昀總纂：《四庫全書總目提要》〈經部一〉〈易類一〉〈序〉（石家莊市：河北人民出版社，2000年），頁13。按：此語本為對《易經》要旨之總括。當代學人雖然多以此

本而關鍵的角色，故老子的人性論亦當與其道論息息相關。我們甚至可以進一步收縮討論的範圍：老子對道的本性的理解實指導了他對人性的思考。據此，要重構老子之人性論，必須以老子對道的本性的理解作為始點。

（一）道性自然

老子雖未明言「道性」何如，但他在第二十五章所說的「道法自然」，主張道之存在和運動悉以「自然」為特質，卻甚有助於對道的本性的理解：

> 道大，天大，地大，王亦大。域中有四大，而王居其中焉。人法地，地法天，天法道，道法自然。

「道法自然」非謂道以外別有一物曰「自然」為道所效法。所謂「自然」指的是道自身的運動狀態，古人恆以「性」字釋之，或最少以之為與道之本性密切相關者。如河上公即直謂「道性自然」[2]，王弼注

描述老學，卻鮮見對此語之分析說明。大致上看，「推天道以明人事」最少有兩個意思。一和「遵循典範」有關：通過對「天道」的考察提供「人事」上應當遵循之理則，如此，「明」字是指「瞭解人事施設應當以天道為模仿對象」，如聖人、侯王效法道之無為、柔弱，即屬此義；二和「掌握動向」有關：通過對「天道」的考察掌握萬物發展之規律，如此，「明」字是指「瞭解人事動向無法脫離天道的範圍」，如物壯則老、反者道動，即屬此義。綜言之，當我們說老子具有「推天道以明人事」的思維圖式時，既可以指藉由考察天道的性格制定人事活動之原則，也可以指通過考察天道的運作掌握人事動向。劉榮賢先生曾以「法天道以行人事」總結老子之天人關係，以之對應於莊子的「以人事付天道」，其後在另文亦以「人道對天道的運用」釋之。其說精闢，可資參考。二說分別參看劉榮賢：〈從老莊之異論二者於先秦為不同的學術源流〉，《東海中文學報》第12期（1998年12月），頁78；劉榮賢：〈理性與自然——道家自然主義中的人文精神〉，收入東海大學中國文學系編：《美學與人文精神》（臺北市：文史哲出版社，2001年），頁81。

2　鄭成海：《老子河上公注疏證》（臺北市：華正書局，1978年），頁182。

「道法自然」一句，亦說「道不違自然，乃得其性」。[3]南朝隋唐亦有
若干重玄學家信奉「道性自然」的道教傳統。[4]至於當代學人也多順
此義加以引申說明。如陳鼓應先生接受河上公「道性自然」一語，主
張「道法自然」意即「道的本性就是自然」[5]——道以它自己的狀況
為依據，以它內在原因決定了本身的存在和運動，而不必靠外在其他
的原因，所以是對道「自己如此」的狀態的一種形容。[6]牟宗三先生亦
接續王弼注有所闡發，主張老子之「道法自然」乃是指道不違離自然
是使道成全其為道者，而「道之成為道」實涵蘊「道的性」一義。[7]
原則上，本章的論述主要立足於這種以自然言道性的詮釋。至於老子
之所以肯認道性自然，則可說是由對萬物的考察所得——老子認為，
萬物雖然各有獨特的運動模式或行為傾向（殊性），但不礙彼此有其
相同處，其相同處即以自然為歸結（共性）。這是王弼注《老子》第
二十九章「萬物以自然為性」[8]之義。由於老子主張萬物是道的分殊
化，萬物共同分享的自然本性，從根柢上言自必歸之於道。是故「萬
物以自然為性」欲得證立，「道性自然」是一個必然的前設。賴錫三
先生指出老子「道法自然」這一命題的重要性便是將道體的運行落實
在萬物的大用流行上，故「道法自然」之「自然」乃是就「萬物」的
「自然而然」來說[9]；劉榮賢先生認為老子對「常道」的觀察事實上

---

3 〔魏〕王弼著，樓宇烈校釋：《王弼集校釋》（臺北市：華正書局，1992年），頁65。

4 這方面可參看林永勝：〈從才性自然到道性自然——六朝至初唐道教自然說的興起與
　轉折〉，《臺大文史哲學報》第71期（2009年11月），頁2-5、18-24。

5 陳鼓應：《老子今註今譯及評介》（臺北市：臺灣商務印書館，2000年），頁151。

6 陳鼓應：《老莊新論》（香港：中華書局，2002年），頁29。

7 牟宗三：〈老子《道德經》講演錄（五）〉，《鵝湖月刊》第29卷第2期（總號第338
　期）（2003年8月），頁14。

8 〔魏〕王弼著，樓宇烈校釋：《王弼集校釋》（臺北市：華正書局，1992年），頁77。

9 賴錫三：〈論先秦道家的自然觀——重建老莊為一門具體、活力、差異的物化美
　學〉，收入楊儒賓主編：《自然概念史論》（臺北市：臺灣大學出版中心，2014年），
　頁11。

是建立在自然界的物性流動上[10]，故老子所重者不在「個別物性」，而在代表「集體物性」的大方向的「德」、「象」觀念[11]；王博先生也同意「道法自然」的法則之運用便是「法萬物之自然」。[12]此皆有助於理解老子從萬物共有之自然本性迫顯道之自然本性的主張。人類為萬物之一，則人類當然和其他物類一樣，從道的本源處分享了自然的本性。簡言之，老子若是以自然論人性，那麼「道性自然」就是老子以自然論人性的背景或出發點。

　　至若老子之「自然」義，劉笑敢先生有很好的分析歸納。茲不厭其煩，具引其旨要如下：

> 「自己如此」是自然的最基本的意含，其他意含都與此有關。自己如此針對的主要是主體與客體、內因與外因的關係問題。自然是主體不受外界直接作用或強力影響而存在發展的狀態。……自然的這一意義是指沒有外力直接作用的自發狀態，或者是外力作用小到可以忽略不計的狀態。[13]

> 「本來如此」和「通常同此」是針對變化來說的，自然是原有狀態的平靜的持續，而不是劇烈變化的結果，這就是說，自然不僅排除外力的干擾，而且排除任何原因的突然變化。因此，自然的狀態和常態是相通的。……不過，「本來如此」側重於原初狀態，「通常如此」側重於現在的狀態的持續。[14]

---

10 劉榮賢：〈從老莊之異論二者於先秦為不同的學術源流〉，《東海中文學報》第12期（1998年12月），頁85。

11 劉榮賢：《莊子外雜篇研究》（臺北市：聯經出版公司，2004年），頁208。

12 王博：〈無的發現與確立──附論道家的形上學與政治哲學〉，《中國哲學》2011年第12期，頁25。

13 劉笑敢：《老子：年代新考與思想新詮》（臺北市：東大圖書公司，2005年），頁89-90。

14 劉笑敢：《老子：年代新考與思想新詮》（臺北市：東大圖書公司，2005年），頁90。

「勢當如此」是針對未來趨勢而言的，自然的狀態包含著事物
自身內在的發展趨勢，如果沒有外力的干擾破壞，它就會大致
沿著原有的趨勢演化，這種趨勢是可以預料的，而不是變幻莫
測的，……自然的這一意義就是原有的自發狀態保持延續的慣
性和趨勢。勢當如此是自然之趨勢的一種表現，也是自然狀態
的一個標準。凡是不能預料未來趨勢的事物都不是處在自然發
展之中的。[15]

簡單地說，老子所說的「自然」是事物存在、發展的一種狀態，而
「自己如此」、「本來如此」、「通常如此」、「勢當如此」乃是由不同角
度對事物存在、發展之「自然」狀態所作出的描述──「自己如此」
強調事物存在、發展之動力不假外求；「本來如此」肯定事物之存在
自有其本然狀態；「通常如此」著重事物本然狀態的持續；「勢當如
此」指向事物在沒有外力干擾破壞下的未來走向。要之，「自己如此」
言其「自發性」，「本來如此」言其「原初性」，「通常如此」言其「持
續性」，「勢當如此」則言其「可預見性」。[16]「自然」的這四個層面在
某種意義上是前後連貫相續的：本性的原初狀態具有自我呈發的動
能，在沒有外力介入干預時其呈發是具持續性的，並可預見其將持續
下去。如果道之自然是見於物之自然，而物之自然又可區分為這四個
連貫相續的層面，那麼這四個層面就可說是支撐起了「道性自然」的
表現形式。這種表現形式，同時也構成了「人性自然」的規範原則。

(二) 人性自然

然則，循劉先生對「自然」的四個層面之梳理，我們或可如此理
解老子對自然人性的看法：人性當中具備使人類實現理想生存狀態的

---

15 劉笑敢：《老子：年代新考與思想新詮》（臺北市：東大圖書公司，2005年），頁90。
16 劉笑敢：《老子：年代新考與思想新詮》（臺北市：東大圖書公司，2005年），頁90。

自足動能（自己如此），這種動能是人性的原初狀態，未經社會化或
後天經驗的型塑（本來如此）；而在沒有他力左右、介入、破壞或外
因干擾的情況下，人類可依其本性之原初狀態穩定地存活或持續發展
（通常如此），並預見其可全幅展現合乎自然人性的行為或生活方式
（勢當如此）。當然，在此必須釐清，劉先生並沒有據此主張老子之
人性論是「性自然論」[17]；但不可否認的是，「道性自然」和「人性自
然」之間的理論連繫，在劉先生對「自然」概念之剖析中確可獲得清
晰的呈現。這種立基於「道性自然」的「人性自然」之說，復可借用
郭沂先生的研究予以補充說明：

> 既然天地都效法道，而道效法自然，那麼天地萬物之自然便是
> 順理成章的事情了。在「輔萬物之自然而不敢為」一句中，老
> 子明確地指出了萬物的自然本性──「萬物之自然」。……人
> 無論多麼偉大，畢竟是萬物之一，……因此，人也會同萬物一
> 樣，從道那裡稟得本性，以成己德。這就是說，當道落實於
> 人，就使人擁有了生而即有的、固有的本性，這就是人
> 性。……人性與道的本性是完全一致的。……不管人的心之自
> 然本性，還是生理的自然本性，老子都是以嬰兒相比況，因為
> 嬰兒是最自然的。[18]

根據郭先生，在老子的觀念中，萬物皆以效法道為存有原則。由於道
的本性是自然，那麼包括人在內的萬物，在本性上都可說是自然的。

---

17 根據劉笑敢先生的觀點，老子在一寬泛意義上具有「性超善惡」的觀念；唯細言
　之，老子則可謂一「人性本貴論」者。相關觀點請見劉笑敢：《老子古今：五種對
　勘與析評引論》修訂版（北京市：中國社會科學出版社，2009年），上卷，頁621-
　622。本書第三章對此有詳細探討。
18 郭沂：〈從道論到心性之學──老子哲學之建立〉，《哲學與文化》第24卷第4期（1997
　年4月），頁356-358。

王德有先生循老子之「自然」概念主張道和人之間既「同性」（以自然為本性）復「同則」（法自然）[19]，可呼應郭先生所論。葉海煙先生亦扣住老子的「道法自然」一語指出「道」和「人」之間的相貫關係：

> 人之有性，即天地之有道，而道即自然之道，……而人就在道中自成其為人。……可以說，老子關注的是人道、人性與人倫之根源——此根源即天地自然；而若吾人以「天地倫理」名之，其實也同時顯示老子意在將「倫理」淡化於「自然」之中，將「人性」順同於「自然」之性。[20]

在此，葉先生主張老子之人性是一自然之性，而人的自然之性是以自然之道為其根源。這亦是一由「道性」以言「人性」之思路。合郭、王、葉三先生之言觀之，性自然論言人性自然，在理論的立足點上必歸諸道性之自然。也就是說，性自然論得立足於道論，然後其有關人性之「自然」概念方有可被辨識的範圍，這樣一來，老子之「自然」便可在很大程度上避免與告子、荀子或〈性自命出〉等早期儒家著眼於生理血氣角度的「自然」人性相混。[21]郭沂先生主張「由道的本性推論人的本性是老子哲學建立的第一步」[22]，葉海煙先生亦明言「老

---

19 王德有：《以道觀之——莊子哲學的視角》（北京市：人民出版社，1998年），頁44。

20 葉海煙：《道家倫理學：理論與實踐》（臺北市：五南圖書出版公司，2016年），頁131。

21 老子之「自然」和學界所稱的告、荀等學者的人性之「自然」並不是相同的概念。依此，當我們用「性自然論」界定老子之人性論時，就難以（最少在字面上）將老子的人性論和告、荀諸子的人性論作出識別。這裡強調「性自然論」的道家背景，目的正在於突出老子所說的人性之「自然」具有「道」的性格。有關「性自然論」所使用的「自然」一詞所面臨的理論困難，詳參前章所述。

22 郭沂：〈從道論到心性之學——老子哲學之建立〉，《哲學與文化》第24卷第4期（1997年4月），頁351。

子『論人』是在其『論道』的大前提下展開的」[23]，俱準確的指出了老子在人性問題上的特定範圍及思考次序。徐華先生說「道家系統的心性論往往是由『道』到『性』，由上而下的內在貫通。……自然是其共通的本質屬性」[24]，亦可謂深得其旨。綜括言之，依老子的進路，欲知人性如何，並不是如荀子那樣對人類的言行從事社會性的測定或經驗性的樣本歸納工作，而是要將人性視為道在人生命中的體現：通過瞭解道的本性和運動模式來論斷人性的實情。倘此說不誤，則以「性自然」界定老子之人性思想，即使未得其全面，亦無妨於其突顯老子循道性以思考人性的形上學背景，而有功於老學之推進也。

當然，主張老子是循道之自然本性來規定人之自然本性，這從字面上看終究只是一種形式的說法，它尚未觸及人之自然本性究有哪些實際內涵。事實上，對於人性怎樣才稱得上是「自然」，在老子的說法中多少可找到一些線索。而對這些線索的說明和解析，則涉及老子思考人性的另一層次，即人性有何內涵之問題。

三 老子人性論之內涵

「性自然論」的詮釋雖在「道性自然」的基礎上對「人性自然」提供了充分的支持，唯未明晰指出人性之「自然」是什麼。要探求人性之「自然」是什麼，還是得先回到老子對道性之「自然」有何內涵的討論中去。

---

23 葉海煙：《道家倫理學：理論與實踐》（臺北市：五南圖書出版公司，2016年），頁131。

24 徐華：《道家思潮與晚周秦漢文學形態》（武漢市：華中師範大學出版社，2008年），頁79。

（一）道性自然與柔弱之關係

概言之，在老子看來，道之自然本性，主要見於它的「無為」；
而道之「無為」，具體言之，則展示為它化生、輔育天地萬物時的
「柔弱」的表現。

就道之「自然」和「無為」之關係言，可先考察兩組老子的說法。
第一組是第三十七章的首語：

> 道常無為而無不為。侯王若能守之，萬物將自化。

「自化」的「自」字，應為「自然」一詞之省語。觀王弼以「順自然
也」注「道常無為」[25]可知。此外，陳鼓應先生也如此解讀「萬物將
自化」：「百姓的生活自然可以獲得安寧。」[26]鄧立光先生有相近闡
析：「萬物就會自然發展，調適和諧。」[27]而萬物之自化，則是統治者
握守道之「無為」所致。可知在老子之觀念中，「自然」必從「無
為」中見。第六十四章的「以輔萬物之自然，而不敢為」一語，強調
「無為」（不敢為）是輔助萬物依其自然本性而活動的方式，這和第
三十七章「無為」和「自化」之關係是相同的義理。

第二組是第五十一章的中段：

> 道之尊，德之貴，夫莫之命而常自然。

這是說，天地萬物之活動純是自生自發，道對之並不妄發號令或橫加
干涉（莫之命），永遠讓天地萬物順從自然本性生長遂成（常自然）。

---

25 〔魏〕王弼著，樓宇烈校釋：《王弼集校釋》（臺北市：華正書局，1992年），頁91。
26 陳鼓應：《老子今註今譯及評介》（臺北市：臺灣商務印書館，2000年），頁189。
27 鄧立光：《老子新詮——無為之治及其形上理則》（上海市：上海古籍出版社，2007
    年），頁138。

這是王弼稱許道體對萬物「不塞其原，不禁其性」[28]之義，亦即牟宗三先生所謂「不生之生」[29]也。在此，萬物之「自然」是由道對萬物的「莫之命」而見，或曰道對萬物的「莫之命」是支持萬物之「自然」之一要件。由於「莫之命」乃是出於道之「無為」，因此「莫之命而常自然」背後所涉及的仍然是「無為」和「自然」之關係。

這裡可作兩點補充說明。一，老子之道是天地萬物之所從出。所謂「德」實即天地萬物得之於「道」者，或反過來說，「德」乃是「道」之內在於天地萬物者。甚至可以進一步宣稱，「德」實即道與天地萬物之本性。此皆可說是老學之通義。依此，物之自然本性，可看作是道之自然本性在物的層面上的落實。在這意義上，道藉由「無為」而成全萬物之「自然」，無異於同時實現其自身之「自然」。二，天地萬物之「自然」是藉「無為」而得以成全，而「無為」之所以可能，其根本依據則在於道的自然本性。故在道的層面上，要肯定「道常無為」（第三十七章）和「輔萬物之自然而不敢為」（第六十四章），必先肯定「道法自然」（第二十五章），即道以自身之自然本性為法也；在物的層面上，要肯定萬物能「知常」而「不妄作」，必先肯定物能「歸根曰靜，是謂復命」（第十六章）——「根」即物之原態，「命」即「性命之常」[30]，即稟受自道之自然本性也。王博先生解析第五十一章「夫莫之命而常自然」時謂「無為原則的超越根據是道的自然特性」[31]，正指出了道之自然既支持無為復又成全於無為的雙重特質。

而就道之「無為」和「柔弱」之關係言，亦得考察兩組老子的說法。

28 〔魏〕王弼著，樓宇烈校釋：《王弼集校釋》（臺北市：華正書局，1992年），頁24。
29 牟宗三：《中國哲學十九講》（臺北市：臺灣學生書局，1983年），頁104。
30 〔魏〕王弼著，樓宇烈校釋：《王弼集校釋》（臺北市：華正書局，1992年），頁36。
31 王博：《老子思想之史官特色》（臺北市：文津出版社，1993年），頁268。

第一組見於第四十三章：

> 天下之至柔，馳騁天下之至堅。無有入無閒，吾是以知無為之
> 有益。

這裡，老子主張無為的好處見於至柔者可勝過至堅者，可知「無為」
是針對「至柔」來說。這一藉柔弱界定無為的觀點，可從後人之老子
注釋中得到佐證。如王弼注文說：「無有不可窮，至柔不可折。以此
推之，故知無為之有益也。」[32]由「至柔」可推知「無為」之有益，
就是將柔弱視作無為的指標。蔣錫昌（1897-1974）注「天下之至
柔」句亦云：「此言水為天下至柔之物，……然水能貫穿金石，而無
所不入。此句所以明下文無為之效也。」[33]其注「吾是以知無為之有
益」又謂：「水性至柔，其力莫強；……言吾以水之理知無為之有益
也。」[34]其以「柔弱」表「無為」之意甚明。

第二組見於第四十章的第二句：

> 弱者道之用。

所謂「道之用」，即道在經驗世界中所顯現的作用，如第五章「天地
不仁」的「不仁」、第六章「綿綿若存」的「綿綿」、第七章「以其不
自生」的「不自生」、第八章「水善利萬物而不爭」的「不爭」、第十
六章的「歸根曰靜」、第四十五章的「缺」、「沖」、「屈」、「拙」、
「訥」、第五十一章的「不有」、「不恃」、「不宰」等。根據劉笑敢先
生的看法，老子之「無為」正是上述一系列否定式用語的總代表或反

---

32 〔魏〕王弼著，樓宇烈校釋：《王弼集校釋》（臺北市：華正書局，1992年），頁120。
33 蔣錫昌：《老子校詁》（臺北市：東昇出版事業公司，1980年），頁285。
34 蔣錫昌：《老子校詁》（臺北市：東昇出版事業公司，1980年），頁287。

世俗、反慣例的方法性原則。[35]依此,「弱者道之用」的「弱」字,正可看作是對道之「無為」的內容特質的說明。張岱年先生謂「無為在於守柔」[36],劉笑敢先生直言「無為即柔弱之道」[37],恰好呼應了前述無為和柔弱的密切關係。

要之,「自然」、「無為」、「柔弱」三者之關係是:自然由無為中見,無為則由柔弱中見。由於「無為」是「天下之至柔」,則道之自然本性展示為對萬物的無為,便涵蘊柔弱屬於道的自然本性。總的來說,道之無為恆體現為柔弱的情狀,而柔弱的情狀正是道之自然本性的一個表徵。在這意義上,「柔弱」可被視為「自然」的主要內涵。

(二)人性自然與柔弱之關係

據此,若要問在老子的觀念中,人性之自然是什麼,則「柔弱」或許是一初步的答覆。老子非常推崇人類的原初生命情態,這就是他經常提及的「嬰兒」(第十章、第二十章、第二十八章)或「赤子」(第五十五章)。在老子看來,嬰兒或赤子是人類進入人際關係網絡、接受後天教育之前的初始階段,尚未受到人類社會所構造的各種意識型態和觀念間架的「污染」,所以嬰兒或赤子的生命情態,最能代表人類的本性。而由於老子認為赤子或嬰兒的生命情態可以「柔弱」名之,因此柔弱可說是人類本性的自然流露。試分從第十章、第二十章和第十六章作一申述。

第十章說:

專氣致柔,能嬰兒乎?

---

35 劉笑敢:《老子:年代新考與思想新詮》(臺北市:東大圖書公司,2005年),頁111-112。

36 張岱年:《中國哲學大綱》(南京市:江蘇教育出版社,2005年),頁271。

37 劉笑敢:《老子:年代新考與思想新詮》(臺北市:東大圖書公司,2005年),頁120。

依老子，嬰兒精氣凝固（專氣），在其體性柔弱，此之謂「致柔」。老子有時單用「柔」字，有時則「柔」、「弱」連用，但於義理無大別。如第四十三章謂「天下之至柔，馳騁天下之至堅」，第七十六章則謂「堅強者死之徒，柔弱者生之徒」；又如第七十八章開首謂「天下莫柔弱於水，而攻堅強者莫之能勝」，中段則謂「弱之勝強，柔之勝剛」。若將第十章的嬰兒之「柔」和第四十章的道用之「弱」合而觀之，則人之柔弱便可看作是道之柔弱作用於人生命中的結果。當中較顯豁地呼應了老子以道性規定人性的思路。

第二十章亦以「嬰兒」為旨：

> 眾人熙熙，如享太牢，如春登臺。我獨泊兮其未兆，如嬰兒之未孩。儽儽兮，若無所歸。眾人皆有餘，而我獨若遺。我愚人之心也哉！沌沌兮！俗人昭昭，我獨若昏。俗人察察，我獨悶悶。澹兮其若海，飂兮若無止。眾人皆有以，而我獨頑似鄙。我獨異於人，而貴食母。

老子認為嬰兒具有「未孩」的特質。「孩」，帛書乙本作「咳」[38]，北大漢簡本作「眩」[39]，皆含「笑」義。「笑」表示對社會上精彩紛繁的名相制度表示滿意，並沉醉其中，冀獲得欲望的滿足。焦竑（1540-1620）「笑則情動而識生矣」[40]之詮釋，充分表述了此一義理。第二十章描述「眾人」的「熙熙」、「有餘」、「昭昭」、「察察」、「有以」諸詞，突顯了眾人輕浮躁動的「散發」精神[41]，悉與「笑」字有相通之

---

38 高明：《帛書老子校注》（北京市：中華書局，2011年），頁319。
39 北京大學出土文獻研究所編：《北京大學藏西漢竹書〔貳〕》（上海市：上海古籍出版社，2012年），頁153。
40 轉引自王淮：《老子探義》（臺北市：臺灣商務印書館，1980年），頁84。
41 王淮：《老子探義》（臺北市：臺灣商務印書館，1980年），頁84。

誼。抱持如此生活態度的「眾人」，《老子》中名目甚眾，如第二十四章謂之企者、跨者、自見者、自是者、自伐者、自矜者，第二十九章謂之為者、執者，第七十七章謂之高者、有餘者。而「眾人」的這種生活態度，第二十六章謂之輕、躁，第二十九章謂之甚、奢、泰，第五十三章謂之好徑，第五十五章謂之益生、心使氣、物壯，第七十五章謂之以生為，第八十一章謂之積。但無論措辭如何，「眾人」所抱持的「笑」的生活態度，老子悉以「剛強」或「堅強」概括之——用現代語言來說，就是飲食男女，縱情享樂，追名逐利，爭權奪位，損人利己，橫衝直撞。由於「笑」（孩／咳／眩）代表了剛強或堅強，則嬰兒的「未孩」便代表了柔弱——即剛強或堅強的反面。[42]「我獨泊兮其未兆」的「泊」字，是靜默虛柔之義，正與「未孩」前後呼應。這仍然是將柔弱視為人性之自然狀態的立場。[43]

---

[42] 將柔弱視為剛強或堅強的反面，並不意涵柔弱和剛強一樣，屬於某種積極的現成狀態。約言之，柔弱可看作是剛強的消解。如賴錫三先生說：「『剛強』背後通常預設一種主體中心的強悍與誇大，是以『我』為中心的『爭』、『鬥』之權力擴張狀態。而《老子》的『柔弱』並非與『剛強』二元對立結構下的另一端，而是另一種『去主體』的虛敞狀態。」參看賴錫三：〈渾沌與秩序之間——《老子》的原初倫理與他者關懷〉，收入陳鼓應主編：《道家文化研究》（北京市：生活・讀書・新知三聯書店，2015年），第29輯，頁142。賴先生精確地指出，一般人是以爭鬥的強悍方式來構成「我」的基礎，這是一種「剛強」的表現；而老子的「柔弱」並不是與「剛強」處在同一層次的兩端，而是一種「去主體」的作用——即對構成主體的剛強的去除。賴先生此義，亦可用牟宗三先生的語言來解析。根據牟先生，柔弱不是從存有層否定剛強的作為，而是從作用層否定之——這是說，把造作、不自然的東西都給忘掉、化掉，此即「作用地保存」。相關討論參看牟宗三：《中國哲學十九講》（臺北市：臺灣學生書局，1983年），頁132-146。以此言之，說嬰兒本性柔弱，並不是說人性中有一種稱作「柔弱」的實體，而是說嬰兒（人類）依其本性而言，並不會從事剛強的作為。由於在老子而言，知、欲是剛強的主要成因，因此，說柔弱是剛強的消解，即涵蘊了柔弱是一種「無知無欲」的狀態。關於「柔弱」和「無知無欲」之關係，後文有較詳細的討論。

[43] 第四十一章開首數句可補充說明「笑」（孩／咳／眩）和「柔弱」的對立關係。第四十一章說：「上士聞道，勤而行之；中士聞道，若存若亡；下士聞道，大笑之，不笑不足以為道。」在此，下士的「大笑」表現了對道的輕視和不屑，故愈笑而離

第十六章與老子人性論之關係，尤為古今學人所重。[44]其與人性論相關之文字為：

　　夫物芸芸，各復歸其根，歸根曰靜，靜曰復命。

在這裡，老子甚至斷言包括人類在內的天地萬物，其本根狀態均是「靜」。「根」即起步或出發點，在該文脈中是指生命之原初狀態。以「根」為「靜」，實即斷言人類在嬰兒的階段，在本性上是處於虛靜狀態的。當然，「靜」不是枯寂或缺乏生機的意思，相反，靜的狀態含藏著無盡的生命力或創造性。陳鼓應先生認為老子之「虛」含有創造性的因子和無窮的儲藏量，而「虛」的東西必也呈現「靜」的狀態，「靜」則是指「靜中有動，動中寓靜」[45]，正突顯出老子之「靜」的活動義。當然，「靜」的活動不是剛烈奮發的，而應如第六章所言，是「綿綿若存，用之不勤」的。鄧立光先生認為「綿綿」是指「輕柔不斷」，第六章是「以綿綿之弱凸顯天道的生生不息義」[46]；陳鼓應先生認為「柔弱」的東西「充滿生機」、「最能持久」[47]，皆可作為「靜」含有「柔弱」之義的佐證。也就是說，老子以「靜」言萬物

道愈遠。所謂「道」，在第四十一章中是指「明道若昧，進道若退，夷道若纇」，意即道具有暗昧、恬退、深邃諸性格，凡此皆可與「柔弱」相發明。下士並不體會柔弱的價值，或從根否認柔弱的可行性和重要性，故往往反其道而行，對其一笑置之。因此，對道大而笑之，便意味著「笑」和「柔弱」的對立性。這或許可支持將第二十章的「未孩」視為含有「柔弱」之義的詮釋。

44 陳鼓應先生在註釋「復命」一語時，曾扼要介紹蘇轍、范應元、釋德清、嚴靈峰、盧育三、張松如、福永光司等學人對第十六章的人性思想之討論，值得參考。參看陳鼓應註譯：《老子今註今譯及評介》（臺北市：臺灣商務印書館，2000年），頁111-113。

45 陳鼓應：《老莊新論》（香港：中華書局，2002年），頁35-38。

46 鄧立光：《老子新詮：無為之治及其形上理則》（上海市：上海古籍出版社，2007年），頁55。

47 陳鼓應：《老莊新論》（香港：中華書局，2002年），頁39。

的本根，實則涵蘊了「柔弱」是人性之自然狀態。

（三）人性之柔弱狀態與性善論之詮釋

　　若謂人性之所自來是性自然論的著眼點，那麼人性之柔弱狀態則可接通性善論的詮釋。如前所述，以性善論界定老子之人性論，所謂「善」是指人性的圓滿自足，即人性無待外力的型塑或導正，亦不需藉後天經驗提昇品質，從其本身出發，即可實現和諧安定的生活型態──這正是一結果之善。換言之，人性之善乃是結果之善之所以可能的內在的根據。當然，這種理想的生活型態不屬於儒家式的禮樂文章或綱紀人倫，而只是一種淳厚、素樸、國家規模簡單、沒有豐富的物質文化、不參與國際軍備競賽、百姓之間距離適當而又非疏離冷漠的小農社會，此見於第八十章有關「小國寡民」的充分描述。在老子，這種理想的生活型態非但不是來自人性的柔弱狀態的改變，相反，柔弱之性必須善加保存，這種生活型態才可能實現。也就是說，在老子而言，人性的柔弱狀態是圓滿自足的。柔弱和善的關聯遂得以建立。

　　柔弱之性的圓滿自足，可見於兩條線索。第一條線索是「德」作為生命力的充盈飽滿，第二條線索是人類「無知無欲」的本性和天下大治之密切關係。

　　就第一條線索言，老子肯認赤子或嬰兒之「德」是一充盈飽滿之狀態，如第五十五章謂：

> 含德之厚，比於赤子。蜂蠆虺蛇不螫，猛獸不據，攫鳥不搏。骨弱筋柔而握固。未知牝牡之合而全作，精之至也。終日號而不嗄，和之至也。

赤子本性淳厚，雖然體性輕柔，但雙拳握固，精力旺盛，中氣充沛，

此正是第十章「專氣致柔，能嬰兒乎」的「專氣」。而赤子或嬰兒的
生命力之所以處此巔峰狀態，是因為分受了道的「虛」和「綿」的性
格——道體虛空，故其運動永不退歇，此即第四章「道沖而用之或不
盈」及第五章「虛而不屈，動而愈出」之義；道用綿綿，故其發用恆
常不斷，此即第六章「綿綿若存，用之不勤」及第七十六章「柔弱者
生之徒」之義。換言之，人性之所以稱得上是善或圓滿自足，是由於
赤子或嬰兒自始即處在柔弱狀態，而此一柔弱狀態，正是從道所分受
而來的「德」。

　　而就第二條線索言，老子肯認人類具有「無知無欲」的本性，而
這種本性正所以使天下大治。如第三章說：

　　　　不尚賢，使民不爭；不貴難得之貨，使民不為盜；不見可欲，
　　　　使民心不亂。……常使民無知無欲。……為無為，則無不治。

此章說人民之爭、之亂、之為盜，是由於統治者實行「尚賢」、「貴
貨」、「見可欲」的政策所致。這等於反面指出，在沒有接觸這些後天
的意識型態或人為價值之前，人民是不爭、不亂、不盜的。在一般意
義上，爭、亂、盜三者往往起因於偏差的價值觀（知）和損人利己的
私情（欲）。說人民原本不爭、不亂、不盜，即含有人類在本性上無
知無欲之認定。耐人尋味的是統治者不尚賢、不貴貨、不見可欲，本
身亦屬無知無欲的表現。老子認為，統治者只要消解多餘的動作，和
人民一同保存無知無欲的本性（為無為），社會便可達成至治（無不
治）。由此可見，老子認為人性雖可言無知無欲，但這卻不意味著人
類在本性上殘缺不全，相反循性而為，不待外索，天下即可致治，此
適足證「無知無欲」實一圓滿自足的善的狀態。

　　值得一提的是，老子所反對的剛強或堅強的作為，往往是知、欲
的泛濫所致，如第三十章的「以兵強天下」、第三十一章的「樂殺

人」、第三十八章的「上禮為之而莫之應，則攘臂而扔之」、第四十六章的「咎莫大於欲得，禍莫大於不知足」、第六十五章的「民之難治，以其智多」，均為顯例。如果知、欲屬剛強的一方，則無知無欲自屬柔弱的一方。也就是說，在老子思想中，「無知無欲」和「柔弱」乃是「自一」的概念，兩者乃是由不同角度表述人性的某種狀態。而在性善論的詮釋中，這種狀態得以「善」字命之。

根據老子的思路，人性的柔弱狀態是道在人的生命中所起的作用。順此柔弱狀態，無待外力介入，即可達致群體生活的和諧美善。但隨著科技、商業、學術、軍事諸方面之累進與提昇，人類逐漸反其道而行，從而造成政治社會的混亂和道德倫理的敗壞，此即老子極力批判的「剛強」或「堅強」。為翻轉此一困境，俾人性的理想得到實現，老子遂提出一種解決方案以對治之。合言之，由人性的來源問題，到人性的內涵問題，還得進一步處理相關的工夫問題，方較全面地見得老子人性論的面貌。

四　老子人性論所關涉之工夫論

在老子，群體生活的和諧美善只是一種理想。這種理想不曾在歷史上實現過，即使曾實現過，亦早因文明、文化的氾濫發展而絕跡。事實上，老子所親睹的現實，以至每一個文明人身處其中的社會、世代，基本上都是惡多而善少。而且所出現的「善」，和老子理想中的和諧美善亦不一定同質。依此，老子認為循性而行可實現他心中的理想，只是出於他個人對人性的信心的一種說法。但正是從這種信心中，我們可以斷定，對老子而言，人類在氾濫的文明文化底下所普遍出現的物欲之蔽、意見之偏、邪暗之塞，實不能代表人性的真相。這就是何以老子常言「復」字——所謂「復」即歸返原點之謂，在相關脈絡中主要是指使本性恢復初始的狀態。這種觀念背後假定了人類在

現實社會中的普遍行為和生活模式並非其真實性情的落實或展現，甚至是對其真實性情的遮蔽或悖逆，如此「復」字的使用才有意義。故老子的修養工夫，首重掃除生命的附加物，回歸人性的基本面。為方便故，茲以「復性論」暫名老子之工夫論。

（一）復性的工夫論

以「復性」界定老子工夫論之特質可說是悠久的老學傳統。如河上公注《老子》第十六章的「復命」時說：「言安靜者，是為復還性命，使不死也。」[48]王弼謂「復命則得性命之常」[49]，亦是相似立場。唐宋時期不少注《老子》的學者，亦認為老子之工夫論以復性思想為旨。根據尹志華先生的研究，復性思想源於《莊子》，初唐成玄英（約西元七世紀）以莊解老，在《老子義疏》中闡發了莊子的復性之論。唐代後期的李翱（774-836）、陸希聲（約西元九世紀）亦有復性的主張。[50]尹先生繼而指出，相較於在唐代只是個別現象，北宋人將復性論加入《老子》注中已成普遍現象，如王雱（1043-1076）、蘇轍（1039-1112）、章安（約西元十一世紀）等對此均有系統說法。[51]此外，當代學人主張老子持復性論者亦不在少數。如徐復觀先生認為儒道兩家具有「復性」之旨：

> 老子的人性論，是要求人回復到「德畜之」的德那裡去，由「德」發而為人生的態度，才是在大變動時期安全長久的態度。……向作為生命根源的德的回歸，亦即是通過德而向道的回歸。……實同於後來儒家的所謂「復性」。不過儒家的性，

48 鄭成海：《老子河上公注疏證》（臺北市：華正書局，1978年），頁114。

49 〔魏〕王弼著，樓宇烈校釋：《王弼集校釋》（臺北市：華正書局，1992年），頁36。

50 尹志華：《北宋《老子》注研究》（成都市：巴蜀書社，2004年），頁119-124。

51 尹志華：《北宋《老子》注研究》（成都市：巴蜀書社，2004年），頁124-130。

> 是表現人生價值的道德；復性，乃在把握此道德的主體。而道
> 家的德，是提供人生以安全保證的虛、無；他的復性，乃在守
> 住此虛無的境界與作用。[52]

據此，老子和儒家俱主復性，唯彼此有異有同：復性的目標是其異，
而復性的工夫是其同。而將《老子》第十六章的「復命」解作「復
性」或「恢復本性」更為一大趨勢，如高亨[53]、馮達文[54]、尹振環[55]、
鄧立光[56]諸先生便採取了這一釋讀。葉海煙先生逕將老子之人性論界
定為「復性論」[57]，主張「復命」即「復性」、「回歸自然」亦即「回
歸本性」[58]，尤其突顯了老子思想中人性與修養之關係的輪廓。

　　除了學人所著重的第十六章的「復命」外，第二十八章和第五十
二章亦可印證老子特重復性工夫。第二十八章三言「復歸」：

> 知其雄，守其雌，為天下谿。為天下谿，常德不離，復歸於嬰
> 兒。知其白，守其黑，為天下式。為天下式，常德不忒，復歸
> 於無極。知其榮，守其辱，為天下谷。為天下谷，常德乃足，
> 復歸於樸。

---

52 徐復觀：《中國人性論史·先秦篇》（臺北市：臺灣商務印書館，1969年），頁340。

53 高亨：《重訂老子正詁》（上海市：上海古籍出版社，1956年），頁39-40。

54 馮達文：《回歸自然——道家的主調與變奏》（廣州市：廣東人民出版社，1992年），
頁220-221。

55 尹振環：《楚簡老子辨析：楚簡與帛書老子的比較研究》（北京市：中華書局，2001
年），頁311。

56 鄧立光：《老子新詮：無為之治及其形上理則》（上海市：上海古籍出版社，2007
年），頁82。

57 葉海煙：《老莊哲學新論》（臺北市：文津出版社，1997年），頁83-84。

58 葉海煙：《道家倫理學：理論與實踐》（臺北市：五南圖書出版公司，2016年），頁
131。

老子指出，人們的行為若合乎本性的常則（常德不離），或不越出本性的軌則（常德不忒），就與重新回到嬰兒階段的生命情態，或重新回到原始的淳厚狀態無異。這些說法反映出老子認為當世的人們普遍有著「離德」、「忒德」的行為表現，而「離」、「忒」二字正好表示人們的行為表現和其真實性情並不符合對應。老子要人復歸於嬰兒，復歸於無極，復歸於樸，簡言之，就是要人們的生活方式復歸於生命本初無知無欲的柔弱狀態中去。至於何以必須復歸於嬰兒，老子在此給出的理由是「常德乃足」——創造美好生活的動能本就自足於人性，因此不離其德，不忒其德，方為工夫下手處。

第五十二章亦言「復」，可作為老子復性思想的補充說明：

> 天下有始，以為天下母。既得其母，以知其子，既知其子，復守其母，沒身不殆。塞其兌，閉其門，終身不勤。開其兌，濟其事，終身不救。見小曰明，守柔曰強。

所謂「復守其母」，或可解作「復守其性」，就是使生活方式復歸於本性的常態，並加以持存安守之意。這裡或可提出二項佐證。首先，老子所說的母、子關係，若從人事上言，可看作類似方法和結果的關係，即母乃是達成子的方法，子則為母所達成的結果。而「母」若從始源義看，則具有「始」的身分，故云「天下有始，以為天下母」。始即根源或出發點之謂，和第十六章「夫物芸芸，各復歸其根」的「根」字義同。而對人來說，始或根就是赤子或嬰兒。依此，所謂「天下有始，以為天下母。……復守其母」，其人性論的涵義就是：嬰兒作為人類的始根階段，其本性是至為柔弱的，人類要存養生命，必須復歸於嬰兒的柔弱狀態，安守而勿失之。事實上「守柔曰強」的「守柔」二字，恰好也佐證了「復守其母」之所守者，正是作為嬰兒柔弱的本性。「塞其兌，閉其門」喻示清除知、欲，既有待清除，是

則知、欲乃生命的後天附加物，而後「塞」、「閉」方顯實義。這可看做是主張恢復柔弱本性的反面說法。

（二）損：復性工夫的具體操作方法

假如「復性」確是老子工夫論的關懷，則我們可進一步提問：復性工夫該如何實際操作？或換個方式說，要通過什麼樣的方法程序，方可使本性回復原初狀態？這個問題的答案可從老子對「損」及其相關觀念的論述中得其頭緒。

「損」和復性工夫之密切關係，主要見於第四十八章：

> 為學日益，為道日損。損之又損，以至於無為，無為而無不為。

老子在此提出「為道日損」之名言。「為道」即對道的學習和仿效。而道之所以值得學習和仿效，是由於道藉由自身的循環不息的運動，而成為恆存不滅的代表——當道由起點出發，而發展至極時，它必定返回起點，以取得重新出發的動力。這就是「反者道之動」——「反」也者，乃是指道返回其起點，取得循環不息的動力之謂。第九章「功遂身退，天之道也」的「退」字，乃是天道運行必退回原點的意思，與「反」字一樣表達了「復歸」的概念。而道運動的起點，正是一柔弱虛靜之狀態。依此，老子除了肯定「反者道之動」外，亦肯定「弱者道之用」。也就是說，道的恆存性在於它能在循環不斷的運動中持續地「返回」自身柔弱虛靜的狀態，而道的「返回起點」正為人類的「復歸本性」提供了形上意義的理論根據。

這樣看來，以「損」為「為道」的操作程序，就是對道歸返其原初的柔弱虛靜狀態的一種學習和仿效的歷程。循此言之，所謂「損」，就是減耗社會或後天經驗加諸心靈之上的意識型態，以及為外物所誘發的私情貪欲。簡單地說，就是減耗在我們本性中原先並不

存在的「知」和「欲」。知欲一旦清除,真實的本性即同時朗現。在
這意義上,工夫的「損」和本性的「復」並不是兩個過程,而是同一
個過程的兩個面向。《老子》有些章段不言「損」字,但表達了相關
觀念,如第十九章說:

> 絕聖棄智,民利百倍。絕仁棄義,民復孝慈。絕巧棄利,盜賊
> 無有。此三者以為文,不足,故令有所屬:見素抱樸,少私寡
> 欲。

聖智、仁義、巧利都是人類社會中知欲的典型產物,老子稱之曰
「文」。文即浮文、巧飾之謂,在此章中泛指非生命本有的額外添加
的東西,這從「復」字可略見其旨——根據前述對第十六章、第二十
八章、第五十二章的分析,老子言「復」,主要扣緊回復本初狀態而
言,亦即主要扣緊復性而言。依此,說絕棄「文」可回復某種天性,
就是將「文」與「性」視為悖反。當中的「絕」、「棄」二字,正可與
「損」字互換而不失其義。

　　「已」、「去」二字也可被理解為含有「損」字的操作義。「已」
字見於第九章:

> 持而盈之,不如其已。

持是執持,盈是滿溢。執持是思想的閉塞,滿溢是欲求的過度,俱指
知、欲的越軌氾濫而言。老子認為必須停止(已)知、欲對言行舉措
的主宰或影響,「損」的觀念在此呼之欲出。第九章末以「功遂身
退,天之道也」作總結,正可與「不如其已」相呼應——停止知欲的
運作屬於「身退」,這是合乎「天道」的表現。根據第十六章,天道
乃是「歸根復命」,從這個角度看,「已」字便與復性思想有了意義上

的連結。當中所強調的，仍然是以「損」為實際操作的復性工夫。

第十二章則重在「去」字：

> 五色令人目盲，五音令人耳聾，五味令人口爽，馳騁畋獵令人
> 心發狂，難得之貨，令人行妨。是以聖人為腹不為目，故去彼
> 取此。

老子以「目」字概括五色、五音、五味、田獵、難得之貨五者。所謂「為目」，就是指因沉迷於此五者而出現的感官享樂及心理、行為上的衝動。但這些享樂和衝動，和嬰兒之德正相對反，故並非出於本性的表現。老子主張「去」之，就是要人調整、改變對外物的觀念，從而減損這些享樂和衝動對生命所起的負面作用，使本性之自然展現不被干擾。第二十九章謂聖人達到「無敗」的方法是「無為」。「無為」是總說，章末則以「去甚，去奢，去泰」作分說。由於無為是「損之又損」，則「去」字作為無為的分說，自可被視作「損」的另種說法。

（三）復性的工夫論與性真論之詮釋

這樣的一種復性論，固然必須肯定道的自然的價值（這樣道的自然性方能支持人性的自然狀態），亦得預設人性的自然狀態圓滿自足（否則回歸本性沒有意義），然而其重點畢竟不在考察人性是否有「道法自然」的超越根據，亦不在論證社會的和諧美善是否有圓滿人性的內在根據，而在於指出人類（在文明世界中）的普遍行為並不是其真實本性的呈現——甚至往往是其悖反。依此，說人類後天養成的「慣性」、「習性」不符合人類的本性，並要求人類放棄既成的生存模式而向其本性復歸，其實就是以人性作為人類該有的真實生活的標準。「性真」即此義。這樣一來，人在現實社會中表現出來的行為，相對於本性來說，便是一種多餘的甚或是違反真實的添加，在道家乃

至老子的語言中，這主要以「偽」字加以概括。扼要言之，復性的工夫論固然假定了性自然論和性善論，但主要還是在性真論的視野下以「真－偽」框架來突顯人類現況對其本性的違悖。

通行本《老子》言「偽」雖只有第十八章「智慧出，有大偽」一例，但遍見對相關思想觀念的討論，如批判侯王輕浮草率（第二十六章、第五十三章）、殘刻好殺（第三十章、第三十一章）、標榜身分地位（第十七章、第三十六章）、操弄權力威勢（第七十四章、第七十五章），又反對世人意氣風發（第十二章）、鋒芒畢露（第二十四章）、沉溺身心享樂（第十二章）、追逐聲名貨利（第三章、第九章），甚至否定學習的意義（第二十章、第四十八章）、語言的功能（第五章、第十七章、第二十三章、第三十七章、第五十六章）和倫理的優先性（第十八章、第三十八章）。總之，凡是因知、欲所產生的一切言論、行為、生活方式、處世態度，都屬於「偽」的範圍。牟宗三先生稱「『無為』對著『有為』而發，……有為就是造作。……一有造作就不自然、不自在，就有虛偽」[59]，陳鼓應先生亦謂「老子提倡『無為』的動機是出於『有為』的情事」[60]，當中的「有為」、「造作」、「虛偽」諸詞，皆是針對前述諸種言行之「偽」而言。而此諸種言行之為「偽」，以其背離本性之「真」故也。

事實上，在第十八章外，通行本《老子》第十九章另有兩個與「偽」字密切相關的用例頗值得注意。一例是「此三者以為文，不足」。當中的「為」字似亦可讀作「偽」字。對此，高亨先生為我們提供了一個很獨特的視野：

> 為讀為虛偽之偽。「為文」即偽文也。三者，絕聖棄智一也，絕仁棄義二也，絕巧棄利三也。言所以如此者，因虛偽之不足

---

59 牟宗三：《中國哲學十九講》（臺北市：臺灣學生書局，1983年），頁89。
60 陳鼓應註譯：《老子今註今譯及評介》（臺北市：臺灣商務印書館，2000年），頁28。

以治國也。五十七章曰：「天下多忌諱，而民彌貧。民多利器，國家滋昏。人多伎巧，奇物滋起。法令滋彰，盜賊多有。」即申明偽文不足之意也。[61]

倘此說不誤，那麼「偽」字就是「文」字的修飾語。由於必須加以絕棄之「文」有悖於本性，而「偽」的意義又必相對於「真」而得彰顯，這便涵蘊了文之「偽」與性之「真」的對反關係。換言之，絕棄（損）言行之偽的工夫，乃所以回歸本性之真。

　　二例是「絕仁棄義，民復孝慈」。這兩句在作為現存最早《老子》抄本的郭店楚簡《老子》中寫作「絕偽棄詐，民復季子」[62]。尤應注意的是簡本「民復季子」的「季子」二字。部分論者指出「季」是「孝」之訛，「子」則應讀作「慈」。[63]此說固可通，唯崔仁義先生認為「季子」即「小子」，意指小兒的精神狀態[64]，當更符合老子「復歸於嬰兒」、「含德之厚，比於赤子」諸論。裘錫圭、劉信芳、季旭昇諸先生主張「季」、「稚」同聲假借，故「季子」當讀為「稚子」[65]，可資旁證。[66]前文曾指出通行本中「民復孝慈」的「復」字可被置於

---

61 高亨：《重訂老子正詁》（上海市：上海古籍出版社，1956年），頁44。

62 荊門市博物館編：《郭店楚墓竹簡》（北京市：文物出版社，2001年），頁111。

63 例如丁原植、彭浩、李零諸先生皆主此說。參看丁原植：《郭店竹簡老子釋析與研究》（臺北市：萬卷樓圖書公司，1999年），頁10；彭浩校編：《郭店楚簡《老子》校讀》（武漢市：湖北人民出版社，2000年），頁3；李零：《郭店楚簡校讀記》（北京市：北京大學出版社，2002年），頁4。

64 崔仁義：《荊門郭店楚簡老子研究》（北京市：科學出版社，1998年），頁62。

65 分別參看：裘錫圭：〈糾正我在郭店《老子》簡釋讀中的一個錯誤——關於「絕偽棄詐」〉，收入武漢大學中國文化研究院編：《郭店楚簡國際學術研討會論文集》（武漢市：湖北人民出版社，2000年），頁29；劉信芳：《荊門郭店竹簡老子解詁》（臺北市：藝文印書館，1999年），頁2；季旭昇：〈郭店楚墓竹簡札記：卞、絕為棄作、民復季子〉，《中國文字》新24期（臺北市：藝文印書館，1998年），頁133-134。

66 不少論者反對「稚子」的讀法，認為「季子」仍應從通行本讀作「孝慈」。唯細審其說，實有斟酌的空間。如丁四新先生說：「……『季子』訓為『稚子』，進而解釋為

『赤子』、『嬰兒』,先秦故書並無其例。『季』,排行之少、幼;『季子』,排行之少者,『延陵季子』(吳公子季禮)即其例。」參看丁四新:《郭店楚墓竹簡思想研究》(北京市:東方出版社,2000年),頁60。丁先生的說法可歸結為兩點:一是文獻上的理由:訓季子為稚子,以此解作赤子,僅為孤例,缺乏佐證。二是字義上的理由:「季子」是在輩份排行上處於年齡較小的一方,不是在生理特徵上處於尚未發育階段或不成熟狀態的一方。案此二理由並不充分。首先將稚子解為赤子,是由於兩者之本性皆未經受社會化之污染扭曲,因而在一寬鬆意義上視兩者有相通之誼。這種連結立足於老子對人性的洞見,此屬《老子》之內證。以「外證法」提出質疑無可厚非,但在這問題上,內證法和外證法孰更優先,似無超然之判準可說。歌頌人類在社會化之前的真樸原樣(稚子/赤子)是老學或莊子後學中「無君派」之特色,先秦諸子罕有言及。以「先秦故書無其例」駁之,在比例上有欠公允,亦忽視了《老子》文本內在義理之重要性。其次,丁先生舉吳公子季禮作「季子」之例,其意似是「季子」乃輩份較晚者,而非小兒、孩童之義,蓋季禮乃吳王么子,其上有兄三人。然此例略嫌避重就輕。蓋釋「季」為「稚」,固因二字皆含「小」義(相對於「大」而言),但亦有聲訓或同音互假的根據在,即「季」字讀音同「稚」字。「季子」固指輩份較小者,但「稚子」卻指幼兒孩童。丁先生聚焦於「季」字之輩份義,而略過其假借義弗論,或難免片面誤導之疑。此外,郭沂先生亦反對「季子即稚子」,他說:「『季子』的意思是幼子,即相對於年長的兒子而言小兒子,與『赤子』、『嬰兒』不是一個概念,古書中尚未見到以『季子』表示『赤子』、『嬰兒』之意者。其次,……簡本既然用『赤子』,且『赤子』是一個很普通的概念,……故沒有必要另創新詞『季子』。……今本有激烈的非儒言論,而『孝慈』為儒家重要的道德範疇,正為今本第十八章所抨擊:『六親不和,有孝慈。』如果簡文原為『季子』,今本萬萬不會改作『孝慈』以肯定儒家價值的。另外,『孝慈』與『偽』、『慮』並非不相應,蓋在老子時代,禮崩樂壞,所謂『孝慈』流於人為造作,出自謀慮,非自然也,故老子發此高論。」參看郭沂:《郭店竹簡與先秦學術思想》(上海市:上海教育出版社,2001年),頁67-68。郭先生的說法可歸結為三點。一是字義上的理由:「季子」是(人倫)關係性的概念,「赤子」是(生理)階段性的概念,古書未見以前者表述後者之例。二是措辭上的理由:郭店楚簡甲本嘗用「赤子」一詞(相當於通行本第五十五章),基於簡潔原則,無需另創「稚子」一詞表示相同意義。三是思想上的理由:通行本《老子》反對儒家價值,故不可能把「季子」改為「孝慈」,因為這種改動預設了對儒家的贊同。案此三理由未必成立。就第一個理由言,郭先生的立場近於丁四新先生,因而有著相同的困難。支持「稚子」的讀法的學人,乃是基於「義近」和「音同」兩個理由訓季為稚,但郭先生只批評「義近」,卻忽略「音同」,有欠周全。事實上若因「音同」而假季為稚,則「季子(稚子)」一詞便非表達某種人倫關係(兄弟),而是表達某種生理發展階段(孩童)。退一步來看,即使不採聲訓之法,而將「季」字讀如字,亦無需將「季子」嚴格地解作相對於「兄長」的「幼弟」。事實上,「季子」一詞仍可根據

「歸根復命」的脈絡上來理解，簡本的「民復季子」則在字面上更貼近「復歸本性」之旨，蓋季子未經人事，最能代表人類之本性也。依此，相較於有待絕棄的言行之「偽」而言，經由絕棄工夫而回復的「季子」的狀態，自屬原初性情之「真」者。雖然龐樸先生指出「偽」字在簡文中是寫作「上為下心」，它指的是一種心態，是「心為」而非「行為」[67]，但無論此「偽」是從人還是從心，是身體活動還是心靈作為，都屬於裘錫圭先生所說的「『背自然』的作為和思慮」。[68]而「背自然」的「自然」，在「民復季子」的文脈中應解作人

「季」字的「年少」義在相關文脈中解作「赤子」。正如「弟」在本義上固然是相對於「兄」而成立的關係詞（如此，有兄長的八十歲老人仍可有弟的身分），但在許多語境中，我們也可用「弟」字來稱呼沒有兄長的兩歲幼童。依此，「季子」在語言上與「赤子」固不等同，但某些文脈中，前者是否能在語用層面上被理解為後者，或可再議。最少，語意的詮釋並不必然凌駕語用的詮釋。至於第二個理由，一詞是否普遍常用，和有無必要創造新詞表達相同意義關係不大。「道」字亦普遍常用，但老子仍自創「大象」、「玄牝」諸詞表達「道」字的意義；「性」字的使用頻率更高，但孟子仍自創「四端」、「大體」、「天爵」諸詞表達「性」字的意義。第三個理由困難更大——如果僅因為通行本《老子》將簡本「季子」的「稚子」義改動為「孝慈」有違非議儒家的言論，故而主張簡本的「季子」本來就當讀為「孝慈」，則下述問題都是難以回應的：一、假若簡本的「民復季子」要傳遞的就是「民復孝慈」之義，那麼就等於說今本《老子》繼承、認同了這個意義，而由於「民復孝慈」屬於儒家價值，則這種「不改動」不也同樣抵觸了通行本《老子》非儒的言論嗎？二、如果「季子」確屬「孝慈」之義，則為了衛護非儒的立場，通行本《老子》不是更應該把「民復季子（孝慈）」竄改為其他字詞嗎？事實上，倘使以通行本《老子》的非儒言論為標準，則非但不應該把簡本的「季子」讀作「孝慈」，反而應該把今本的「民復孝慈」的「孝慈」讀作「季子／稚子」——「孝慈」讀如字，等於肯定性善論，而與「六親不和有孝慈」一語以孝慈為衰世表徵之說不一致；若「孝慈」讀作「季子／稚子」，以表「赤子」之意，則既可避免性善論帶來的困難，亦合乎老子「歸根復命」的基本立場。

67 龐樸：〈郢書燕說——郭店楚簡中山三器心旁文字試說〉，收入武漢大學中國文化研究院編：《郭店楚簡國際學術研討會論文集》（武漢市：湖北人民出版社，2000年），頁39-40。

68 詳細討論參看裘錫圭：〈糾正我在郭店《老子》簡釋讀中的一個錯誤——關於「絕偽棄詐」〉，收入武漢大學中國文化研究院編：《郭店楚簡國際學術研討會論文集》（武漢市：湖北人民出版社，2000年），頁25-29。

性的真實狀態。丁原植先生將「絕偽棄詐」譯為「拋棄並禁絕雕琢人性的詐偽」[69]，當中的「雕琢」一詞，鮮明地突顯了「偽」是對人性真貌的刻意扭曲和強制性的改變。廖名春先生將「絕偽棄慮，民復季子」譯作「不用心計，不勾心鬥角，百姓就會歸樸返真」[70]，絕偽而能返真，恰反映出性真思想在老子工夫論中的角色地位。

五　結論

　　性自然論、性善論、性真論可說是老子人性論研究中三種最常見、也最重要的理論定位。前章主要站在一分析批判的立場對三者之長短得失作出檢討。本章則旨在接續前章所論，將三者納入老子人性論的重建工作中。作為一項理論拓荒的工作，這三種定位主要呈現了兩個研究意義。一是貢獻觀點角度，打開了可待反省、修訂的空間；二是做好鋪路奠基，指示出可望繼承、拓展的路向。前章即接續這兩個研究意義展開討論，暫得結論如下：針對前者，這三種定位經歷開創局面之艱辛，自難事事周全，面臨各種懷疑與挑戰，實不可免。然而，這些懷疑與挑戰與其說是困難和限制，不如說是加強論述、補足義理之著手處或參照點。針對後者，三種定位雖然取徑不同，結論各異，但無需被理解為具有非此即彼、難以共容的關係，反而可將之安放在不同層面來說明不同問題——例如性自然論重在主張道之自然性在人類生命中的落實，故焦點在老子人性論之理論背景問題；性善論重在討論人性之常態和價值理想之實現的密切關係，故焦點在人性有何內涵之問題；性真論重在思考人的現實行為對其本性之遮蔽或悖反，故焦點在人性如何恢復和實現的工夫問題。從這種角度看，性自然論、性善論、性真論這三種理論定位若是各自為政，終只得老子人

---

69 丁原植：《郭店竹簡老子釋析與研究》（臺北市：萬卷樓圖書公司，1999年），頁11。

70 廖名春：《郭店楚簡老子校釋》（北京市：清華大學出版社，2002年），頁13。

性思想之一偏；合轍並觀，方較能得其全相。當然，對過去的研究成果有所批判和繼承，並不保證老子人性論可馬上求得善解，但不可否認，這卻是求得善解的一個方便入門。本章正是為了提供這樣一個入門、或最少指示出通向這個入門的路徑而撰寫的。

第三章
老子性超善惡論評析

一　引論

　　就晚近老學發展可見，老子人性論研究並未因《老子》不言「性」字而出現窒礙；相反，或許正是由於擺脫了字詞觀念的束縛，老子人性論的詮釋空間才得以大幅拓展。與《孟子》、《荀子》、《莊子》、《呂氏春秋》等先秦文獻的人性論備受重視的思想史現象相比，當代的老子人性論研究無論在析論的深廣度或詮釋的多樣性方面均具急起直追之勢，譬如有謂老子倡言「人性自然」，有謂老子主張「人性本真」，亦有謂老子是某一型態的性善論者[1]，更有謂老子之人性思想唯「性超善惡」可當之。在這些詮釋中，「性超善惡論」常為學人倡說，亦廣泛見於各種道家研究或中國哲學史之論著。因此，對性超善惡論作一綜合性的引介，並評析其優劣得失，在老子人性論的探究工作上，當能起到一些澄清思路、發現問題，從而去蕪存菁的效用。第一章已對性自然論、性善論、性真論這三種主流詮釋作出扼要全面的述評。本章針對性超善惡論作出評析，可看作是對第一章主題的附論或補述。

　　得補充說明的是，「人性」這個語詞和人性概念（concept）或人性思想（thought）是必須區別開來的。人性概念或人性思想固可經由「人性」一詞來表達，但其表達卻非單靠「人性」一詞的使用不可。

1　對性自然論、性善論、性真論之要點介紹、理論檢討及其在老子人性論重建工作中的角色地位，詳參本書第一章和第二章。

依中國哲學傳統，「性」以外的許多語詞，如「情」、「欲」、「心」、
「德」、「天」等，在一寬泛的意義上或在某些語用的場合中均可表達
人性概念；而只要思想家所談論的合乎人性的基本意思，即使其語脈
缺乏「性」、「情」、「心」、「欲」、「德」等語詞，仍可被視為表達了某
種人性思想。「人性」這個語詞是人性之「名」，而人性概念或人性思
想則是人性之「實」。無其名不害有其實，有其實不必有其名。故
《老子》無人性之名，絕不意味其無人性之實也。從根柢上看，性超
善惡論乃至老子人性論的其他詮釋型態，正是針對人性之實所進行的
理論重構工作。本章即在此方法論的脈絡上，對老子性超善惡論這種
詮釋型態予以引介和評析。

二　性超善惡論之要旨

在「性超善惡」的提法中，「善」、「惡」分別代表了人類社會所
設定的正負兩面的道德價值。而所謂「超」，則旨在突顯人性對這些
道德價值——特別是善價值——的超越。要之，這派詮釋主張：老子
認為世俗間的善惡流轉不定，恆處於對立轉化的歷程中，因而沒有客
觀性和必然性。但只要循性而為，便不會陷入善惡兩端的相對框架，
而能超越其上，使生命狀態達致自然無為之理境。由於本性有如此神
奇效果，所以人性不能以善惡言，只得以超越善惡命之。

性超善惡論約有兩種版本。一種以為老子視人性為一純善、至善
之性，而此一純善、至善並無一「惡」與之相對，因而並不落入世俗
間相對性的善惡框架中。另一種則以為老子視人性為無關乎善惡，但
此一無關乎善惡之性卻又在價值上高於含具道德意義的人性。比較言
之，兩種版本的「超」字均有「理論上優勝於」之意，即以「超善
惡」言人性比諸一般的以「善」言人性的提法在理論上更為優勝，蓋
後者恆待一「惡」以彰顯其義，而前者則圓融無所對也。唯前一版本

仍肯定人性是善，不過以純善、至善稱之，故其超越可謂「同質的超越」；而後一版本不以人性為善，亦非以人性為惡，而是認為人性和善惡分屬不同邏輯類型或語意範疇，此則可謂「異質的超越」。

（一）性超善惡論的第一種版本：性至善

性超善惡論的第一種版本以張岱年先生的看法為代表。他說：

> 戰國時道家，亦認為性非善非惡，但其思想又與告子大異，而可以稱為性超善惡論。道家不承認仁義是人性，亦不承認情欲是人性，而認為仁義情欲都是傷性的。道家所認為「性」者，是自然的樸素的，乃所謂「德」之顯現。……道家認為人人惟當任其性命之情，不要矯揉造作，如是即可達到至治之境界。此種學說，亦可以說是一種絕對的性善論，認為人性本來圓滿，順人之本性，當下便是最好的生活。此本性之善，是絕對的，而非與惡相對的，如仁義禮智等與惡相對之善，乃道家所不承認。……道家的性論，在一意謂上，可以說是無善無惡論；在另一意謂上，也可以說是性至善論。然道家是唾棄所謂善的，是不贊成作善惡的分別的，所以如將道家之說名為性善論，實不切當。究竟言之，當說是性超善惡論。[2]

依張先生意，道家主張人性本來圓滿，但這種圓滿性不得以「性善」言之，而只能以「絕對的性善」、「性至善」或「超善惡」言之。之所以如此，是由於一旦以善言性，就會使得人性概念與善惡二者的相對關係糾結難分，從而與道家不承認相對之善，或不作善惡分別的基本論旨互相抵觸。案老子確是不承認相對之善可作為美好生活的基礎，

2　張岱年：《中國哲學大綱》（南京市：江蘇教育出版社，2005年），頁192-195。

亦建議不應作善惡之分別。這主要基於兩個理由。

第一個理由是道德價值乃相對架構下的產物，其存有地位並不是獨立的。如《老子》第二章說：

> 天下皆知美之為美，斯惡已。皆知善之為善，斯不善已。故有無相生，難易相成，長短相較，高下相傾，音聲相和，前後相隨。

老子認為善惡等道德價值一如長短、高下、前後等事物性質那樣，必須被置放在相對性的框架中才具備認知意義。這是說，「善」作為一種正面的道德價值，是不能獨立存在和被孤立理解的，它必須藉由一「不善」方得存在並彰顯其義。反之亦然。易言之，「善」和「不善」乃相待而生，兩者俱缺乏客觀獨立性而無有定準。人類社會若建基在這種相對性的道德價值上，便意味著人類社會中必須兼含善和不善之狀態——譬如有好人就有壞人，有美事就有醜事，有值得推崇的東西，就有必須遺棄的東西。如此一來，人和物陷入價值分裂，社會全體的美好生活何能有必然的保證？

第二個理由是，在「禍兮福所依，福兮禍所伏」（第五十八章）所表示的對立兩端相依互轉的原則下，道德價值非但是相對而生的，正負兩面的價值更往往含藏著向其對反面轉化的因素，因此「善」未嘗不會質變為「惡」。例如美言表面看來未嘗不善，但花巧華飾之餘，恆以予人言不由衷的感覺為代價，故美言之「善」，便不得不轉化為一「惡」，故曰「美言不信」（第八十一章）。又如禮儀經紀人倫，儒家深以為善，但有人不守規矩，或破壞秩序，「上禮為之而莫之應」，便即「攘臂而扔之」（第三十八章），予以施壓和強制，此之謂「下德不失德，是以無德」（第三十八章）。無德即不善也。故禮儀之善，亦未嘗不是另一視角下的「不善」。要之，善價值隨時可在逆向

中發生質變，成為其反面的惡價值。善既無定相可言，則它如何可作為社會發展的指導原則？

　　根據前述兩點，老子正是認清了善惡的相對關係及其相因互轉的流變性，故非循道德入手思考人性問題。由此可見張岱年先生所說的道家的人性論不作善惡的分別，確實有文獻上的支持。此外，正由於老子之人性概念並非立足於道德，故其理想的社會政治也不奠基於此。老子主張最佳的為政之道只當順從人性之自然狀態，勿對人民指手劃腳，人民便會作好自我管理，此之謂「民莫之令而自均」（第三十二章）。而順從人性之自然狀態，所依據的乃無為的方法，故老子又說「我無為而民自化」（第五十七章）。「自化」即「自均」也。並且，順從人性自然狀態之結果便是讓人民生活步上正軌，如「民利百倍」、「民復孝慈」、「盜賊無有」（皆見第十九章）、「民自正」、「民自富」、「民自樸」（皆見第五十七章），其終極的理境則是「天下將自定」（第三十七章）和「乃至大順」（第六十五章）。這些美好的社會情狀老子並未稱作善，亦從未謂為惡，而又比一般的善更具恆常性、穩定性，勉言之，則可謂對善惡之超越。由於這些美好的社會情狀乃是人性常態的顯現或具象化，是則人性內涵便非善惡所能約範，故亦得以「超善惡」命之矣。由此看來，張岱年先生將老子的人性論界定為性超善惡論，確深通老學義理，是有很堅實的文本根據的。張杰、鞏曰國同意張先生所論，認為老子的人性論用性超善惡論或人性純善來解釋最為準確，蓋此種超善惡之性正是道家的「道」、「德」之體現也。[3]

（二）性超善惡論的第二種版本：性無善惡

　　性超善惡論的第二種版本可藉劉笑敢先生的觀點作說明。在早年的博士研究中，劉先生即已敏銳的指出道家人性論必須被理解為「性

3　張杰、鞏曰國：〈《老子》、《莊子》及《管子》稷下道家性超善惡論〉，《管子學刊》2016年第3期，頁8。

超善惡論」。他說:

> 人性問題是中國古代哲學中的一個重大問題,人性善惡問題則
> 是先秦哲學討論的一個重點。……道家則認為性是超乎善惡之
> 上的。從現有資料來看,道家的性超善惡論是莊子後學中的述
> 莊派首先提出來的。[4]

劉先生接著根據《莊子》中屬於述莊派的篇章來建構道家的性超善
惡論:

> 述莊派認為性是與生俱來的自然本性,唯至人能保持這種本性
> 淳和不散。……述莊派認為修養的目的不是改造性或發展性,
> 而是保持性,即保持性的淳樸渾融的狀態,如果已經離開了本
> 來的淳樸之性,就要努力返回,這就是〈庚桑楚〉篇所提到的
> 「反汝性情」。……述莊派崇尚自然之性,一切都應出於自然
> 之性,出於自然之性的一切都是最好的。……述莊派所說的性
> 是不包含仁義愛人等內容的。述莊派所謂性也不包含情欲,因
> 為情欲也是對淳樸之性的破壞。……性是生而完具的淳樸狀
> 態,嗜欲好惡等感官的需求都是對性的損害。[5]

劉先生認為,對述莊派來說,人的「超乎善惡之上」之性先天地即處
於一種淳樸狀態,此種淳樸狀態不含仁義之善,亦不含情欲之惡,但
卻是美好生活所由生的根源,故一旦失喪之,就必須努力歸返之。劉
先生續謂:

---

4 劉笑敢:《莊子哲學及其演變》(北京市:中國社會科學出版社,1988年),頁275。
5 劉笑敢:《莊子哲學及其演變》(北京市:中國社會科學出版社,1988年),頁277-
278。

述莊派的性只是初生之時的淳樸狀態，因此述莊派既不講性善也不講性惡，……述莊派又認為人人應該「壹其性」，反對「馳其形性」，即主張涵養保持生之初嬰兒般的淳真素樸之性，反對矯揉造作或改造性，這種以初生之性為最高境域的學說頗有絕對性善論的意味，但究竟言之，述莊派雖認為初生之性是最好的，但不認為這種性是與惡相對的，述莊派的性最高最圓滿，是超乎善惡的，所以，述莊派的人性論應稱為性超善惡論。[6]

必須注意的是，在其博士研究中，劉先生對道家性超善惡論之重建雖然主要從《莊子》中述莊派之論述入手，但相同的說法一樣可以運用到老子人性論之詮釋上。這可從兩方面稍作解釋。

首先就述莊派的背景來說，劉先生接納傳統觀點，肯定「莊子哲學首先來源於老子」。[7]這裡所謂「莊子哲學」，意即基本上可代表莊子（約369-286）本人的思想體系的《莊子》內七篇。[8]而述莊派則「是莊子後學中的嫡派。……主要特點是繼承和闡發內篇的思想，……然而沒有重要突破，基本上是述而不作的」[9]。由於述莊派旨在對莊子「述而不作」，而莊子又為對老子的繼承；據此可推知，依劉先生的立場，述莊派的性超善惡論，亦當為老莊所肯認，或最少老莊對人性的思考並不排斥「性超善惡」的可能性。

其次就述莊派的論述來說，劉先生主要是圍繞「嬰兒」、「淳樸」、「復歸」三個概念來闡明其性超善惡論，此已見上文所述。其大意是嬰兒的初生之性最為淳和素樸，足可支撐人類生存狀態之一切理

6　劉笑敢：《莊子哲學及其演變》（北京市：中國社會科學出版社，1988年），頁278。

7　劉笑敢：《莊子哲學及其演變》（北京市：中國社會科學出版社，1988年），前言，頁2。

8　劉笑敢：《莊子哲學及其演變》（北京市：中國社會科學出版社，1988年），頁28。

9　劉笑敢：《莊子哲學及其演變》（北京市：中國社會科學出版社，1988年），頁263。

想，故建言失性之人復歸本性，生命的狀態遂可重上正軌。而這三個
概念在老子思想中的角色地位，則是學界所熟知的。譬如《老子》第
十章的「專氣致柔，能嬰兒乎」、第二十八章的「常德不離，復歸於
嬰兒」，第五十二章的「復守其母」，以及第五十五章的「含德之厚，
比於赤子」等，都可見得老子對這三個概念之重視和強調。至若第十
六章言「歸根曰靜」，則同時涵蓋「嬰兒」、「淳樸」、「復歸」三
者——對人來說，「根」是嬰兒或赤子的狀態，「歸」則是對嬰兒或赤
子的狀態之復返。至於為何得復返之，則是由於其狀態是一「靜」的
狀態，而「靜」又和「樸」（淳樸）概念有互通之誼。[10]依此，若謂述
莊派的性超善惡論乃是以「嬰兒」、「淳樸」、「復歸」這三個概念連成
主線，則說老子對三者所提出的豐富論述隱含了「性超善惡」的觀
念，應非過當之論。當然，劉先生在其博士研究中並未明確以「性超
善惡論」界定老子人性論，這一說法要到後來規模較大的老子研究中
才正式提出；但他對述莊派的性超善惡論的鋪陳，對其老子人性論的
詮釋來說卻無疑有著極其重要的基礎意義。

　　劉先生在注釋《老子》第六十二章時，對於老子的性超善惡論作
出了扼要但深入的闡析：

　　　　雖然老子沒有提到過人性的概念，但是從上述不分「善、不

---

10 從《老子》首章的「無名，天地之始」、第三十二章的「道常無名，樸」、第三十七
　　章的「無名之樸」數語看來，老子乃是以「無名」一詞稱呼天地初始，而又以「無
　　名」和「樸」為一體兩面者。「根」和「始」字異而義同。若「始」之「無名」可
　　謂之「樸」，則「根」之「靜」便和「樸」有了意義上的連繫。合言之，所謂「歸
　　根曰靜」，意思是當人復歸於嬰兒的狀態時，其生存狀態就是一「靜」的狀態。而
　　「靜」的狀態之所以可取，則是由於它從另一面來看就是一種「樸」——即未經雕
　　琢的整全性之謂也。此即喻示對一切知識、價值不妄加構想分別，而無有知、欲蕩
　　亂乎其間。故樸者必靜。據此，「樸」、「靜」同指人性本身，兩者之間具有「自
　　一」的關係。明乎此，便不難理解何以老子一方言「歸根曰靜」，另一方則言「復
　　歸於樸」了。

善」、「信、不信」的說法來看，從他強調人無棄人，報怨以德的思想來看，他的思想背後有著一種堅定的相信一切人的普遍意義與價值的人性觀。這種人性觀表面上與人性善的理論相似，實際上卻不落於「善」字，與善不善無關。……這種人性觀或許可以勉強稱之為性超善惡論。這種人性觀是絕對中性的，與任何道德的、宗教的、政治的價值都沒有關係。[11]

依劉先生意，老子雖未使用「性」或「人性」的「概念」，但不表示老子沒有和人性問題相關的「觀念」。這是說，在老子的語言和思想中，雖沒有人性之「名」，但卻有人性之「實」。此所以劉先生主張老子沒有「人性的概念」（名）但有一套「人性觀」（實）。而老子的人性觀，劉先生認為可以「性超善惡」稱之。和前述第一個版本稍異的是，劉先生認為「超善惡」不是指「至善」或「絕對的」，而是指人性「與善不善無關」。故其「超」字，主要是「不相干」或「不受其約範」的意思。順此義而言之，在劉先生看來，「善」、「不善」、「惡」等詞語並不適合用來描述老子的人性觀念。若用此等相對性的詞語來描述老子的人性觀念，便是一種範疇錯置（category mistake）。唯需再次強調的是，「不相干」一義並不能窮盡「超」字的內涵。在相關脈絡中，「超」字亦含「價值上高於」之義。關於這一點，周大興先生討論皇侃（488-545）《論語集解義疏》所引「一家舊釋」的人性論時即已明白指出：

> 皇侃所引的「一家舊釋」主張以「性」為體，「性既是全生而有，未涉乎用」，善惡的觀念則是「就事而顯」，「據事而談」，並引《老子》「天下以知美之為美，斯惡矣；以知善之為善，

---

11 劉笑敢：《老子古今：五種對勘與析評引論》修訂版（北京市：中國社會科學出版社，2009年），上卷，頁621-622。

斯不善矣」為證，……但隱含了一個較為完整的人性論觀點，……因此似乎也沒有對性的善惡內容做出決定。……不過，此處的一家舊釋既然援引《老子》「天下皆知美之為美，斯惡矣」的傳統，因此全而有生、無善無惡之「性」應該是以道家超越善惡意義的形上自然之性為基礎；進一步言，全生而有、未涉乎用的「性」隱含老莊道法自然的形上學作為人性本然價值的終極根據。因此，性的「無善無惡」乃是超越善惡之意，從人間世著眼，不可以善惡之名稱呼，但就生而有之、全生而有的本於自然的形上之道來說，則具有道家玄學義的本然、當然的價值義涵在內。換言之，它是非道德而又超越道德的無善無惡、寧靜自足、恬澹自適的自然之性。[12]

依此，道家雖主張人性無善無惡，但以「無善無惡」言人性並不意味著人性不含價值內涵。相反，道家基於道法自然的形上思維，實以人性含有本然自足的價值，只是此一本然自足的價值並不能被簡單化約為人間所創設的善惡對待關係中的善。依此，周先生說道家之人性超越善惡意義，意思就是道家認為人性中的價值內涵並非相對性的善惡關係所能範圍，亦非任何道德範疇所能限定。故依道家觀念，人性之「無善無惡」，必需關聯到「超越善惡」方有恰當的理解。

　　然而，或許是由於「超越善惡」這一表達方式仍舊落入「善惡」的表詮中，在語言的層次上還未做到對善惡的徹底超越；因此劉笑敢先生一方面說「性超善惡」的提法只是「勉強稱之」[13]，另一方面則試圖在保留「性超善惡」的義理之基礎上另立新說。這從其晚近「人

---

12 周大興：〈王弼「性其情」的人性遠近論〉，《中國文哲研究集刊》第16期（2000年3月），頁348、351。

13 劉笑敢：《老子古今：五種對勘與析評引論》修訂版（北京市：中國社會科學出版社，2009年），上卷，頁621。

性本貴」的提法中可見其梗概：

> 《莊子》〈馬蹄〉、〈駢拇〉諸篇所講的性命之情，似乎比較接
> 近老子的潛在的或可能的人性觀念，即天然本性就是可貴的，
> 它天然就是值得尊重、保護和發展的，其寶貴之處不在於它有
> 任何道德價值或後天獲得的品格、地位。……這種人性觀是絕
> 對中性的，與任何道德的、宗教的、政治的價值都沒有關係，
> 或者可以稱之為人性本貴論。這是老子堅持自然之價值和無為
> 而治的重要思想基礎。[14]

根據劉先生的詮釋，對老子來說，人性對善惡的超越，見於它本來就
具備值得被尊重的價值。而此一價值實高於任何道德、宗教、政治之
價值。這種人性觀雖可勉強稱作性超善惡論，但既曰「勉強」，便知
其非合宜之名，故劉先生改以「人性本貴」命之。至於為何人性該被
尊重，劉先生並沒有細說，但從其「老子堅持自然之價值和無為而
治」一語可推知，人性值得人們尊重，是由於人們無需汲汲外求，只
消返歸人性，即可從中取得實現理想生活型態和人生境界的動能。動
能足於人性，此人性所以可貴者。此一人性本貴之說持論審備，乃是
對性超善惡論的一個極富啟發意義的補充性理論。

三　性超善惡論評析

　　性超善惡論標舉老子特重的「德」、「自然」二觀念，主張自然價
值高於道德價值，強調順其自然優於人為造作，可說兼具性自然論和
性真論的長處。而其將純善、至善或無善無惡之性理解為對相對關係

---

14 劉笑敢：《老子古今：五種對勘與析評引論》修訂版（北京市：中國社會科學出版
　　社，2009年），上卷，頁621-622。

中的善惡之超越，則（最少在表達上）頗合於老子反對追逐世俗價值的建言。這些優點固然是必須肯認的，但它本身所面臨的難題，我們亦不得不予以正視。當然，針對它的難題作出思考，目的並不是要在理論上將之駁倒或淡化它的說明效力，而是要藉此瞭解重建老子人性論的困難所在、限制何在，冀能從中突顯修正相關理論的入手處，以及補強相關觀點時可供參照的原則或規範。

（一）道德語詞之應用性被架空之問題

　　根據性超善惡論，自然價值無法以道德價值來衡量。這涵蘊了道德語詞不適合用來描述人性，以及合乎自然人性的行為。這種觀點，似乎將自然價值過度地放大，從而令得道德語詞失去了原有的應用性。

　　在老子，道的本性就是自然，此即所謂「道法自然」（第二十五章）。[15]人性的原初狀態以及基於此狀態而有的行為之所以被認為合乎自然的價值要求，是由於它合乎道——即符合了道的本性。反過來看，人性一旦異化失喪，從而出現不合乎自然的舉措，則是由於它不合乎道——即違反了道的本性。換言之，人性及人的行為要具備自然價值，合乎道的本性無疑是一個基本原則。而這就是問題所在：「性超善惡」涵蘊道德語詞無法有意義地描述合乎自然的本性或行為。[16]而由於合乎自然就是合乎道，這就等於說道德語詞無法有意義地描述合乎道的本性或行為。但要注意的是，倘若道德語詞無法有意義地描

---

15 將「道法自然」理解為「道性自然」或「道的本性就是自然」是中國思想史上的主流看法。古代注釋家如河上公和王弼、當代學人如陳鼓應、牟宗三諸先生等俱主其說。相關討論詳參第二章〈老子人性論之重建〉第二節。

16 性超善惡論主張人性（以及順從人性而有的行為）不含任何固有的道德價值。這涵蘊了人性問題不屬於道德概念的範疇。倘此說為是，則任何道德語詞均無法對人性作出成功的描述。若運用道德語詞去說明和道德不相干的人性，就是一種範疇錯置。這就是為什麼在性超善惡論的規定中，道德語詞無法有意義地描述合乎自然的本性或行為的理由。

述合乎道的本性或行為，那麼，道德語詞也同樣無法有意義地描述不合乎道的本性或行為。理由是：如果 P（合乎道）不屬於某語意範疇或某邏輯類型，則 P 的否定——即非 P（不合乎道）——亦不屬於某語意範疇或某邏輯類型。但這個理論後果，卻似乎使得道德價值在老子思想中沒有存在的必要，使得道德語詞在老子詮釋中無法展現其原有的應用功能，因而使得我們對老子的理解變得非常狹隘。

　　不合乎道的本性或行為，用老子的話來說，就是「非道」或「不道」：

> 大道甚夷，而民好徑。朝甚除，田甚蕪，倉甚虛；服文綵，帶利劍，厭飲食，財貨有餘，……非道也哉！（第五十三章）
> 益生曰祥。心使氣曰強。物壯則老，謂之不道，不道早已。（第五十五章）
> 以道佐人主者，不以兵強天下。其事好還。師之所處，荊棘生焉。大軍之後，必有凶年。善者果而已，不以取強。果而勿矜，果而勿伐，果而勿驕。果而不得已，果而勿強。物壯則老，是謂不道，不道早已。（第三十章）

總結這三段文本的大意，諸如虛偽造作、勾心鬥角、橫衝直撞、盛氣凌人、殘忍暴戾、飲食優厚等，都是屬於「非道」或「不道」的常見狀況。對於這些狀況，老子一直作出很嚴厲的批評，例如：

> 兵者，不祥之器。非君子之器，不得已而用之，恬淡為上，勝而不美。而美之者，是樂殺人。夫樂殺人者，則不可以得志於天下矣。（第三十一章）
> 服文綵，帶利劍，厭飲食，財貨有餘，是為盜夸，非道也哉！（第五十三章）

民不畏死，奈何以死懼之？若使民常畏死，而為奇者，吾得執
而殺之，孰敢？常有司殺者殺，夫代司殺者殺，是謂代大匠
斲，夫代大匠斲者，希有不傷其手矣。（第七十四章）

民之饑，以其上食稅之多，是以饑。民之難治，以其上之有為，
是以難治。民之輕死，以其上求生之厚[17]，是以輕死。（第七十

---

17 此句於王弼本原作「以其求生之厚」。陳鼓應先生據傅奕本補作「以其上求生之
厚」，今從之。參看陳鼓應註譯：《老子今註今譯及評介》（臺北市：臺灣商務印書
館，2000年），頁306。按：若此句作「以其求生之厚」，則「其」乃「民」之代名
詞，這樣人民就成了「求生之厚」之主體；若作「以其上求生之厚」，則「其上」
指的就是統治者，這樣統治者就成了「求生之厚」之主體。從文獻的角度看，兩說
皆可成立：帛書本、河上公本、王弼本俱作「以其求生之厚」；傅奕本則作「以其
上求生之厚」。從義理的角度看亦然：老子認為，無論是統治者還是人民，都不當
以物易性，沉溺生活的優厚，以致體理受損。這裡之所以採納「以其上求生之厚」
的增字讀法，主要基於兩項較常見的理由：一是思想上的理由：老學作為「君人南
面之術」，其說話的對象以統治者為主。據此，「以其上求生之厚」較諸「以其求
生之厚」更能稱得上是老子對統治者虐政的警語。二是句式上的理由：第七十五章開
首有「以其上食稅之多」和「以其上之有為」二語。基於句例之相似性，「以其求
生之厚」當闕「上」字。這兩項理由無疑是很有說服力的，但這裡還是嘗試提出一
個鮮有學者論及的理由作為補充，那是「輕死」一詞的用法上的理由：從語意上
看，「輕死」意味著寧死不生，亦即不把死亡當作一回事。因此，「民之輕死」乃是
人民主動抉擇的某種行為。如果「民之輕死」的原因在於「以其求生之厚」，整句
話就是說：人民之所以選擇輕死，是由於他們追求厚生。說「追求厚生」是「輕
死」的原因，這種意思顯然是頗為悖理的。而如果為了遷就「以其求生之厚」的句
意而把「輕死」簡單解釋為生命的耗損和失喪，則「輕死」一詞的主動抉擇的意涵
就會被淡化掉，「輕死」和「死」之間也會因而變得界線不明。如此一來，說「民
之死也，以其求生之厚」在文意上便很足夠了，「輕」字在當中實無法提供任何額
外的訊息。案老子用「輕」字，頗扣緊行為者的意向進行論述。如第二十六章有
「奈何萬乘之主，而以身輕天下」之嘆語。「以身輕天下」可簡化為「輕身」，即輕
視身體修養對於治理天下所能起到的效用。第六十三章則有「夫輕諾必寡信」一
語：對然諾的輕忽容易讓人不守誠信。這裡的「輕身」、「輕諾」，均指涉統治者的
某種不合理的意向及其相關的行為。「輕死」與此類似：它指涉人民的某種意向及
其相關的行為——以其「寧死不生」的輕視死亡的態度而赴死。人民之所以如此
「輕死」，顯然不能藉由「以其求生之厚」這一背反的原因來解釋；但若原因在於
「以其上求生之厚」——統治者為聲色之娛，對百姓剝削掠奪，人民苦不堪言，生
不如死，遂有「輕死」之舉，在義理上便顯得順理成章。有關「以其求生之厚」和

五章）

在此，老子斷言上位者以殺人為樂則會自取滅亡，亦以「盜夸」形容暴飲暴食、專事剝削的統治者。此外，老子又以「其上食稅之多」、「其上之有為」、「其上求生之厚」暗諷上位者不恤下情，更對「以死懼民」這種高壓手段表示反感。凡此種種論述，雖然旨在批評違反自然之道只會自招惡果，但當中實亦透露出對統治者的道德譴責。[18]倘若這種詮釋是恰當的，那麼當中便出現一難題：根據前文對性超善惡論的分析，某種言行無論合乎道或不合乎道（非道、不道），似乎都只有「是否有自然價值」的問題，而沒有「是否有道德價值」的問題。現在想像老子所批判的侯王如是說：「我承認我好殺人，好搶掠，好恐嚇，好剝削。但根據性超善惡論，我這些行為只是不合自然，和道德與否並不相干。所以你們不能有意義地用『壞人』這個道德語詞來評價我。」侯王這種「以名亂名」的辯解顯然是不合常理的。但正是這「不合常理」反顯出性超善惡論忽略了下述的邏輯關係：如果「合乎自然」（合乎道）屬於「超善惡」，那麼「不合乎自然」（不合乎道、非道、不道）亦屬於「超善惡」。然而，倘若一切行為只能用合乎自然與否來進行分類，那就意味著一切行為都是超善惡的；而這

「以其上求生之厚」所涉及的版本異同、義理分歧和學界各種詮釋等問題，可參看劉笑敢：《老子古今：五種對勘與析評引論》修訂版（北京市：中國社會科學出版社，2009年），上卷，頁730-734。

18 例如陳鼓應先生即指出，美國之發動越戰和日本之侵華，正抵觸了「不以兵強天下」、「兵者，不祥之器……殺人之眾，以悲哀泣之」和「勝而不美。而美之者，是樂殺人。夫樂殺人者，則不可以得志於天下矣」這些老子對軍事黷武者的警世箴言，又謂「有良知」、「有良心」的知識分子都會發聲質問。參看陳鼓應：〈老子的哲學智慧對當前文化危機的啟發〉，收入氏著：《道家的人文精神》（北京市：中華書局，2012年），頁91-92。按：應注意的是，「良知」、「良心」等用語正表示一道德立場，而與自然主義之立場相遠。雖然這一說法主要來自陳先生對老子的詮釋，但最少反映出我們似乎很難避免將老子對統治者之譴責理解為一種道德譴責。

樣一來，道德語詞等於被架空，再也無法有意義地對本性或行為進行好壞是非等道德評價了。這種結果，非但不切合人類日常生活中的道德經驗，也未能呼應老子對違反自然的統治者的道德譴責。[19]

---

19 本章以單篇論文形式投稿於《中央大學人文學報》時，匿名審查委員提出了一個很精審的觀點：倫理學不一定涉及道德善惡的概念，自然論或宇宙論一樣可以作為倫理學賴以成立的基礎。故若以「自然主義倫理學」之名稱謂老子之性超善惡論，當可適度保留老學研究中「性超善惡」之說，也可在倫理學的架構下重新審視道德與自然的規範性關係。對此筆者敬答如下：如同許多學人所指出，老子思想基本上是一種「以天占人」或「推天道以明人事」的格局。這裡所謂「天」或「天道」，在一寬泛意義上，乃是指宇宙規律或萬物運動的法則，學界一般統稱為「自然」。由於老子以這種宇宙規律或萬物運動的法則作為人事制訂必循之依據，故學界多以「自然主義」一名稱呼老子此種主張。大體上看，老子對立身處世或治事理政的評價，的確是以否合乎自然為標準，如第三章的「為無為，則無不治」、第十六章的「不知常，妄作，凶」、第六十四章的「為者敗之，執者失之」和「無為故無敗，無執故無失」等等。並且可以看出，當老子以「自然」作為評價行為的標準時，其著眼點並不在於善惡，而是在於對錯——合乎自然的行為才是對的，而不合乎自然的行為必是錯的。由於老子之自然主義以對錯而非善惡為首要考量，因此老子之自然主義，可謂含有「超善惡」一義。在這意義上，審查委員建議將學人對老子之「超善惡」的論述冠以「自然主義倫理學」之名，可說是非常恰當的。順著這個思路，筆者試對文中論點作一補充：老子的自然主義確然強調人該如何行為，而對人的行為的評價亦是以對錯為主；唯老子在行為之外，固未嘗忽略人的品格的評價問題，而這方面的評價事實上很難避免使用善惡的概念。如老子嘗以「善行」、「善言」、「善數」、「善閉」、「善結」、「善救人」的「善者」為「不善人之師」（第二十七章）。前數「善」可歸結為合乎道或合乎自然的行為，唯「善者」或「不善者」的「善」字則應是針對行為者的品格的一個評價性（evaluative）字眼，而不屬於 Richard M. Hare 所說的「善」字所具有的談及客觀性質或具體行為的描述性（descriptive）用法。再如老子又謂「道者萬物之奧，善人之保」（第六十二章）和「天道無親，常與善人」（第七十九章）。這裡的「道」（天道）和「善人」的關係，或者是合乎道的行為可形成品格上的善，或者是品格上的善可使人的行為合乎道，或者是兩者之間有一「互相構成」之關係。但不論何者，當老子以「善」對人作形容時，他所強調的一樣是「善」在人的品格層面所起到的評價功能。如果以上對「行為」和「品格」的區分是合理的話，那麼性超善惡論的詮釋或只能應用在老子對人的行為的評價上，而未必能兼及老子對人的品格的評價上。必須說明的是，這裡主張老子很難避免使用善惡的概念評價人的品格，並不表示老子的人性論或倫理學預設了「性善論」的立場；或者最保守地說，即使「性善論」可方便地說明老

（二）混同儒家性善論之問題

性超善惡論的一個版本，就是以至善、純善來證成超善惡。其意是世俗間的善惡恆可互相翻轉，而無有定準。而至善、純善則落在善惡的相對關係之外、之上。故人性之超越善惡，是指人性超越世俗間相對性的善惡，而不受其範圍、限制，並凌駕其上之意。循此思路理解「至善」（或「純善」）和「超善惡」之關係，並藉此證成老子為一性超善惡論者，固然有勝義存乎其間；然而此說如何避免混同於儒家之性善論，畢竟是一亟待辨識、釐清之問題。

理由在於，儒家尤其是孟子所說的人性之善，實亦未嘗不可被視為一至善、純善或絕對的善。茲以牟宗三先生之見作一論析：

> 康德說：世間除善意外，無絕對的善。善意之為絕對的善即道德性本身之定然的善。孟子之性善即此道德性本身之性之定然的善。而所謂氣質之「善的傾向」，則不過是在經過道德的自覺後，易於表現道德性本身之性之「定然的善」的資具而已。……氣質之善的傾向是偶然的，無定準的，……亦非道德性當身。[20]

據此，孟子言人性之善，乃就道德性當身立論，此道德性當身並非處於與「惡」的相對關係中的「善」，反而是支撐起善惡的相對關係之基準。在這意義上，孟子言人性之善，實乃一「定然的善」——此即至善、純善或絕對的善之謂。牟先生亦嘗用康德（Immanuel Kant, 1724-1804）的「實踐理性」概念疏解孟子所說的善性：

子對人的品格的評價問題，但它本身所面臨的理論困難，卻使得它未必能成為老子人性論的最佳詮釋。

20 牟宗三：《才性與玄理》（臺北市：臺灣學生書局，1993年），頁8-9。

「純粹理性本身就能是實踐的。」就是說，只是理性本身就能
有實踐的意義，就能決定你行動的方向，決定你的意志的方
向。就是決定你應當做甚麼，不應當做甚麼。這是我們的純粹
理性決定，不是我們的感性決定，也不是利害考慮決定。……
依康德，這個本身就能是實踐的純粹理性，落實了就是 free
will（自由意志）。所以那個意志就是純粹理性。自由的意
志，純粹的意志，就是絕對善的意志，那純粹是理性的，沒有
感性、經驗、利害的夾雜。康德講的這個 free will，照孟子講
就是我們的性。[21]

牟先生指出，純粹理性能夠決定道德行動的方向，此即純粹理性在實
踐層面上的運作。而這一實踐的純粹理性，又可稱曰「自由意志」。
而意志的自由，實即意志的自律——意志本身有立法性，所立的法則
就是道德法則。所謂「善」，就是無條件的依照命令而行。[22]這個意義
下的自由、自律、絕對善的意志，就是孟子所說的性。牟先生在他處
以「無條件的純善」和「絕對的善」來稱謂孟子的怵惕惻隱之心[23]，
尤反映出他將孟子之善性視為一至善、純善之性的一貫立場。

李明輝先生對「善」的不同層次亦有精闢分析：

我們平常對一個特定的事相加以「善」、「惡」底判斷，這個判
斷必須有其判準。對孟子而言，這個判準不能求之於外，而只
在於良知（性體）本身。良知既是「善」、「惡」之判準所在，

---

21 牟宗三主講，盧雪崑整理：〈《孟子》講演錄〉（一），《鵝湖月刊》第29卷第11期
  （總號第347期）（2004年5月），頁13-14。

22 牟宗三主講，盧雪崑整理：〈《孟子》講演錄〉（五），《鵝湖月刊》第30卷第4期（總
  號第352期）（2004年10月），頁10。

23 牟宗三：《道德的理想主義》（臺中市：東海大學，1970年），頁25。

我們自然無法依通常的意義將「善」、「惡」底謂詞加諸其上，
因為這種謂詞底使用必須預設良知底存在。……但就一切事相
之「善」均出於良知，我們亦可說「性善」。但這種意義的
「善」是絕對的「善」，即不與「惡」相對的「善」，故謂之
「至善」。相對意義的「善」（與「惡」相對而存乎事相中的
「善」）係以良知之「至善」為判準而成其為「善」。[24]

李先生區分良知（本性）之善和事相之善。良知之善不與惡對，故良
知可稱「至善」；事相則有善有惡，故事相之善僅具相對性。以「至
善」言良知，實即以孟子之善性為一與惡無對者。亦即，良知或本性
之善，乃是衡量事相之相對善惡之「定儀」也。此外，蔡仁厚先生謂
孟子之性乃是體善、理善、絕對善，而不是與惡相對而言的善[25]，楊
祖漢先生謂孟子的仁義之性自足而無待於外在價值[26]，其立場均與牟
先生、李先生一致——即孟子所說的人性之善，實指至善、純善、或
不落入善惡相對關係中的絕對之善。由此看來，即便我們認同老子
之人性論是由至善、純善以證成超善惡，亦似未能與孟子之性善論有
辨也。

　　不特此也，除孟子外，宋明諸儒更不乏「性至善」或「性超善
惡」之主張。姑引胡五峰（名宏，字仁仲，號五峰，1102-1161）和
王龍溪（名畿，字汝中，號龍溪，1498-1583）之說以證之。如胡五
峰曰：

　　　性也者，天地鬼神之奧也，善不足以言之，況惡乎？……孟子

---

24 李明輝：《康德倫理學與孟子道德思考之重建》（臺北市：中央研究院中國文哲研究
　　所，1994年），頁110。

25 蔡仁厚：《儒家心性之學論要》（臺北市：文津出版社，1990年），頁44。

26 楊祖漢：《儒家的心學傳統》（臺北市：文津出版社，1992年），頁23。

> 道性善云者，歎美之辭也，不與惡對。[27]

「善惡不足以言性」和「不與惡對」二語，正反映出胡五峰將人性理解為超越事相的善惡之上的純善無惡者。向世陵先生更謂胡五峰「要表明的是超善惡的性體」[28]。可知作為宋明儒學正統的五峰之學，亦有「性至善」或「性超善惡」之觀念。王龍溪闡述王陽明（名守仁，字伯安，號陽明，1472-1529）「無善無惡心之體」時甚至直標「至善」一詞：

> 先師「無善無惡」之旨，善與惡對，性本無惡，善亦不可得而名，無善無惡是為至善。[29]

根據王龍溪的瞭解，王陽明的性無善惡論乃是「性至善」的型態。這一立場，最少在表達上與老子性超善惡論的兩個版本全然吻合。而從內涵上看，此一「無善無惡是為至善」與老子的性超善惡論亦有很大重疊。依許朝陽先生的分析，王龍溪的「無善無惡」可分作二義：一是心體、性體不具後天起意的善惡是非之分別；二是觀照型態上的「無惡可治，無善可修，本無善惡，萬物自化」[30]。對照言之，老子以赤子嬰兒為人性的原樣，實意涵人性本無後天起意的善惡是非之別；而老子之言無為、無知、無欲、柔弱，也非指積極地從事某種著跡的修為工夫，而純是世俗觀念下的奮發作為或價值意識之消解矣，此亦未嘗不含「無惡可治，無善可修」之義。由是觀之，老子之人性論若

---

27 〔宋〕胡宏著，吳仁華點校：《胡宏集》（北京市：中華書局，2009年），頁333。

28 向世陵：《善惡之上：胡宏‧性學‧理學》（北京市：中國廣播電視出版社，2000年），頁111。

29 〔明〕王畿著，吳震編校整理：《王畿集》（南京市：鳳凰出版社，2007年），頁69。

30 許朝陽：《善惡皆天理：宋明儒者對善惡本體義蘊之探討》（臺北市：文史哲出版社，2014年），頁346-348、354。

可謂性至善論或性超善惡論，那麼其在表達上和內涵上實難以自異於宋明儒者之說也。

　　經前文引介可知，以孟子和宋明儒之人性論為性至善、性純善或性超善惡之型態，是廣被學人採信的一種看法。甚至可以說，這種看法在當代蔚為主流，幾乎沒有遭受過嚴厲的挑戰。若然，則便突顯出以性超善惡論界定老子人性論的一個困境：倘使老子以人性為至善、純善乃是他的人性論被界定為性超善惡論的充分理據，那麼，孟子和五峰、龍溪諸儒以人性為至善、純善和與惡無對實較諸老子所論更為清楚明白，這豈非更能支持儒家的人性論必須被理解為性超善惡論？這樣一來，說老子是一性超善惡論者，豈非有混同儒道之虞，從而無法彰顯他和儒家在人性問題上的分際了嗎？[31]

（三）和孟、荀、告之說難作區分之問題

　　前一點旨在指出性超善惡論的第一個版本的困難所在。事實上，第二個版本亦遭到類似問題。茲先以人性本貴論為例作一分析。所謂「人性本貴」，意思是本性原來可貴，值得給予尊重、保護和發展。然若以此為準，則孟、荀二子之人性論在某種意義上同樣可被認為含

---

31 這裡或會惹來一個質疑：張岱年和劉笑敢二先生雖主張老子屬性超善惡論，卻未主張儒家性善論亦屬「超善惡」之型態；因此對張、劉兩位先生而言，實稱不上出現將老子人性論和儒家性善論互相混淆之情況。故此處的批評或有陷入稻草人論證之謬。案此處的批評旨在指出，孟子有關性善的論述，實亦符合學者們對老子之性超善惡論所訂立的條件，因此孟子之性善論，應可納入「性超善惡論」之列。而這樣一來，就得面臨以下的理論後果：老子和孟子在人性論上（性超善惡）似乎是難以互相區別開來的。即使兩者可互相區別開來，也得借助對兩者之性超善惡論各自作出的不同的後設解釋。而一旦如此，老、孟互相區別的判準就不在於「性超善惡」，而在於對「性超善惡」所作的後設解釋本身。可以說，這個批評乃是採取了類似「歸謬法」的論證策略：先指出學人對老子性超善惡論的詮釋邏輯地涵蘊了某種理論難題，從而反證老子性超善惡論的詮釋本身或有某些不恰當之處。簡言之，由於此處的批評旨在呈顯性超善惡論中某種隱性的理論困難，而非另立標準作虛假的攻擊，因此不能被視為不當的稻草人論證。

有「人性本貴」的思想，如是，「人性本貴」這一提法也就無法有效地把老子的人性論從孟、荀人性論中辨識開來。

首先孟子說：「體有貴賤，有小大。無以小害大，無以賤害貴。」（《孟子》〈告子上〉）[32]又說：「人人有貴於己者，弗思耳。」（〈告子上〉）[33]這個「貴」字就是指的善性或四端之心。孟子以「貴」言人性甚明。復次，孟子要求人們「存心養性」（〈盡心上〉）、「養心莫善於寡欲」（〈盡心下〉），又力言四端必須「推」（〈梁惠王上〉）、「擴」（〈公孫丑上〉）、「充」（〈盡心下〉）、「達」（〈盡心下〉），可知孟子亦肯認尊貴的人性必須予以尊重、保護和發展——「存」含尊重義，「養」具保護義，「推」、「擴」、「充」、「達」則表發展義也。老子未言「貴」字，猶可謂其主人性本貴；孟子以「貴」言「性」，名實相符，豈非更能擔當「人性本貴」之名乎？

除孟子外，荀子亦未嘗不能被詮釋為一人性本貴論者。《荀子》〈王制〉篇論人之獨特性，有這樣一段著名的文字：「水火有氣而無生，草木有生而無知，禽獸有知而無義。人有氣、有生、有知，亦且有義，故最為天下貴也。」[34]在此，荀子肯定人是眾物類中最為尊貴者。人之所以尊貴，在於兼備氣、生、知、義。當中，氣、生、知三者是眾物類之所同，獨「義」為人之特異處。依此，人之「最為天下貴」，氣、生、知固不可少，但重點必落在「義」而後可。

不管「義」字作何解釋[35]，荀子以義為貴當無異議。如果這樣，

32　〔宋〕朱熹：《四書章句集注》（臺北市：大安出版社，1996年），頁468。

33　〔宋〕朱熹：《四書章句集注》（臺北市：大安出版社，1996年），頁470。

34　〔清〕王先謙撰，沈嘯寰、王星賢點校：《荀子集解》（北京市：中華書局，1981年），頁164。

35　〈王制〉「亦且有義」的「義」，主要有「心理傾向」和「行為表現」二種解法。John Knoblock 譯作「道德正義感」（a sense of morality and justice），是「心理傾向」的解法。Knoblock 雖未斷言這種道德正義感是先天固有還是後天習得，但學人多認為這種道德正義感必須是「生而有」者。若然，則義當為人性之所涵。例如莊錦章

則我們可問：荀子是否以「義」為人性？若答案是肯定的，那麼最低
限度，荀子便可說潛藏了「人性本貴」的觀念。當然，主張荀子之
「義」並非人性概念的學者不在少數，如廖名春先生主張「義」是
「偽」而非「性」[36]，曾暐傑先生認為人在沒有禮義化導之前處於無
分無群的爭亂狀態，故人性本原中必然沒有「義」。[37]Eric Hutton 認為
「有義」（have yi）的「有」不一定指「內在地有」（have yi innately），
可以指外在意義的「具有」（possess）或「擁有」（own）。[38]鄧小虎先
生亦謂「有義」不必是「生而有義」，蓋人通過「積偽」生成「禮
義」，亦稱得上「有義」也。[39]但除此以外，主張荀子以義為性亦大有
人在。例如傅佩榮先生指出荀子以「義」為人禽之辨，故「義」正合
乎「人性」的定義。[40]劉又銘先生認為「義」在荀子思想中作為人心
的一種表現，必須預設一「未得道而求道」的道德直覺與良知，此所

（Kim-chong Chong）先生即指出，Knoblock 的英譯會令人覺得荀子接受了孟子「人皆有先天道德意識」（an incipient moral sense）的信念。但莊先生不接受 Knoblock 和一般學者將「義」視為一心理傾向概念的立場。他認為，「亦且有義」的「義」不是指先在的或固有的道德意識（an incipient or an innate moral sense），而是指人類一種劃分社會等級的能力（the human ability to make social distinctions）——這則是「行為表現」的解法。但無論「義」意指某種心理傾向或行為表現，或它是否屬於人性，都不妨害荀子以「義」為「貴」的論旨。前述引語分別參看：John Knoblock, *Xunzi: A Translation and Study of the Complete Works (Volume II, Books 7-16)* (Stanford California: Stanford University Press, 1990), p.104; Kim-chong Chong, *Early Confucian Ethics: Concepts and Arguments* (Chicago: Open Court, 2007), p. 89.

36 廖名春：《荀子新探》（臺北市：文津出版社，1994年），頁118。

37 曾暐傑：《打破性善的誘惑——重探荀子性惡論的意義與價值》（新北市：花木蘭出版社，2014年），頁105。

38 Eric Hutton, "Does Xunzi Have a Consistent Theory of Human Nature?" T. C. Kline III and Philip J. Ivanhoe (eds.), *Virtue, Nature, and Moral Agency in the Xunzi* (Indianapolis/ Cambridge: Hackett Publishing Company, 2000), pp. 222-224.

39 鄧小虎：《荀子的為己之學：從性惡到養心以誠》（北京市：北京大學出版社，2015年），頁48。

40 傅佩榮：〈人性向善論——對古典儒家的一種理解〉，《哲學與文化》第12卷第6期（1985年5月），頁27-28。

以「義」可被視為「弱性善」。[41]路德斌先生主張「辨」、「義」雖屬於
「偽」，但荀子之「偽」實有其作為天性的面向或內在性。[42]馮耀明先
生則論證「偽」有二義，當中第一義的偽由「慮」和「能」兩種心靈
動力共同構成。由於「慮」和「能」皆先天固有、無待後學，因此第
一義的偽──「義」正屬第一義的偽的內涵──便應視為人性的部
分。[43]

　　藉前論可見，以義為非性固然持之有故，唯以義為性亦是言之成
理。甚或可以說，現在愈來愈多學者認為將「惡」視為荀子人性概念
的全部是很狹隘的理解。主張荀子人性概念的外延包含「義」、「辨」
這些和「善」有關的基本動能，已成當代荀學研究一大趨勢。更何況
荀子不僅以「貴」字言義，亦主張通過「節欲」、「正身」、「博學」、
「省己」等方法使義得到尊重、保護和發展。在這種詮釋視角和文本
基礎上，說荀子暗含「人性本貴」的觀念不正順理成章嗎？

　　綜上所述，如果老子對人性的尊重、保護和發展的相關論述可重
構一套人性本貴論，那麼相同的舉證方式一樣可以運用在孟、荀人性
論上，其結果便是：老、孟、荀三子同可被稱為人性本貴論者。這樣
的結果突顯了一個難點：說三子皆主人性本貴，似乎泯沒了三子論人
性的獨特看法或彼此間的差異處。然而，若要避免將老子和孟、荀混
同起來，我們又勢必要設計三套彼此不同的後設語言（meta-
language）去說明三子的人性本貴論有何差別。而一旦如此，能夠為
老子人性論提供識別證明的，就不是人性本貴論本身，而是被用來說
明老子人性本貴論的後設語言所涉及的獨特性詮釋了。就此而論，人

41　劉又銘：〈從「蘊謂」論荀子哲學潛在的性善觀〉，收入政治大學文學院編：《「孔學
　　與二十一世紀」國際學術研討會論文集》（臺北市：政治大學，2001年），頁60-62。
42　路德斌：《荀子與儒家哲學》（濟南市：齊魯書社，2010年），頁120-131。
43　Yiu-ming Fung, "Two Senses of 'Wei 偽': A New Interpretation of Xunzi's Theory of Human
　　Nature." *Dao: A Journal of Comparative Philosophy*, 11.2 (June 2012), pp. 192-193.

性本貴論對老子人性論來說未必是最基本的詮釋。

性超善惡論的另一版本，就是以無善無惡來證成超善惡。而若此一方式可行，那麼告子主張善惡外在於人性，而持「性無善無不善」之說，同樣可歸入性超善惡論之列。當然，如前所述，所謂人性無善無惡，不單是指人性的自然狀態和道德品質不相干，更是指前者在價值上高於後者，這和告子主張人性的自然狀態可通過外力修飾而塑成道德價值不可同日而語。然而問題是，倘若要運用這種「分別說」方能指認出老子和告子在人性思想上的差異，這畢竟突顯了老子的性超善惡論不能靠「無善無惡」來獨擔大旗。換言之，要麼就是「無善無惡」一語不能充分支持老子之性超善惡論，要麼就是老子之性超善惡論有著超出「無善無惡」的意義。但無論是哪一情況，都表示「無善無惡」未必能對「超善惡」給予充分的證成。

四　結論

經過古今學者的努力，老子人性論研究在當代已取得了相當可觀的成績。當中，尤以性自然論、性真論、性善論和性超善惡論最受重視。這些理論定位不同，立說各異，可說是從多元的角度展現了老子人性論的面貌。作為一種開創性的拓荒工作，這些理論所累積的研究資源已有了很厚實的基礎；而利用這些研究資源著手進行分析、評估、發展的後續工作，則是老子人性論必行的下一步。第一章和本章分別選擇性自然論、性善論、性真論三者和性超善惡論進行引介、評析，即可被視為這「下一步」的粗略嘗試。

性超善惡論既有詮釋上的若干優勢，亦不可免的帶有某些限制和難點。說它有優勢，當然並不意味它是唯一可取的詮釋；同樣地，說它有限制和難點，亦不表示它只有負面價值，而必須被摒棄。事實上，評析的本質，並不一定是對一個理論的好壞進行數據化，從而按

照其好壞的高下比例非黑即白地將之劃分為可接受或不可接受；評析的本質，也可以是透過瞭解其好壞，從而尋找出修正理論，以期維護或提昇說明效力的參照點或著力點。簡言之，評析不必是為理論建立取捨標準的活動，它更應是使理論去蕪存菁，逐步邁向完善化的鋪路程序。

舉例說，性超善惡論把握住老子對「自然」價值的肯認及其對世俗間相對的善惡關係的批評，並以此作為老子思考人性問題的理論脈絡，本是其在詮釋上的一大優勢；然而論者在陳構論證的過程中，卻因膨脹了自然價值的優先性甚至是絕對性，無形中抹殺了道德語詞的功能或道德價值在老子思想中的地位，遂使性超善惡論含有「道德評價成為不可能或不必要」的邏輯歸結。這個分析結果，當然可視為對性超善惡論的合理性或有效性的質疑，但亦未嘗不可積極地將之提昇為反射問題所在的借鏡——譬如說，倘若道德價值不可否認，那自然價值和道德價值在性超善惡論的修正程序中該如何建立相容的關係？又或者，假使老子亦必須同意道德評價有存在的必要，那麼，性超善惡論在安置道德價值的同時，如何使自然價值在老學中的優先性不致被衝擊？這些思考步驟反映出，性超善惡論縱然有著理論上的困難，但這些困難不必只被看作一種簡單的或直來直往的否斥；從某方面言之，這些困難實指示了理論中有待修正或重新思考之處，甚或引導我們從反面看問題——即在展現詮釋優勢的同時，如何為可能引發的理論困難封後門。

又譬如說，根據論者的說法，老子是將人性視為至善、純善或無善無惡，「性超善惡」即分別就此二義言之。但若此論成立，孟子、告子、荀子等亦得謂持相同主張。其後果便是：老子對人性的獨特看法難以在「性超善惡」這一表達方式中呈顯出來。但這個後果在指出了性超善惡論的困難的同時，實亦提示了性超善惡論可待修正、改善的地方——舉例說，如果老子、孟子皆視人性為至善，那麼是否有必

要提出一輔助性的說明來區分「至善」的不同型態，據以保障老子言人性至善的獨特性？甚至是否有這樣一個可能性：孟子的人性根本不適宜被視為至善，因而不會對老子的性超善惡論構成重擊？「人性本貴論」亦可作類似思考：假若老子和孟、荀二子一樣，主張人性必須予以尊重、保護和發展，那麼三子之間對人性的尊重、保護和發展的態度或進行方式是否有別？若能指出當中之別，則老子人性本貴論的獨特視野或許便能由此呈露，這樣在老子和孟、荀二子之間便可得一理論上的區隔。當然，這些後續的理論修正動作該如何具體進行實已超出了本章的論述範圍，較宜另文專門探討；但若本章能對老子性超善惡論作出忠實的引介和合理的分析考察，藉此指示出修正、補強性超善惡論甚或是重構老子人性論的一些可行的方向，則本章的初步目的便可算是達成了。

乙編
老子之無名思想

第四章
重探老子「無名」思想

一　問題緣起：「命名」的語言入路與「無為」的工夫入路

　　從古代眾多《老子》注文到當代的道家研究，對於老子的「無名」思想大多循「命名」的入路進行解釋。這些解釋大致上可分為「道」和「人」兩條線索。前一線索是以道之「不可名」證立道之「無名」。所謂「不可名」，古今論者恆解作「命名活動的失效或拒絕」——我們不能夠（甚至不應當）像命名萬物一樣對「道」進行命名。至於老子之道「不可名」的理由，歷來解說主要有二：一種認為言說活動有其範圍，而「道」則處於此範圍以外，是以道因不可說而不可名，故而無名；另一種則認為人類之認識能力有其限度，而「道」則越出此限度以外，是以道因不可知而不可名，故而無名。但無論道之「不可名」是人類的言說活動或其認識能力的限制使然，當中的邏輯是一樣的：由於道「不可名」，是以道「恆無名」，而此解幾成老學一大定見矣。

　　後一線索則把老子之「無名」解釋為某種人事上的規範，歷來解說亦有二：一種將「無名」解作政治上的「不為尊卑上下立名分」——不立名分，則民無所爭競，如此則為「善治政者」；另一種則將「無名」解作工夫上的「不為天地萬物立名號」——不立名號，則物無區別，進而可無欲、無身，如此則為「長生久視之道」。要之，「無名」一概念不論喻「道」喻「人」，古今論者大多是從「命名」的語言入路出發——前者是把「無名」視為語言上及知識上的描

述性概念：對於那奧妙之至、其廣大無涯不知何極的「道」，人類非但難以言之，亦復無以知之，「無名」一詞遂界劃了人類的語言功能和感知能力在「道」面前所遭遇到的限制；後者則是把「無名」視為政治上或工夫上的規範性概念：各種「名分」或「名號」的設置，意味著萬物的形態之分及其價值高低之別，而此等分別實為人類貪欲之源及世間紛亂之所由。是故握守「無名」，不作任何分別，乃所以從根柢上息欲止亂也。

上述四種循「命名」的語言入路展開的「無名」解釋確有堅實的文獻依據，在義理上亦曉暢通達，唯老子「無名」思想的可能義蘊，事實上仍大有可開發的空間。譬如說，「名」這個字既可指「名字」、「稱謂」或「言說」，也可指「名望」、「聲譽」或「地位」。依此，所謂「無名」，除了可被理解為「沒有名稱」、「難以冠名」外，亦可被理解為「不求取聲譽」或「勿把持名望」──即無意於聲譽、名望的競逐。後一種理解，恰是老子所言「無為」的一個例證或表達方式。在老子「無名」思想的詮釋上，此一「無為」的工夫入路可作為「命名」的語言入路以外的一個理想選擇。它不僅可充分立足於《老子》文本，亦可避免「命名」的入路所碰到的若干理論挑戰，同時也能更周延地說明「無名」和「有名」的關係、「無欲」和「有欲」的關係這些老子思想中極具爭議性的論題。

基於以上的認識，本章試從「無為」的工夫入路出發，對老子之「無名」思想作一重探。至於和「無名」有密切關係的「有名」概念，則留待下一章作專門探討。

二　論道體之「無名」

（一）以言說活動的範圍證立道體之無名

1 詮釋

　　根據王弼、范應元的說法，言說活動之所以可能，必須取決於事物的「形」——即事物可被觀察的形態、性質、規律或條理。換言之，事物的可被觀察的「形」界劃了言說活動得以運作的範圍。依此，前者可看作是後者的必要條件。王弼注《老子》首章「道可道，非常道；名可名，非常名」時即述及言說活動此一條件：

> 可道之道，可名之名，指事造形，非其常也。故「不可道」、「不可名」也。[1]

王弼指出，若「道」可被言說（可道之道），必定關涉具體事象（指事）；若「名」可被設立（可名之名），必定反映客觀形態（造形）。由於老子之道並無恆常不變的事象和形態（非其常），故對之不可言說（不可道），亦不得命名（不可名）。顯然，王弼是以老子之道為不符合言說活動之條件者。其注第二十五章「吾不知其名」亦表達了相近立場：

> 名以定形，混成無形，不可得而定，故曰「不知其名」也。[2]

「名」之設立以事物之形狀為準，此之謂「名以定形」。而由於道

1　〔魏〕王弼著，樓宇烈校釋：《王弼集校釋》（臺北市：華正書局，1992年），頁1。
2　〔魏〕王弼著，樓宇烈校釋：《王弼集校釋》（臺北市：華正書局，1992年），頁63。

「混成無形」，故對道來說，命名活動實缺乏一可行之依據。同樣地，王弼以「道無形不繫常，不可名」注解第三十二章的「道常無名」一語[3]，亦是以事物之「形」為命名活動之所以可行者。

在王弼的立場，命名和言說之可行與否取決於事物之有形無形。就此看來，王弼似把命名活動規定為言說活動之一形態。范應元[4]對此則有明確態度。他引蘇轍之言曰：

> 道不可道，而況得而名之乎？凡名，皆其可道者也。[5]

據此，范應元同意蘇轍的觀點，認為道之「無形」造成了言說活動之失效（不可道），同時即涵蘊了命名活動之失效（不可名），此即以後者為前者之一形態。此外，范應元為「名可名，非常名」作注，說法和王弼幾如出一轍：

> 萬物有形，固可以道、可以名，惟常久自然之道，為萬物之母

---

3 〔魏〕王弼著，樓宇烈校釋：《王弼集校釋》（臺北市：華正書局，1992年），頁81。

4 范應元其人不見於官史記載。其著作收入《續古逸叢書》，憑藉卷前署名始為世人所悉。除了可斷定其為南宋理宗年間人外，學界對他的瞭解實頗有限。大約只知其人有道士身分，雅好老莊，所著的《老子道德經古本集註》，以漢魏六朝古本為底本，並博採各家注文而成書。南宋道士褚伯秀於《南華真經義海纂微》曾隱約談及「范無隱」和「師諱應元」，范應元或即其師。有關范應元生平著作的考證及其思想史地位的評價，參見劉固盛：〈范應元《老子道德經古本集註》試論〉，《中國道教》2001年第2期，頁10-13。按：之所以在此引述和評論范應元之老子注文，並將之與王弼之老子注文互相比觀，一方面是由於范注和王注在某些地方有很高的一致性，可資比較發明，以澄清問題所在；另一方面則是由於范注頗有進於王注者。例如王弼並未直接肯定「命名」和「描述」的密切關係，范應元則明確將「描述」規定為「命名」的必要條件或先決條件。這些明確的說法有助於突顯古代老學詮釋者的一般立場，從而為下文的分析考察工作起到很好的鋪墊作用。

5 〔宋〕范應元撰，黃曙輝點校：《老子道德經古本集註》（上海市：華東師範大學出版社，2010年），頁2-3。

　　而無形，故不可道、不可名也。[6]

在此，范應元繼承王弼，以「萬物有形」作為其「可道」、「可名」之
準據，即是以「形」規限言說活動可及之範圍。而老子之道雖化生萬
物而無形無象可舉，故言說活動無所可用，這就是何以道是一「不可
道」、「不可名」者。范應元注下句「無名，天地之始」亦有相類說法：

　　天地之先，元有此道，渾淪未判，孰得而名？[7]

「渾淪未判」意即道於天地開闢之前是一未分化之整體狀態，故無特
定形象可知可感；「孰得而名」則是從反問的方式表述「不可命名」
之意。其注第四十一章「道隱無名」亦然：

　　既無聲無象，焉得有名？可謂隱矣。[8]

謂道因其無形而「不可名」，是從反面表示事物可知可感的「形」乃
是命名活動之必要條件。可以說，王弼和范應元皆以可被觀察的
「形」決定言說活動及命名活動之範圍。若將言說活動和命名活動應
用於無形的「道」，則是對言說活動和命名活動之誤用，如此則成一
「範疇錯置」（category mistake）之謬誤矣。

6　〔宋〕范應元撰，黃曙輝點校：《老子道德經古本集註》（上海市：華東師範大學出
　　版社，2010年），頁2。
7　〔宋〕范應元撰，黃曙輝點校：《老子道德經古本集註》（上海市：華東師範大學出
　　版社，2010年），頁3。
8　〔宋〕范應元撰，黃曙輝點校：《老子道德經古本集註》（上海市：華東師範大學出
　　版社，2010年），頁76。

2 檢討

綜言之，在王弼和范應元的立場，老子之道之所以「無名」（沒有名稱），是由於道「不可道」（無法言說）、「不可名」（不得命名）；而道之所以「不可道」、「不可名」，則是由於道「無形」（沒有可被觀察的客觀形象）。這種有關語言與本體之關係的詮釋在老學史上影響極大，直到今天仍為不少學人所接受。唯基於學術討論的責任，這裡試循三方面提出探問。

首先，這種詮釋把言說活動的有效性鎖定在經驗事物的範圍，捨此之外任何言說悉無意義，似乎觸犯了某種不相干的謬誤（fallacy of irrelevancy）。理由在於，由「言說活動在經驗領域內有效」這一點，並不能推論出「言說活動在經驗領域外無效」──言說活動是否有效，和它所涉及的對象是否具備經驗性並不相干。譬如說，有許多事物雖然並非經驗事物，但仍然可成為被言說之對象。這種例證不勝枚舉，如數學語言的對象是一、二、三這些抽象概念和加、減、乘、除、等號這些符號，邏輯語言的對象是對確性（validity）、真確性（soundness）、前提（premise）、結論（conclusion）這些邏輯性質和涵蘊（implication）、涵衍（entailment）、預設（presupposition）這些邏輯關係；形上學語言的許多對象如本體（entity）、實體（substance）、物自身（things in themselves）、上帝（God）、靈魂（soul）等更顯非經驗事物。由此可知，就人類言說活動的實情而言，除了經驗事物，尚有其他領域（包括非經驗領域）的事物可作為言說活動的對象。據此，王弼和范應元把老子之道的「無形」規定為其「不可道」、「不可名」的理由，就其詮釋本身來看，實難免不相干之疑慮也。

即使退一步承認「無形」可充分支持「無名」（不可道，不可名），「道不可被言說」這一詮釋似仍得面臨一些邏輯難題：在此語中，「不可被言說」顯是被用以描述「道」的一個謂詞（predicate）。

就其為謂詞而言,「不可被言說」亦是言說的一種。換言之,「道不可被言說」一語即含有「道可被言說」一義,故「道不可被言說」實是一暗含矛盾(contradiction)的句子。以此暗含矛盾的句子作為對老子之「無名」思想的詮釋,無疑違反了文本詮釋的「善意原則」(principle of charity),更不消說此一詮釋忽略了《老子》中眾多有關「道」的言論!

此外,王弼和范應元主張言說活動之不可行涵蘊了命名活動之不可行,其背後似有一假定:命名(naming)一物同時是描述(describing)一物。然而這一假定未必成立,因為它混同了「專名」(proper name)和「描述辭」(description)這兩個不同的概念。一個描述辭如「白雪」固然對某物(雪)提供了某種描述(白色),但一個專名卻旨在直接標示出一物,它可以卻不必須承擔描述該物性質的功能。據克里普克(Saul Kripke)的看法,有些專名雖然是透過對一事物之性質的描述而設立,在此情況下命名一物同時即描述一物;但這卻不意涵專名之指涉功能必須立足於對一物之描述。可以想像,設若一物形態改變,從此失喪了原先的命名過程所關涉的性質,這仍然不妨害我們繼續使用其原來的名字去稱呼該物。[9]換言之,有些專名之指涉即使從歷史的角度看,的確和描述事物性質有關,但後者卻不能被理解為前者之指涉之所以可能的必要條件。依此,專名的指涉性和事物的性質是可以分離的。如果這種看法成立,那麼王弼和范應元以道之「無形」證立道之「不可名」與「無名」便是對「專名」和「描述辭」之區別的誤解——他們認為道的命名過程必須同時是對道的性質之描述,而由於道的性質無法掌握,此即構成了道無法被冠名的障礙,但他們卻忽略了:專名固可藉描述辭之姿態出現,但專名卻

9　Saul. A. Kripke, *Naming and Necessity* (Cambridge, Mass.: Harvard University Press, c1980), pp. 25-27.

不必須是描述辭。依此，若以老子之「道」之無形無象作為「道」不可命名的理據，便似乎模糊了「專名」和「描述辭」兩者之分際。[10]何況當中更有一文獻上的問題：即使把老子之「無名」一詞解作道「沒有名字」，老子亦沒有表示道之無法描述是其不得命名的理據。

從前文分析可見，王弼和范應元對於老子「無名」思想的詮釋實有不少理論上的難題。就其詮釋的理路而言，既和人類言說活動的一般經驗互不相協，亦陷入了自相矛盾的疑慮；就其與老學之關係而

---

10 這裡或會引來一個批評：專名與描述辭之區別似乎不見於《老子》，故以這一對概念批評王弼、范應元之說，於老子文義並無根據。案專名和描述辭之區別及其背後所牽涉的直接指涉理論（direct reference theory）和間接指涉理論（indirect reference theory）之區別雖然是近當代西方語言哲學逐步發展出來的產物，但這些概念和理論乃是針對人類既有的語言現象所提出，因此可將之從特有的哲學或哲學史背景抽離出來，對一切語言現象作普遍的檢視。我們不必由於它們是近當代西方哲學的產物，就預設它們只適用於西方哲學的討論，或預設它們只適用於近當代語言哲學的討論。舉例說，邏輯學是西方學者探討推理形式的學問，而推理形式背後所涉及的就是對各種邏輯規律的研究。假設一位研究先秦諸子的學者在論文中說了一句自相矛盾的話。當我們指出文中的矛盾時，這位學者顯然不能以「矛盾律是西方哲學的產物，在中國哲學論文的文義中並無根據」來辯解。之所以不能以此辯解，正是由於邏輯學雖是西方哲學的產物，但它所談論的卻是有普遍性的學問——任何說法若要言之成理，先決條件是不能違反邏輯規律。換言之，一個說法是否有普遍性，和這個說法由什麼人或哪個民族提出來是互不相干的。若僅以一個說法起源於某一文化或民族，就主張這個說法只能相對於該文化或民族而成立，便似乎觸犯了所謂「起源的謬誤」（genetic fallacy）。同樣的，文中所援引的有關專名和描述辭之區分，雖然是近當代西方哲學的觀點，但由於它探討的是人類普遍的語言現象，因此這並不妨礙它可被用來檢視任何涉及語言哲學問題的說法。事實上，文中批評王弼和范應元對道不得命名的論證預設了「命名必須立足於描述」，非但沒有超出老子文義的問題，反而正是要指出王、范的說法超出老子文義——因為老子雖屢說道「無名」（屬於命名問題），卻從未針對道的「無形」（屬於描述問題）立論；亦即，老子從未以「道不能被描述」作為「道不能被命名」的理由——也就是說，老子的說法沒有「命名必須立足於描述」的預設。再簡單的說，王、范二子「命名必須立足於描述」的預設乃是超出老子文義者。文中運用西方哲學有關專名和描述辭之區分批評王弼和范應元，正是要對老子的說法何以不含「命名必須立足於描述」的預設作出理論性的補充說明。

言，其說有非老子觀念之所涵者，亦有與老子文義相違者。因此，以言說活動的範圍證立道之「無名」雖可突顯老子對語言和本體之關係的看法，但它所面對的理論挑戰亦是頗為嚴峻的。

（二）以認識能力的限度證立道之無名

1　詮釋

古代論者由人類言說活動的限制入手證立道之無名，所著眼的乃是語言與本體之關係：對於作為形上本體的道，人類的語言只能消極地說明它「不是什麼」，而不能積極地說明它「是什麼」。換言之，人類的語言只能藉由遮詮的方式對道有所敘說。根據這派看法，所謂「無名」，就是老子以遮詮的方式說明道和語言之間的矛盾關係的一個概念。值得一提的是，無法積極對道作出表詮，語言本身的限制固當承擔起部分的責任；然而語言在本體面前之所以出現限制，當有一更基本的原因——此即人的認識能力，只及於經驗範圍內的有形有象者；對於經驗範圍外的無形無象的本體，便失喪其作用。亦即，語言在本體面前出現敘說上的限制，不當全歸咎於語言本身；人類有限的認識能力或許能為此提供更為基本的解釋。關於這一點，在古代論者的說法中似已見其端倪，唯言之甚隱約。例如他們主張道不可道、不可名的理由在於道之無形、無聲、無象，當中所謂無形、無聲、無象正是針對人類有限的認識能力而有的說法。但這些說法的落腳點畢竟仍在於道作為宇宙本體的某些特性，因此較宜將之視為本體論的立場。而將道不可道、不可名的理由從「道」之無形、無聲、無象轉焦至「人」缺乏全面認識道的能力，亦即從本體論的立場變更為知識論的立場，則多見於當代學人的論述。當中，應以劉笑敢先生的研究為代表。例如他在析評《老子》首章時說：

「可道」與「可名」,「無名」與「有名」,以及「恆無欲」與
「恆有欲」涉及的主要是認知問題中的辯證觀。……萬物起源
既有無名之始,又有有名之母。無名即不可道、不可名,也就
是超越於人類之有限生命與感知能力的。有名即可道、可名,
也就是人類可以通過感性、知性或理性來認識與描述的。萬物
起源演變既有無名而不可知的一面,又有可知而有名的一
面,……人類既知那裡確有一個共同根源,又不知其究竟,因
而只能以比喻的方法稱之為眾妙之門。當然,驗之於第二十
五、四十二、五十一章,這無名之始和有名之母的和合之體也
就是道。所以,本章的中心是從認知的角度討論宇宙總根源和
總根據之「有名」與「無名」的辯證關係和特性。[11]

依劉先生意,《老子》首章言「道」是從認知問題出發:由人類之感
性、理性所不及處言,道有不可認識的一面,故道是不可道、不可名
的,此即道之「無名」;而由人類之感性、理性所及處言,道卻有可
認識的一面,因而道又是可道、可名的,此即道之「有名」。劉先生
復解釋道何以難名:

道為甚麼沒有名,或者說為甚麼很難命名,為甚麼只能勉強名
之曰「大」呢?這是因為「道」是宇宙萬物的根本之「大」,
是超出我們個體、乃至全人類的認知能力的。老子對它的認識
是模糊的,我們今天對道所指代的宇宙萬物的總根源、總根據
的認識也仍然是模糊的。因此,對道的描述只能是大致的,不
可能是十分確切的。我們勉強稱之為「道」或「大」,不過是

給它一個符號或象徵。[12]

在此，劉先生貫徹他的立場：道之所以難以冠名，是因為道乃是物之最大者，而物之「大」實遠超人類認識能力之限度，無法為人類徹底瞭解。

2　檢討

劉笑敢先生的解釋的確為老子之道何以「無名」這一問題的解答提供了一個很好的視域。他由道之難以冠名引申出人類在認知上之有限性，復據此結合老子之「無為」觀念，警惕人類既無法全然掌握宇宙底蘊，故實不應當不計後果地為所欲為，[13]所論尤其精彩。而若撇開這些現實性的關懷不談，劉先生的解釋最少有數處值得深思。

首先，劉先生認為人類的認識能力有其限度，而道之「大」超出此限度以外，這是道難以冠名之由。若此看法要成立，得預設一項有關命名的原則：

> 一物完全在人類認識能力範圍以內是人類成功命名該物的必要條件。

這項原則在大方向上無可置疑，唯細節處可待討論。和上文的「言說活動之範圍」的證立方式一樣，這項原則似乎混同了「命名」和「描述」兩者──道超出人類認知範圍以外，最多只會導致人類難以「描述」它，卻不會導致人類難以「命名」它。蓋專名不必擔負描述責任

---

12 劉笑敢：《老子古今：五種對勘與析評引論》修訂版（北京市：中國社會科學出版社，2009年），上卷，頁323。
13 劉笑敢：《老子古今：五種對勘與析評引論》修訂版（北京市：中國社會科學出版社，2009年），上卷，頁325-327。

故也。依此，以道為人類認知能力所不及為由證立道之不可名、難名、無名，對命名原則或命名功能的把關似乎過於嚴格。即使退一步承認一物之完全被認知是其成功被命名的必要條件，這也不能合理地證立道之不可名、難名或無名。這是因為，非但「道」無法被完全認知，即使是簡單如一條草、一滴水、一粒塵、一根髮，也同樣是無法被完全認知的（沒有科學家敢說完全掌握了這些簡單事物的全部知識）。就此而論，任何事物皆無法被完全認知，乃是宇宙間相當普遍的常情，實不獨「道」而然也。但即便如此，這卻不妨礙我們對草、水、塵、髮分別冠以「草」、「水」、「塵」、「髮」這些名稱。這反映出一個事實：在一物能否被命名的問題上，該物是否被完全認知乃是一項不相干的因素。[14]據此，由「道無法被完全認知」這一點出發，似乎難以相干地證立「道」之不可名、難名或無名。

---

14 關於「描述一物是命名該物的先決條件或必要條件」這個原則，這裡有兩點必須釐清：一、根據這個原則，命名必須立足於描述。由於道無法被描述（或最少無法通過表詮的方式被正面描述），因此道同時無法被命名。文中援用當代的直接指涉理論給予批評，指出用來指涉道體的「道」字作為一個專名（proper name），可以被理解為對道體的直接的標籤，無需以「描述」作為其命名程序的中途階段。也就是說，即使道真的無法完全被認識，從而無法被正面的描述，這亦不宜作為道難以冠名的理由——因為道所涉及的命名程序，本就可以跳過描述的步驟而成立。二、這個原則是從劉笑敢先生「道不可被言說」的主張中析取或抽象出來的。當中的「物」字，主要指非經驗性的道體本身。文中正是要指出，先不說老子之道這種感官無法觸及、理性難以把握的形上存有，即使是最為客觀、簡單的物理事物也有無法被全面認識和描述的問題。但雖然如此，人們仍可略過描述的程序而用各種專名直接標籤事物，例如以「草」標籤草，以「髮」標籤髮等。這一語言現象反映出「描述一物是命名該物的必要條件」一原則並不是必然的。如果這原則對於「草」、「髮」等經驗性事物沒有必然的規定，則它對於「道」這一非經驗性事物亦應沒有必然的規定——因為道和草、髮等物理事物在形態上的不同，相對於「描述是否命名的必要條件」這問題來說看來是不相干的。換言之，雖然道之超越認識，在形態上並不同於經驗世界中的物理事物之可見可聞，但在「兩者均無法被全面認識或描述」這一點上是相同的。用此觀之，如果許多物理事物均可無涉於描述而被直接命名，那麼老子的形上之道應當亦可無涉於描述而被直接命名。

　　前述是純就劉先生的解釋之內部邏輯而作的評論。事實上，劉先生若干說法亦似有超出《老子》文義者。這主要表現在兩點上。第一點是：劉先生主張「道」超越人類認識能力之限度是其「不可名」乃至「無名」的理由。然而在《老子》中卻有相反說法。如第十四章云：

　　視之不見，名曰夷；聽之不聞，名曰希；搏之不得，名曰微。
　　此三者，不可致詰，故混而為一。

「視之不見」、「聽之不聞」、「搏之不得」三語肯定道具有超絕於人類感知能力以外的性格，劉先生亦同意「三者意思不同，但都可表達『道』觸摸不到的意思」[15]，又謂「『夷』、『希』、『微』在這裡都是形容視覺、聽覺、觸覺諸感官對『道』的無效」。[16]然而問題是：道雖具有這些人類感官無法把握的性格，但老子不單沒有據此斷言道「不可名」或「無名」，反而三謂「名曰」——名曰夷、名曰希、名曰微。換言之，劉先生主張人類有限的認識能力造成了道之不可名和無名，與《老子》所言實難免有間也。

　　或曰：老子於「此三者不可致詰，故混而為一」後，立謂「繩繩不可名，復歸於無物」，此非明示道「不可名」（不可命名）乎？事實上，歷代注家無不持此解釋。愚以為「不可名」云者或別具玄義。蓋同章句首方為道冠以三名（夷、希、微），倘「不可名」意謂「不可命名」，則立成矛盾之論，以老子之智，當不致此。實則十四章所謂「不可名」者，可作「不可盡名」解。「繩繩」，陳鼓應先生釋曰「紛芸不絕」[17]，此見極是。「繩繩不可名」，意謂道變幻莫測，不可把

15　劉笑敢：《老子古今：五種對勘與析評引論》修訂版（北京市：中國社會科學出版社，2009年），上卷，頁212。

16　劉笑敢：《老子古今：五種對勘與析評引論》修訂版（北京市：中國社會科學出版社，2009年），上卷，頁212。

17　陳鼓應註譯：《老子今註今譯及評介》（臺北市：臺灣商務印書館，2000年），頁102。

捉，無論以何種名號稱之皆無法窮透它的一切複雜性 —— 譬如以
「夷」名道，僅及於其「不可見」之性質；以「希」名道，僅及於其
「不可聞」之性質；以「微」名道，僅及於其「不可得」之性質。推
老子意，實是以此三者借代道之名「不可窮盡」，而非謂道「不可命
名」也。

　　第二點是：劉先生以人類的認識能力作為分判老子之道「可名／
不可名」或「有名／無名」之準據；然而，在老子的立場，人類的認
識能力卻算不上是道能否被命名的相干性之因素。無疑的，老子在說
及道之命名問題時，偶有就人類認識能力立言者，如上述第十四章之
分析所示；但在其他地方卻不必然如此。例如第三十四章曰：

> 大道氾兮，其可左右。萬物恃之以生而不辭，功成不名有，衣
> 養萬物而不為主。常無欲，可名於小；萬物歸焉而不為主，可
> 名為大。以其終不自為大，故能成其大。

在這裡，道被冠以「小」、「大」之名便不是從人類認識能力來立說
的，而是從道和萬物之關係來立說的。首章「無名，天地之始；有
名，萬物之母」亦然：道之有無名號也是由它和天地萬物之關係而決
定的。[18]此可見老子之道的命名與否，不一定要將人類之認識能力納
入考慮。

　　總結來看，劉笑敢先生將道之命名過程連繫到人類的感知能力之
有限性，其理論本身固需面臨若干難題，與《老子》對「名」的說法
並未必一一切合。但劉先生對「無名」概念之詮釋，實充分表達了警

---

18 要注意的是，《老子》首章的「名可名，非常名」、「無名」、「有名」之「名」不必
　　視作「名字」或「名稱」，也可作「名望」、「聲譽」解。詳細論證請見第六章〈循
　　「無為」觀念重讀《老子》首章〉。這裡只是站在劉笑敢先生的立場上指出其解釋
　　可能遇到的反例。

惕人類在廣大的自然界面前必須自律自重之用意，從而為我們拓展了從環境倫理的角度考察老子哲學的全新視野。

三　論人事規範上之「無名」

（一）政治事務上的不立名分

1 詮釋

王弼闡釋老子之「無名」思想，除了扣緊道體之「無形」而言其「不可命名」外，亦從人事規範的角度發展另一條線索：所謂「無名」，意思是政治事務上的不立名分。例如他注釋第三十二章「始制有名，名亦既有，夫亦將知止，知止所以不殆」數語時謂：

> 「始制」，謂樸散始為官長之時也。始制官長，不可不立名分
> 以定尊卑，故「始制有名」也。過此以往將爭錐刀之末，故曰
> 「名亦既有，夫亦將知止」也。遂任名以號物，則失治之母，
> 故「知止所以不殆」也。[19]

王弼認為，當大道分散，有國者初設政制之時，必須制訂各種名分以區別上下等級，這是「始制有名」的階段；然而，這些名分一經設立，便會逐漸引發人們爭逐名位的欲望，如此國家的穩定狀態便會受到動搖。這種「失治」的結果，實因「始制有名」或「任名以號物」所致。故王弼對「有名」的反對，即從反面表述一「無名」（政治事務上不當設立名分）之觀點。王弼注第五十八章「其政悶悶，其民淳淳」更直謂「無名」一詞：

---

19 〔魏〕王弼著，樓宇烈校釋：《王弼集校釋》（臺北市：華正書局，1992年），頁82。

> 言善治政者，無形無名，無事無政可舉，悶悶然，卒至於大
> 治。故曰「其政悶悶」也。其民無所爭競，寬大淳淳，故曰
> 「其民淳淳」也。[20]

以「無事無政可舉」推之，所謂「無名」，就是指不設立區別政治社
會階級的各種名分、稱號或職別。國家「卒至於大治」，其理在此。
王弼注第二十七章「是以聖人常善救人，故無棄人」時說「聖人不立
形名以檢於物」[21]，所謂「不立形名」者，亦同於善治政者之安守
「無名」也。

　　此外，對於世俗上各種「善」名在政治秩序上之不良影響，王弼
亦深有警惕。他這樣注釋第三十八章「上德不德……下德不失德」
諸語：

> 是以上德之人，唯道是用。不德其德，無執無用，……故雖有
> 德而無德名也。下德求而得之，為而成之，則立善以治物，故
> 德名有焉。……善名生則有不善應焉。[22]

「德名」即「善名」，亦即道德上的高度評價之謂。如救助入井之稚
子，即有「仁」名存焉；普濟天下之庶民，即有「聖」名存焉。然而
王弼認為，這些德名、善名之產生，實意味世間有著種種不德、不善
之物事，這就是為什麼他說「善名生則有不善應焉」。最大的德行，
並非在不德、不善之物事出現後善加處理，而是在其未兆之先便將之
從根消解。此德行並非「施已然之後」，而是「禁未然之前」，以其無
事象可顯，故亦無德名可舉也。此即「雖有德而無德名」之義。在這

---

20 〔魏〕王弼著，樓宇烈校釋：《王弼集校釋》（臺北市：華正書局，1992年），頁151。
21 〔魏〕王弼著，樓宇烈校釋：《王弼集校釋》（臺北市：華正書局，1992年），頁71。
22 〔魏〕王弼著，樓宇烈校釋：《王弼集校釋》（臺北市：華正書局，1992年），頁93。

些基礎上，王弼再度直接標示出政治上的「無名」：

> 用不以形，御不以名，故仁義可顯，禮敬可彰也。夫載之以大
> 道，鎮之以無名，則物無所尚，志無所營，各任其貞，事用其
> 誠，則仁德厚焉，行義正焉，禮敬清焉。[23]

這裡的「不以名」或「無名」，具體來說就是不建立、不推崇「仁」、
「義」、「禮」、「敬」這些德名或善名，唯有如此方可獲得真正的仁、
義、禮、敬。其效果就是在內政上做到「邪不生」、「不興而治」[24]；
在外交上做到「四海莫不瞻」、「遠近莫不至」。[25]反之，若汲汲於這些
德名或善名的競逐，只會取得相反的結果。故王弼續注曰：

> 本在無為，母在無名。棄本捨母而適其子，功雖大焉，必有不
> 濟；名雖美焉，偽亦必生。[26]

真正可長久的德名或善名本是持守「無名」的自然結果，故王弼把
「無名」和「有名」視為母子關係；然而，假使捨棄「無名」而專從
「有名」入手，卻只會適得其反，而使功業有所不濟，姦偽亦由此而
生。王弼在《老子指略》中有相似說法：

> 名彌美而誠愈外，利彌重而心愈競。父子兄弟，懷情失直，孝
> 不任誠，慈不任實，蓋顯名行之所招也。[27]

23　〔魏〕王弼著，樓宇烈校釋：《王弼集校釋》（臺北市：華正書局，1992年），頁95。
24　〔魏〕王弼著，樓宇烈校釋：《王弼集校釋》（臺北市：華正書局，1992年），頁94。
25　〔魏〕王弼著，樓宇烈校釋：《王弼集校釋》（臺北市：華正書局，1992年），頁93。
26　〔魏〕王弼著，樓宇烈校釋：《王弼集校釋》（臺北市：華正書局，1992年），頁94。
27　〔魏〕王弼著，樓宇烈校釋：《王弼集校釋》（臺北市：華正書局，1992年），頁199。

孝慈的行為本當發自內心的真誠，但若徒為追逐「孝」、「慈」這些美名而僅僅在物理動作上展示所謂孝慈，則不單事與願違，反會「愈致斯偽」，招來矯情的壞名聲，從而侵蝕社會穩定的基礎。

總而言之，王弼對老子「無名」概念的解說，既有從道體之性質著眼者——道之無形無象構成了其不得被冠上名字的理由；亦有從人事之規範著眼者——由於政治的尊卑上下等級以及各種德名、善名之設置足以引發人們競逐高賢的機心和欲念，因此在人事上必須遵守「無名」：取消政治名分之區別，以及放棄對各種道德上的高度評價的追求。

2 檢討

王弼從人事規範的角度闡發老子之「無名」思想，以此為攸關政治社會穩定之大事。當中所含有的政治關懷和道德情懷，無疑是值得肯定的。但就其詮釋的理路看，則有若干問題有待商榷。

首先，王弼所說的「無名」、「不以名」和「不立形名」，竟無一處是針對老子「無名」一詞作闡發。考老子「無名」一詞在通行本中凡五見，分別見於首章、第三十二章、第三十七章、第四十一章；而和「無名」一詞有密切關聯之說法如「繩繩不可名」、「強為之名」等，則主要見於第十四章和第二十五章。反觀王弼注中有關在人事上應當安守無名的說法，卻主要見於第三章、第二十七章、第三十二章、第三十八章、第四十四章、第五十八章和第六十四章。兩者重疊處只有第三十二章。值得一提的是，王弼在第三十二章中有關政治上不立名分的注釋，卻不是扣緊「道常無名」一句來闡發的，而是扣緊「始制有名」一句來闡發的。由是觀之，王弼論人事上之安守無名，似乎不是循著老子之「無名」一詞提出來的。反過來看，根據上一節的引介，王弼對老子「無名」一詞的注釋，卻無涉於探討人事上的「不立名號」，而僅限於論證道體的「不可命名」。這些事實告訴我

們，王弼在人事上所提出的「無名」，已超出老子的「無名」而有了義理上的創新，未可依王弼注以窺測老子意也。

用此觀之，王弼所謂不立形名、不求德名，和老子有關道體「沒有名字」的討論看來是不相干的。如果兩者互不相干，則王弼從人事規範的角度所作出的「無名」構想便屬於其個人的發明，即使其說可視為老子思想應有之發展，畢竟不是老子「無名」觀念之所涵。然而，如果主張王弼是從道體之「無名」引申到人事規範上之「無名」，因而其所謂「無名」仍然和老子之「無名」存在某種相干性，則王弼的詮釋理路就是犯上了歧義（ambiguity）的謬誤。理由在於：根據王弼的詮釋，當我們說道體「無名」時，意思是道體「沒有名稱」；而當我們說在人事上「無名」時，意思卻不是在人事上「沒有名稱」，而是在人事上「不應設立政治、道德的名分或名號」。道體的「無名」，乃是一事實問題：由於道體無形無象，因此它不具備被冠以一個名稱的條件；而人事上的「無名」，則是一規範問題：由於政治等級之規劃和道德名號之設置足以引發人們的機心和欲念，而機心和欲念的擴張又是社會致亂之所由；因此，為求國家大治，統治者實不應當設立政治上和道德上的各種名分、名號。根據這些剖析，道體的「無名」和人事的「無名」在內涵上實有極大的差異。若王弼果真連繫兩者，並由前者推導後者，則他的整個論證顯然是立足在「無名」一詞的歧義之上，其妥效性如何，實在不問可知。就算撇開這種歧義不論，在道體沒有名稱的「事實」和人事上不應當設立名號的「規範」之間的邏輯鴻溝如何能邏輯地跨越也是很成問題的！

除了詮釋理路本身的問題外，王弼的說法亦不一定盡合老子思想。如上所述，王弼談及人事上的無名，主要有兩種：一是政治級別上的「不立形名」，一是道德行為上的「不求善名」。誠然，老子確有不求善名的主張，他主要提出兩個理據：一、求取善名便會彰顯不善，如此即落入相對性的窠臼，由是而有是非之爭論，如第二章「天

下皆知美之為美，斯惡已；皆知善之為善，斯不善已」所示。二、求
取善名反會落得不善之名，如此即適得其反、每況愈下，然後社會亂
象生焉，如第三十八章「下德不失德，是以無德。……失德而後
仁，……失義而後禮。夫禮者，忠信之薄，而亂之首」所示。依此，
我們必須承認，王弼謂「善名生而有不善應焉」、「名彌美而誠愈
外」，乃是對老子之政治哲學及道德哲學的恰當理解——雖然在他的
詮釋下，老子的「無名」一詞和這種「不求善名」的提法尚未有密切
的連繫。然而，王弼把老子的「始制有名」和「其政悶悶」諸段落詮
釋為具有某種「不立形名」、「無形無名」的思想，卻絕非老子的本
意。案老子在第三十二章謂「始制有名，名亦既有，夫亦將知止」，
當中「始制有名」的「名」字不一定是指政治上的名分、官職或級
別。[28] 但即使假定此語確有這個意涵，下句的「名亦既有，夫亦將知
止」最多只能被理解為在政治活動中要有一個限度，勿對名位有過多
的追求，而不能被理解為反對政治名分的設置。又老子在第五十八章
言「其政悶悶」，所謂「悶悶」僅表述寬厚、省事、從簡諸義，而非
表示反對政制、不設名位的理想。是故王弼對老子上述言論注以「遂
任名以號物，則失治之母」和「無形無名、無事無政」等文字，不能
不說是一種過度的詮釋。

此外，王弼把老子的政治哲學闡述為一種「不立形名」的理論建
構，這和老子其他說法亦構成了義理上的衝突。這主要表現在老子的
君民關係和他對國家的討論這兩點上。首先，按傳統見解，《老子》
之旨為「君人南面之術」。書中圍繞道和萬物之關係的討論，實為提
供侯王有效治理人民的態度和方法而設。故老子屢以「聖人」、「侯
王」、「王公」和「百姓」、「民」、「人」作對比，甚至以前者為
「上」，以後者為「下」。這種君民關係，顯然是一種區別尊卑上下等

---

28 詳見下一章的討論。

級的制度性設計，亦即形名之施設也。可知王弼以老子之「無名」含
有「不立形名」一義，實與老子的君民思想相違。其次，考老子的
「國家」概念，老子並不反對構成國家的名分位別和禮儀名器；他所
反對的，只是對這些名分位別和禮儀名器作過度的或侵犯性的使用。
例如第三十六章說：「國之利器不可以示人。」「利器」代表國家威信
的賞罰和權位。在這裡，老子並非主張拋棄「利器」，而只是建議有
國者不應該向人民炫耀。第八十一章的「雖有甲兵，無所陳之」亦是
同義：老子不是要反對有國者進行軍事部署，而只是主張他們不應對
其子民和鄰國進行軍事侵略。又如第六十二章說：「故立天子，置三
公，雖有拱璧以先駟馬，不如坐進此道。」在此，老子並非反對設立
「天子」和「三公」的高位，亦非反對天子和三公接受百官進奉拱璧
和駟馬的禮儀，而只是認為接受這些禮儀實遠不如遵守無為之道來得
重要。由這些分析可知，老子的「國家」概念，雖不至於積極肯定
「立形名」，但若反過來主張老子「不立形名」[29]，甚至以此為其「無
名」思想之本質，則是略嫌太過了。

（二）修養工夫上的不立名號

1 詮釋

　　丁亮先生則從修養工夫的角度理解老子之「無名」。他認為，在
《老子》中，名、物、欲三者有一種連帶的關係：老子有見於欲望乃
是世間一切動亂的根源，為求天下大治，老子遂堅決斷絕欲望，此即
「無欲」的主張。[30]而要做到「無欲」，便得斷絕外物對人心的擾攘，

29　嚴格言之，老子認為現實世界不得不建立政治社會制度（有名），但又主張制度之
　　設立或運作不宜過度，甚至嚮往一「歸真返樸」之理想，故實不宜非黑即白的主張
　　老子「不立形名」或「立形名」。因此文中一方面說老子並未積極主張設立形名，
　　同時亦指出老子也未如王弼所言是「不立形名」、「無事無政」。
30　丁亮：〈《老子》文本中的修身與無名〉，《臺灣人類學刊》第7卷第2期（2009年12
　　月），頁121。

此即「無物」的主張。[31]又外物之所以成為一固定的、可區分與可重複呈現的存在，乃繫於心智取捨活動對外物之形色、價值作出主觀的分別。此一心智取捨活動即各種「名」之設立。依此，若要做到「無物」，則心念便要放棄對外物作主觀的分別，此即「無名」的主張。[32]依此，「無名」是最基本的修煉方法，「無物」、「無欲」乃至「無身」皆承「無名」的工夫而來：

> 如果「名」的基本內涵乃為名稱、名分與名言，即符號，而「名」的意義在指稱或表現某物，則人心只要進入沒有名稱或事物與名稱沒有固定關聯的「無名」狀態，便可不再遭受名相束縛，不再分別事物的價值，也不再執著事物具有個別的固定價值，而能由「無名」而「無物」，「無物」而「無欲」，自此進入「無身」的存在而無咎無禍，完成其最終的修身狀態。[33]

據此，在丁先生的詮釋下，老子所謂「名」（名稱），不僅涉及語言問題，也涉及存有問題、工夫問題，此三問題是層層遞進的：「名」作為事物的名稱，是人類認識事物和互相溝通的媒介。可以說，只有通過「名」，人類才能分辨何物存在，以及各種物類在功能上、價值上之諸般差異。也就是說，只有經由命名的程序，事物才稱得上是存在的。如此，「名」便由語言問題進入存有問題。而人類一旦通過各種名稱而認識到萬物的存在，則會引發各種情識欲望，使生命狀態起波動。要之，「欲」隨「物」而發，「物」循「名」而來，「名」遂為

---

31 丁亮：〈《老子》文本中的修身與無名〉，《臺灣人類學刊》第7卷第2期（2009年12月），頁122。

32 丁亮：〈《老子》文本中的修身與無名〉，《臺灣人類學刊》第7卷第2期（2009年12月），頁128-129。

33 丁亮：〈《老子》文本中的修身與無名〉，《臺灣人類學刊》第7卷第2期（2009年12月），頁110。

「物」、「欲」所由生之根本。故要消解「欲」，得從「名」入手作工夫。如此，「名」便由存有問題進入工夫問題。由是老子之「名」論，遂由語言、存有、工夫三層次構成。丁先生如此總結「名」、「物」、「欲」三概念的關係：

> 既知欲望最深最深的根源在「名」，便可逕直推論「無名」則「無物」則「無欲」；「有名」則「有物」則「有欲」。……我們可以總結之謂：有名則有物，有物則有欲，而無名則無物，無物則無欲。[34]

由於「欲」乃是對物之欲，故「有物」方可言「有欲」；又由於「物」是某名之物，故「有名」方可言「有物」。於是「有名」然後「有物」，「有物」然後「有欲」。反過來說，要「無欲」，則「物」不得存在，故「無物」方可言「無欲」；要「無物」，則「物」不得命名，故「無名」方可言「無物」。於是「無名」然後「無物」，「無物」然後「無欲」。「無名」遂成「無欲」最基本的工夫入路。

2 檢討

丁亮先生把「無名」視為一種道德修養的工夫，不僅是對於老子哲學的恰當解讀，而且對於沉迷世俗功利的現代人來說亦深有警惕的作用。唯當中尚有若干可斟酌處，試析論如下。

首先，丁先生的詮釋和《老子》首章文義似略有不相符處。他認為「無名」則「無物」、「無欲」，而「有名」則「有物」、「有欲」。根據這種關係，「有名」、「有欲」相對於修養工夫來說即含一負面意

---

34 丁亮：〈《老子》文本中的修身與無名〉，《臺灣人類學刊》第7卷第2期（2009年12月），頁129-130。

義。但在首章的「有名，萬物之母」和「常有欲，以觀其徼」二語中，除非藉由以「有」、「無」斷句來消解道是否「有名」、「有欲」的棘手問題，否則「有名」、「有欲」必須被理解為「道」的兩種性質。而作為道的性質，其意義當然不可能是負面的。所謂「有名，萬物之母」，一般被理解為道體產生萬物之後，萬物配合著不同的名稱而在人類世界中呈現其自身；而所謂「常有欲，以觀其徼」，若以人類為「有欲」的主體，則這句一般被解作人類抱持著特定的動機，以觀察道體的廣大無邊；而若以道體為「有欲」的主體，則這句一般被解作道體藉由涵括萬物的欲望之達成，以顯示它的廣大無邊。但在這兩種理解中，「有欲」皆無負面意義。依此，由於在丁先生對「無名」概念的詮釋下，「有名」、「有欲」皆被賦予負面意義，故他的觀點實與《老子》首章義理稍有出入。

其次，丁先生對「名」、「欲」關係之說明亦有待商榷。從「無名則無欲」、「有名則有欲」這些論述看，丁先生是把「名」理解為「欲」的充要條件（sufficient and necessary condition）。然而問題是：「名」既非「欲」的必要條件，亦非其充分條件。就前者來說，即使一物無「名」，欲望亦有產生的可能。例如許多科學家指出，甫出生嬰兒的心靈尚未形成人、我之區分（無名），但這事實卻不妨害他們以哭叫表達飲食之欲（有欲）。再考慮獅子撲殺野鹿的本能行為：獅子沒有語言能力，不識「獅」、「鹿」之名，但這卻不妨害獅子以獵殺的行動來滿足自己的食欲。這些例子反映出，就算不為事物建立名目，人和一般動物亦會展現欲望。生物的欲望乃是通過改變世界或世界的某些項目來達到自我滿足的目的，至於這些項目有沒有名稱，或行為主體是否已為這些項目賦予名稱，相對於欲望來說乃是不相干的因素。依此，「名」並非「欲」的必要條件（無名亦可有欲）。更何況老子嘗言「欲不欲」（第六十四章），而第五十七章的「我無欲

而民自樸」，郭店竹簡《老子》[35]和北大漢簡《老子》[36]均作「我欲不欲而民自樸」。可見聖人亦有「欲」，只是其所欲者與一般人之所欲不同罷了。又第二十四章和第三十一章的「故有道者不處」，在帛書《老子》甲、乙二本[37]和北大漢簡本[38]均作「故有欲者弗居」。「有欲者」的「欲」即「欲不欲」，其所追求的乃是和世俗之價值相反者，即第四十一章「下士聞道，大笑之」的「道」。故「有欲者」就是欲人所不欲的聖人，其與「有道者」並非矛盾，而是異名同謂者。必須指出，老子之「聖人」和「有道者」，正是能夠安守「無名」之道的人。也就是說，依《老子》的用法，「無名」亦可「有欲」。這便從文獻證據上消除了「名」和「欲」之間的必要條件關係。

　　而就後者來說，即使我們對世界有著各種名號之區分（有名），這亦不妨害我們進行無欲的修養（無欲）。因為所謂「無欲」，乃是對物事不作過度追求之謂。由此可知，「名」並非「欲」的充分條件（有名非必有欲）。甚至可以進一步說，「有名」乃是「無欲」的必要條件──如果我們對天下萬物不建立區分、不賦予名稱，則我們怎麼知道要對「什麼事物」不作追求？事實上，觀老子之「聖人」有「君」、「民」的名號之區分，亦可謂「常使民無知無欲」（第三章）、「我無欲而民自樸」（第六十四章）。可知在老子心中，「有名」並不充分支持「有欲」，相反「有名」並不妨害「無欲」的修養。也就是說，「名」不是「欲」的充分條件。

　　第三，丁先生的「無名」概念和老子哲學──尤其是其政治哲學──似稍有差距。丁先生之「無名」要求人心進入萬物沒有名稱的

35　荊門市博物館編：《郭店楚墓竹簡》（北京市：文物出版社，2001年），頁113。

36　北京大學出土文獻研究所編：《北京大學藏西漢竹書〔貳〕》（上海市：上海古籍出版社，2012年），頁132。

37　高明：《帛書老子校注》（北京市：中華書局，2011年），頁338、389。

38　北京大學出土文獻研究所編：《北京大學藏西漢竹書〔貳〕》（上海市：上海古籍出版社，2012年），頁155、159。

狀態，此即涵蘊政治制度、國家名器之廢棄，蓋政治制度、國家名器皆依賴名號之設置而得成立。但如上所述，老子實肯定各類政治名號之存在價值。舉例說，在等級劃分上，老子同意有「天子」、「三公」等名位之設立（第六十二章），亦屢作「聖人」（或侯王）和「人民」之對比（第三十二章、第五十七章、第七十二章、第七十五章）。在社會名器上，老子不反對什伯之器、舟輿、甲兵之設（第八十章）；在外交關係上，老子甚至承認眾多國度和諧共存的可能性（第三十一章、第六十一章）。這些建立制度、創設名位之主張，無疑和丁先生所說的「無名」難以共容。事實上，老子並非反對政治制度、國家名器之設，而只是反對人們在從事政治活動時的某種偏差或越軌的狀態，或對國家名器引發了不恰當的執求之欲。換言之，丁先生把老子之「無名」理解為人心不存有萬物名相的觀點，並不能恰當地說明老子的政治哲學背後所預設的語言思想。

　　最後，丁先生的「無名」詮釋所碰到的最大難題，就是缺乏實踐基礎。依其說，人心只消進入「無名」狀態，則不受名相束縛，再無對外物之主觀分別，如此即可「無物」。物為欲之對象，既「無物」，遂得「無欲」、「無身」矣。然而問題是：如果要進行這一意義下的「無名」之修養工夫，首先我們必須知道要針對「什麼」事物而化解「什麼」名。換言之，我們心中必先存有對天地萬物之分辨以及對萬物的名號之瞭解，丁先生所理解的「無名」工夫才有實踐之可能。倘若我們心中對任何東西皆不作分別，亦無對事物名號的了解，則我們便不知道要消解些什麼，亦即無法踏出無名修養的第一步了。[39]

---

[39] 或曰：「分別名號」不是進入「無名」境界的工夫，反而得放掉分別名號，才能進入無名之境。因此這裡對丁亮先生的批評並不成立。案：事實上，文中所要考察的，正是「放掉分別名號如何可能」的問題。照丁先生的說法，心靈要進入「無名」之境，在工夫上必先做到「割裂事物和名稱的固定關聯」（即「放掉分別名號」）。然而文中想要釐清的是：要割裂事物和名稱的固定關聯，先決條件是知道事物和名稱有何固定關聯。然而既然已知該固定關聯，那麼，除非將「割裂」強解為

四 「無名」思想中的「無為」觀念

藉前文分析可知,循「命名」的入路將「無名」理解為「沒有名字」、「不得冠名」實得面臨不少難以克服的理論困難。這些理論困難顯示了「命名」的入路即使能夠把握老子「無名」思想的某一方面,卻未必能兼顧其他方面。如此,要對老子「無名」思想作補充性的說明,便似有另覓詮釋途徑的必要。後文即試從老子之「無為」思想著手,佐證「無名」在「道不可冠名」的本體問題外,也可被視有關名望問題的概念——倘將「無名」理解為「不求取聲譽」或「勿把持名望」,則「無名」便和「無事」、「好靜」、「無欲」、「柔弱」、「不爭」、「處下」諸觀念一樣,可被理解為「無為」的一種表達方式。

(一)「無名」、「無欲」和「無為」之關係

1 「無名」與「無欲」

老子的「無欲」,可作為連繫「無名」和「無為」的中介。「無

忘記一切詞語的用法或失去如何運用語言的記憶,否則在「割裂」的同時而又能如常運用語言似乎是難以理解的。也就是說,即使「放掉對名號的分別」是進入「無名」境界的先決條件,但問題在於「對名號的分別」是「放不掉」的。而這「放不掉」不僅是實踐上的放不掉,更且是邏輯上的放不掉。因為當我們說「我放掉了『草』這個名號了,它不再指涉草這事物」時,其實恰好反證了以「草」之名稱呼草之實仍舊屬於我們的觀念。甚至當我們說「我」是如何時,我們仍舊是放不掉以「我」之名來指代正在說話的我們本人的名實關係。這些分析顯示出,丁先生關於「藉割裂名實關聯而進入無名狀態」的說法可能隱含了自我否定(self-refuting)的困難。這情況類似有「世界禪者」之稱的鈴木大拙(D. T. Suzuki, 1870-1966)的名言:「禪超越了二元對立的思考方式的枷鎖。」我們可以提出一個疑問:禪對二元對立的思維方式的批評若要成立,則它必須預設「二元對立」和「非二元對立」之間的二元對立。但這樣一來,如果要說含有二元對立的觀點是一種對思維的枷鎖,那麼,由於禪預設了上述的二元對立,則禪亦是一種對思維的枷鎖。換言之,禪終究是「超不出」二元對立的思考方式的。可以說,丁亮先生論「無名」時所面對的困難,和鈴木大拙的「超越二元對立」的困難是相似的。

欲」的「無」，固被視為消極義的描述語，表「沒有」、「不存在」之
意，但更重要的是作工夫字之運用，表「消除」、「清理」之意。故所
謂「無欲」，就是指對欲望作某種消除、清理的工夫——這正是老子
「無為」思想之一重點。易言之，「無欲」乃是「無為」的某種表現
方式。此外，考慮到老子對「無名」的討論，幾乎都是置於「無欲」
的脈絡上進行，因此「無名」便意味著消除求名之欲的某種工夫。如
此，「無名」亦屬「無為」的某種表現方式——不介入名望、聲譽的
標榜和追逐，以免適得其反。

　　茲以第三十二章說明「無名」和「無欲」之關係。在該章開首，
老子便指出道之「無名」是侯王之所應守：

　　　道常無名，樸。雖小，天下莫能臣。侯王若能守之，萬物將
　　　自賓。

從「道不可名」的角度出發，「道常無名」可意謂「道不得被冠以任
何名稱」；而從「無為」思想的立場入手，「道常無名」的「無名」或
可作「無欲」解。當中的關聯可由「小」一概念看出。以第三十四章
為例，老子即以「小」字稱呼道的「無欲」狀態：

　　　衣養萬物而不為主，常無欲，可名於小。

道輔育萬物而不居功，這是其「無欲」的表現，老子以「小」名之。
而在第三十二章，老子則以「小」字稱呼道的「無名」狀態。據此，
在「小」一概念的連結下，「無名」和「無欲」遂被賦與了某種相關
性。從這個角度看「道常無名，樸。雖小，天下莫能臣」諸語，就是
指道雖不以萬物之「主」這一尊貴之名自我標榜，但萬物沒有不臣服
其下者。而道這種對待萬物的態度，便構成了「侯王若能守之，萬物

將自賓」的超越的實踐理據——侯王仿效道的「無名」，不以民眾之「主」之名自我膨脹，民眾才會樂意賓服其下。用此觀之，老子之「無名」，可納入「無欲」的脈絡進行理解——它建議侯王治國理民，不得伸張威勢，不應標榜身分。要之，「無名」也者，可意指對求名之欲的消除和清理。

2 「無欲」與「無為」

老子言「無欲」，多針對侯王發言，其意在要求侯王消除物欲或權力欲，免使天下紛亂。此一「無欲」之建言，乃是老子「無為」思想的一項重要內容。這可從第三章、第三十七章、第五十七章加以析論。如第三章云：

> 不尚賢，使民不爭。不貴難得之貨，使民不為盜。不見可欲，使民心不亂。是以聖人之治，……為無為，則無不治。

「不尚賢」、「不貴難得之貨」、「不見可欲」三者有一共同點：要求統治者在政治學術、經濟貿易等領域避免伸展物欲或權力欲，當中顯然含有一「無欲」的觀念。對此，老子以「為無為」一語統攝之，意即做到了前述「無欲」之要求，就可稱之曰「無為」。第三十七章則以「無為」和「無欲」作首尾呼應：

> 道常無為而無不為。侯王若能守之，萬物將自化。化而欲作，吾將鎮之以無名之樸。無名之樸，夫亦將無欲。不欲以靜，天下將自定。

天下大亂，多因侯王意有所為。而侯王意有所為，則是物欲太多所致。如果說侯王之「欲」推使侯王之「為」，那麼侯王之「無欲」，就

是消除其「為」的根本辦法。此章以「無為則萬物自化」和「無欲則天下自定」作前後比照，益見「無為」和「無欲」之密切關係。又第五十七章謂：

> 故聖人云：「我無為而民自化，我好靜而民自正，我無事而民自富，我無欲而民自樸。」

在此，雖然老子把「無為」、「好靜」、「無事」、「無欲」並列，但學界一般同意「無為」是四個概念中最為基本的概念。如陳鼓應先生說「靜、樸、不欲都是『無為』的內涵」[40]，又指出本章結尾四句是「老子『無為政治』的理想社會情境的構想」[41]；劉笑敢先生亦謂「無為」不是一個孤立的語言形式，而是一個集合式的「簇」概念或曰「概念簇」，它「代表了無欲、無爭、無事、不居功、不恃強、不尚武、不輕浮、不炫耀等一系列與常識、習慣不同或相反的行為和態度，也可以說是一系列反世俗、反慣例的方法性原則」。[42]總而言之，「無欲」既是「無為」的諸項目之一，而「無名」又代表了「無欲」的某種特殊表現，則「無名」亦當為「無為」觀念之所涵。

（二）「無名」、「有名」和「無為而無不為」之關係

「無為」作為一種工夫，必定關聯著所要達致的某種結果，故老子又有「無不為」之說，如「無為而無不為」（第三十七章、第四十八章）一語所示。所謂「無不為」，其義約略相當於「無不成」，即任何事情在「無為」的操作底下，皆能順當地完成之謂。如果視「無為

---

40 〔魏〕王弼著，樓宇烈校釋：《王弼集校釋》（臺北市：華正書局，1992年），頁189。
41 〔魏〕王弼著，樓宇烈校釋：《王弼集校釋》（臺北市：華正書局，1992年），頁259。
42 劉笑敢：《老子：年代新考與思想新詮》（臺北市：東大圖書公司，2005年），頁111-112。

而無不為」為一「總說」，則它在不同脈絡上可呈現為各種「分說」。
舉例言之，「無私」屬於「無為」，其「無不為」乃是「成其私」（第
七章）；「不爭」亦屬「無為」，其「無不為」則是「無尤」（第八
章）。「不自見」、「不自是」、「不自伐」、「不自矜」皆屬「無為」，其
「無不為」分別是「明」、「彰」、「有功」、「長」（第二十二章）；「知
足」、「知止」同屬「無為」，其「無不為」則分別是「不辱」、「不
殆」（第四十四章）。同理，「無名」若屬「無為」，則必有與之相關的
「無不為」的結果。在老子，這就是「有名」。

1 「無名」和「有名」

　　簡言之，「無名」若是一種工夫，則「有名」就是此一工夫所達
致的結果──放棄對名望、聲譽的追逐（無名／無為），則名望、聲
譽自然來歸（有名／無不為），不需刻意執求。以道和萬物的關係為
例，第三十二章肯定「道常無名」可達到「天下莫能臣」的結果。如
果「道常無名」屬於「無名」，那麼「天下莫能臣」當屬「有名」。夫
何故？「天下莫能臣」反過來說就是「萬物臣服於道」，此義同於第
三十四章所謂「萬物歸」。萬物歸服於道，老子謂之「名為大」。結合
第二十五章說道「強為之名曰大」的理由在於其「可以為天下母」，
以及第一章所說的「有名，萬物之母」，可推知「天下莫能臣」一
語，正是在「有名」的脈絡上提出。合言之，第三十二章的「道常無
名，樸。雖小，天下莫能臣」，所要表達的正是道由「無名」（不求
大、母之名）而「有名」（被賦予大、母之名）的過程，亦即是道由
「無為」（道不求成為萬物之母）而至「無不為」（萬物視道為母）的
過程。
　　老子有關統治者的說法亦體現了前述「無名」和「有名」之關
係。第四十二章有言：

人之所惡，唯孤、寡、不穀，而王公以為稱。

王公自稱孤、寡、不穀，就是說統治者自甘污名，不標榜其高高在上的地位，實即「無名」也。問題是，統治者為何得握守「無名」之道？老子對此提出兩種解釋。首先從消極面看，這是由於以尊榮之名自我膨脹，反會失喪聲名，如第三十九章「侯王無以貴高將恐蹶」一語所示。其次從積極面看，這是由於實踐「無名」，則可令民眾心悅誠服，從而使主名長存不墮，如第三十二章「侯王若能守之，萬物將自賓」和第三十九章「侯王得一以為天下貞」二語所示。合言之，統治者由「無名」（自居污名）而「有名」（取得貴、高、天下貞之名）的過程，亦可循「無為而無不為」的觀念而得善解。

2 「道隱無名」和「道褒／殷無名」

順此理路，或能為第四十一章的「道隱無名」進一新解。古今論者恆以此「名」表「名稱」義。按此，道之所以無以冠名，是由於其無形無象，即所謂「隱」也。此一「形以定名」或「無形故無名」的思路，其實就是把「形」規定為命名的必要條件，王弼和范應元諸傳統注家，無不持此見解，關於此點，前節業已詳論。事實上，「道隱無名」應可容許另一詮釋的可能性。從上述對第三十四章的分析可知，道因「衣養萬物」而使「萬物歸」，但始終保持「不為主」的態度。所謂「不為主」者，即不以「主」之名位自居之謂，實即「無名」也。循此釋讀「道隱無名」，則當中的「隱」字，可被理解為道退隱於萬物背後，並不居高臨下地指令之、裁制之的「功成不名有」之狀態。而此一「隱」之狀態，正是道不以「主」名自許（無名）的一種表現。依此，「道隱無名」一語，恰可置於第三十四章的脈絡得一新義。第三十二章「名亦既有，夫亦將知止」的「知止」，以及第三十七章「鎮之以無名之樸」的「鎮」，都是與消解權力欲有關之字

詞，故與「隱」有相通之誼。

　　此外，第十七章有「大上，下知有之」之語。按學界通見，此語意謂君王最理想之施政就是無所事事，任百姓之自為，而和民間保持適當距離。故百姓不感權力施壓，只知有君王的設立，而未識君王安在，亦不知君王何所作為，故王弼注曰「故下知有之而已」。[43]倘若說此一形態的君王乃是自隱於百姓背後，而無心高臨其上，則顯然這是對於道退隱於萬物背後的「不為主」的態度之仿效。如此，在「道隱無名」和「大上，下知有之」之間，遂有一義理之連結。由此可見，「道隱無名」除了可被詮釋為有關道的無可稱謂的說法外，亦可被理解為表達道的「無為」——道輔佑萬物，使之生長遂成，卻甘隱於其後，不以「主」之名自我膨脹。

　　通行本「道隱無名」一語，在郭店竹簡《老子》中因簡綴殘缺，無可辨識；[44]而在帛書《老子》乙本和北大漢簡《老子》中分別作「道褒無名」[45]和「道殷無名」。[46]北大漢簡本面世不久，「道殷無名」少有討論；至於帛書乙本的「道褒無名」，學界一般同意帛書整理小組以「褒」為「大盛」的釋讀，例如高明先生即主其說。[47]值得一提的是，高亨先生早於一九四〇年——即帛書《老子》重現人世前三十三年——即已獨具卓識的指出「大道無名」方為本句真貌。[48]黃

43　〔魏〕王弼著，樓宇烈校釋：《王弼集校釋》（臺北市：華正書局，1992年），頁40。
44　荊門市博物館編：《郭店楚墓竹簡》（北京市：文物出版社，2001年），頁118。
45　高明：《帛書老子校注》（北京市：中華書局，2011年），頁24。
46　北京大學出土文獻研究所編：《北京大學藏西漢竹書〔貳〕》（上海市：上海古籍出版社，2012年），頁125。
47　高明：《帛書老子校注》（北京市：中華書局，2011年），頁25。
48　高亨先生說：「道隱無名疑當作大道無名。蓋大字轉寫挩去，後人以意增隱字耳。」參見高亨：《重訂老子正詁》（上海市：上海古籍出版社，1956年），頁96。
　　按一：本書原於民國二十九年六月初版，是則「大道無名」的觀點於一九四〇年即告提出。若根據高先生於〈自序〉中說，本書初稿曾於民國十八年用作大學講本，則「大道無名」甚至可能早在一九二九年即已提出。按二：嚴格而言，高先生的注

釗先生直承其說，主張「道襃」猶言「道大」，而「道大」實即「大道」，認為帛書本的「道襃」正好印證了高亨先生之見。[49]尹振環先生則另有見解，主張「襃」即「襃獎」、「讚揚」，「道襃無名」意謂道總是襃獎不求名之人。[50]兩造相比，尹說擬人化色彩太濃，以「襃」表「大」義當較可取。之所以採納此義，除了考慮到兩漢之交的嚴遵以「道盛無號」[51]詮解此句，故有理由相信嚴遵本的「道隱無名」的「隱」字或原作與「盛」義相通的「襃」字外[52]，也是考慮到北大漢簡本的「殷」字亦含「大」、「盛」之義。段玉裁謂「殷」字「引伸之為凡盛之偁，又引伸之為大也」[53]是其證。此處是想指出，若「道襃（殷）無名」[54]和「大」有關，其實仍然可被納入前文的詮釋框架而

文並沒有說明「道隱無名」何以當作「大道無名」的理由。他只是提出一個假說：「大」字因傳抄脫落，後人遂以「隱」字補之。但從其在頁九十五對同章中段的分析看，不難推想他何以認為本句當作「大道無名」。蓋在第四十一章中段，有「廣德若不足，建德若偷，質真若渝」三句。高先生引劉師培之言，認為「真」當作「德」，理由是「德」之古體為「悳」，與「真」字相似。如此，「質德」方能與「廣德」、「建德」保持一律。根據此看法，「一律」（相同句式）乃是高先生將「質真」視為「質德（悳）」之誤的主要理由。倘此論有理，則我們可用相同理由分析何以高先生視「大道」而非「道隱」為本貌。蓋「道隱無名」之前四句，分別為「大方無隅」、「大器晚成」、「大音希聲」、「大象無形」。照高亨先生的邏輯，「道隱無名」必作「大道無名」方合此數句體例也。

49 黃釗：《帛書老子校注析》（臺北市：臺灣學生書局，1991年），頁225。

50 尹振環：《帛書老子釋析——論帛書老子將會取代今本老子》（貴陽市：貴州人民出版社，1998年），頁55-57。

51 〔漢〕嚴遵著，王德有點校：《老子指歸》（北京市：中華書局，1994年），頁16。

52 這一觀點由高明先生提出。參見高明：《帛書老子校注》（北京市：中華書局，2011年），頁25。

53 〔漢〕許慎著，〔清〕段玉裁注：《說文解字注》（臺北市：洪葉文化事業公司，1999年），頁983。

54 值得一提的是，帛書《老子》乙本「道襃無名」中的「襃」字本為殘字，其左下方墨痕模糊脫落，將之校定為「襃」字是帛書整理小組的意見。陳劍先生發現該殘字和同批帛書易傳《衷》中的「叚」字形狀相近，以為原句當作「道叚無名」。並且，考慮到張政烺先生曾指出帛書易傳的「叚」字正是「殷」字之誤，而北大漢簡

得到相同的解釋。蓋第三十四章已言「功成不名有」，所謂「功成」，即同章後文的「萬物歸」，而「萬物歸」正是道之所以名為「大」者。然而道雖「大」，卻始終不自以為大，此正是道之能成其大的根由。而所謂「以其終不自為大」，就是道雖輔育萬物而不自居其功，不欲以「大」之名自我標榜，此即「無名」之義。在此義理脈絡下，所謂「道褎（殷）無名」，遂可被理解為道雖得到萬物的歸附（大、褎、殷），但始終保持「不為主」、「終不自為大」的卑遜態度（無名）。第三十二章謂侯王在「萬物自賓」後必須「知止」，第三十七章亦謂侯王在「萬物自化」後必須「鎮之以無名」。根據老子「以天占人」之思維方式，侯王這種事功有成而消解名位之欲的處世律則，正是取法於道對待萬物的態度——非但「衣養萬物」時不以主勢發施號令，就連「萬物歸焉」時亦不以「主」名自彰。由此可見，無論是「道隱」還是「道褎」，當中的義理是一樣的：道無論在萬物生成的任何階段，都不欲求取萬物之主的名望，反而甘願在萬物背後作無私的輔育。道的這種「無名」表現，正好構成了人間的侯王「後其身，外其身」（第七章）、「悠兮其貴言」（第十七章）、「自稱孤、寡、不穀」（第三十九章）、「以言下之，以身後之」（第六十六章）的治世律則。可堪一提的是，帛書整理小組嘗謂「道隱」猶言「道小」。[55]若

《老子》又正作「道殷無名」；因此，陳劍先生主張帛書乙本「道褎無名」在字型上實為「道段無名」，而應釋讀為「道殷無名」。此說值得參考。參看陳劍：〈漢簡帛《老子》異文零札（四則）〉，收入北京大學出土文獻研究所編：《古簡新知：西漢竹書《老子》與道家思想研究》（上海市：上海古籍出版社，2017年），頁5-8。

55 轉引自高明：《帛書老子校注》（北京市：中華書局，2011年），頁25。按：將「道隱」理解為「道小」，或可從王弼的《老子注》中取得佐證。王弼將「道隱無名」的「隱」字理解為「不見其成形」。而對第三十二章開首「道常無名，樸，雖小」諸語，王弼亦謂「道，無形不繫，常不可名，以無名為常」。依此，對王弼而言，無論「道隱」或「道小」，都是從道之「無形」（不見其成形）立論，故「隱」和「小」可由「無形」一概念取得連結。王弼注首章也有類似說法。其注「無名，天地之始」謂：「凡有皆始於無，故未形、無名之時，則為萬物之始。」而注「故常

「道隱無名」是言道之「小」，則「道褒（殷）無名」就是言道之「大」。但無論是言道之「小」或「大」，老子皆歸之於「無名」。這一觀點正好可從第三十四章獲得印證：

> 衣養萬物而不為主，常無欲，可名於小；萬物歸焉而不為主，可名為大。

「名於小」即「道隱」，「名為大」即「道褒／殷」。但無論是名於「小」或名為「大」，道之於萬物皆安守「不為主」之原則。「不為主」即不以「主」之名自居，即「無名」也。唯道於「小」之階段的「無名」是達致「有名」（大）的程序，於「大」之階段的「無名」是維繫「有名」的方法。依此，道「小」固為無名，道「大」亦當無名，也就是說，「道隱無名」和「道褒無名」（或「道殷無名」）可同時成立。此二句雖涉及文獻學或訓詁學之問題，但在思想義理的層面無疑是可會通的。

要之，所謂「無名」，可被詮釋為不追求、不把持名望、聲譽；於是所謂「有名」，遂可解作名望、聲譽之獲得。在這解讀下，「無名」被視作某種工夫或程序，其所欲達成的乃是「有名」的結果或成效。如果說「命名」的入路彰顯了老子「無名」思想中語言和本體的關係，那麼可以說「無為」的入路發揮了將「無名」提昇為一工夫論概念的效能。

無欲，以觀其妙」則說：「妙者，微之極也。萬物始於微而後成，始於無而後生。」「微」即「小」義，萬物「始於微」即其「未形、無名之時」，是則「小」（微）亦和道尚未創造萬物之具體性之前的混沌狀態有關，即「未形」也。依此，「道」之「隱」如果是基於「物以之成而不見其成形」，那麼「隱」在老子的用法中確可被視為與「小」義相通。這就構成了把「道隱」理解為「道小」的強烈理由。前引王注分見〔魏〕王弼著，樓宇烈校釋：《王弼集校釋》（臺北市：華正書局，1992年），頁1、81、113。

五　結論

倘前文所論不誤，「命名」的入路固然不失為詮釋老子「無名」思想的有效途徑，但其遭到的理論困難似乎是甚難克服的。相較言之，「無為」的入路既和老學相融貫，又能令老子哲學避免前述種種質疑，因此它可成為「命名」的入路外的一個理想選擇。以下循三方面給予說明，以為本章總結。

首先，就文獻解讀的一致性來說，諸種循「命名」的入路所作的詮釋似難以回應一個問題：倘使老子之「無名」是指道「沒有名字」、「不得命名」、「難以冠名」，那麼如何解釋老子為「道」所設立的眾多「名」？根據第十四章、第二十五章、第三十四章的說法，老子論道之「名」，最少有「小」、「大」、「夷」、「希」、「微」五者。依此，以「沒有名字」釋「無名」，立時與《老子》構成矛盾。或曰：這些名只是第二十五章所謂「強為之名」，「強」即勉強而為之也。唯必須指出，《老子》原文為「強為之名曰大」，是則只有「大」一名是「強為之」，老子從未說過「小」、「夷」、「希」、「微」四名亦「強為之」者。何況第二十一章有「自古及今，其名不去，以閱眾甫」之語，學人公認此「名」所指為道之「名」。設道果無名之物，則斯語無可解也。然若由「無為」的入路著手，將「無名」解作「不著意求取聲名」，則既合乎老子之「無為」宗旨，與作為萬物本原的道有多少名稱亦屬不同範疇之問題，固不構成非此即彼之對立關係也。

其次，就詮釋活動之融貫性來說，除非有明顯的證據證明文本有錯漏，否則必須盡可能將文本內容詮釋成是具備融貫性的整體。然而，「命名」的入路在這一方面似無法滿足上述原則。依道家或老學傳統，人道必須依據天道來制定，此即學人常稱的「推天道以明人事」。[56]依

---

[56] 有關老子「推天道以明人事」之思維方式的具體涵義，詳參第二章〈老子人性論之重建〉第二節。

此，侯王的「無名」當是仿效道體之「無名」來進行的。上文指出，王弼先據「形以定名」的命名原則把老子之道的「無名」解作道「沒有名稱」，後據「不立形名」的政治構想把侯王的「無名」解作「棄除政制級別」。然而，這兩種「無名」在內涵上相異甚大：前者是「沒有名稱」，後者是「無事無政」。由前者無法對確地或相干地推論後者。有別於此，將「無名」理解為「無為」之表現方式，則道基於其「不求取聲名」之態度最終取得了「萬物之主」之聲名，卻可合理地成為侯王必須學習的治事原則：不著意於求取「主」之名，才是獲得天下人支持而取得「主」之名的途徑；自居污名，乃所以從萬民處贏取尊名的方法。這一詮釋，不僅建立了道體的「無名」和侯王的「無名」之間的相干性，同時亦與老子之無為思想構成一致性。

最後，就修養工夫之有效性來說，如果「無名」是指取消世間一切事物之名稱，並以此證立「無物」，作為防止欲望出現（無欲）的釜底抽薪之計，則這種「無名」工夫實際上是此路不通的。理由在於：如果我們心中不或多或少對萬物之名號及它們之間的區別有所瞭解，則我們便不知道該針對什麼對象來化解什麼欲望。尤有甚者，倘此一「無名」工夫真的可能，我們甚至要破除「自我」（self）的觀念，但如此一來，我們便不知道「我」和「他人」有何區別，從而也就無法落實「自我修養」的程序——因為我們根本無法知道「自己」正在從事某種道德修養，甚至根本不識有「自己」的存在。且不論此一詮釋難以在《老子》中尋得文本依據，單就其內部邏輯而言，已有難以自證之困境。前文依老子義將「無名」詮釋為「無為」之子概念，僅為「無名」賦以「化解對名望之追求」一義，而無涉於「取消萬物的名號」、「破除萬物的分辨」這些看似過強的立場。化解求名之欲，固然難於踐履，畢竟是經驗可能，並無邏輯矛盾；而摒乎萬物稱號，盡去心中名相，卻有邏輯上的自我否定（self-refuting）之嫌。由於邏輯上的自我否定涵蘊了經驗上的自我否定，則將「無名」理解為在工夫上盡數破除對名號的認知，在實踐意義上不免大打折扣。

第五章
工夫論視野下的「始制有名」

一　引論

　　前章圍繞老子之「無名」思想展開探討。本章則扣緊老子之「有名」概念作出剖析。《老子》中「有名」凡兩見，分別是首章的「有名，萬物之母」和第三十二章的「始制有名」。對首章義理之探究是下一章的工作，故本章冀由對第三十二章「始制有名」一語的剖析和重詮，呈顯老子無名思想之內容特色。第三十二章云：

> 道常無名，樸。雖小，天下莫能臣也。侯王若能守之，萬物將自賓。天地相合，以降甘露，民莫之令而自均。始制有名，名亦既有，夫亦將知止，知止所以不殆。譬道之在天下，猶川谷之於江海。

　　顯然地，「始制有名」一語居於中段，一方上承「道常無名」的理論背景，一方下啟「知止不殆」的工夫成效，其樞紐地位，實顯然易見。然而，對於「始制有名」一語之名學義理或思想特質，古今論者說法不一，見解亦各異。大略言之，有兩種詮釋頗為流行，也具有較高的重要性：一是政治活動的詮釋，一是語言起源的詮釋。根據前一詮釋，政治上的名（名爵、名位、名分）實隨法令、制度之創設而有，乃是聖人為應治世所需，不得已而行的方便法門。根據後一詮釋，雖然道本無形，一旦樸散為器，萬物即現殊態。為便於認識和溝通，聖人遂為萬物立名（名字、名稱、名號），由此開展人文世界。

二說方向不同，但悉以「名」為某種人為制作之產物，亦承認「名」含有誘發人類爭競欲望、從而導致社會殽亂之負面因素。此所以老子在「始制有名」之後，立時作出「名亦既有，夫亦將知止，知止可以不殆」之建言也。

　　必須承認，這兩種詮釋既言之成理，亦有很強的文本根據，無論循義理還是文獻的角度看，皆為可取的理解方式。唯思慮再三，「始制有名」當可容納其他詮釋。在前一章的討論基礎上，本章嘗試指出，若扣住某些詞語如「始」、「有名」和「無名」在《老子》中的特殊用法及相關句子段落，復與晚近數十年來相繼重現人世的簡帛《老子》中的異文參照比對，或可在一工夫論的視野下將「始制有名」一語和老子之「無為」思想連繫起來進行理解。根據這一理解，我們不僅可避免上述兩種詮釋之困難，更可為「始制有名」提供一更合理、更融貫的詮釋。

二　政治活動的詮釋

　　將「始制有名」詮解為有關立名分、別尊卑、定上下的政治論述，就目前史料所知，大概可以上溯至王弼。當代學人如劉笑敢、袁保新、王淮等先生皆採此說。王弼如此注釋「始制有名」：

> 始制，謂樸散始為官長之時也。始制官長，不可不立名分以定尊卑，故始制有名也。[1]

「始制」即「始為官長之時」，即所謂「立名分」、「定尊卑」，這是對各種政治等級、社會階層所進行的劃分。而「始制有名」的「名」，

1　〔魏〕王弼著，樓宇烈校釋：《王弼集校釋》（臺北市：華正書局，1992年），頁82。

王弼指的是隨著這些政治等級、社會階層的設計而訂立的名爵、名位或名分。顯然的，王弼乃是從政治活動的角度來理解「始制有名」一語。

尤可注意的是王弼以「樸散」詮釋「始制」。「樸散」一詞出自《老子》第二十八章「樸散則為器，聖人用之，則為官長，故大制不割」一段話。對此，王弼注曰：

> 樸，真也。真散則百行出，殊類生，若器也。聖人因其分散，故為之立官長。以善為師，不善為資，移風易俗，復使歸於一也。大制者，以天下之心為心，故無割也。[2]

在老子，「樸」是指渾一未分之道體。當此道體分散，便形成各種相殊的物類，即所謂「器」。王弼認為，聖人的工作旨在因應這些相殊的物類而設立各種相關的司職，如此便不得不制訂各種「名」，以為應世之所需。如此，「樸散則為器」和「始制有名」便有了義理上的連繫。

王弼此說影響甚大，學人多有承其緒者。如劉笑敢先生說：

> 社會發展到一定程度就會建立各種制度，確定名分（始制有名）。這是必要的。[3]

而建立制度、名分之主體，則為能夠運用「樸散」而成的「器」的「聖人」。[4]王淮先生亦謂：

---

2 〔魏〕王弼著，樓宇烈校釋：《王弼集校釋》（臺北市：華正書局，1992年），頁75。

3 劉笑敢：《老子古今：五種對勘與析評引論》修訂版（北京市：中國社會科學出版社，2009年），上卷，頁373-374。

4 劉笑敢：《老子古今：五種對勘與析評引論》修訂版（北京市：中國社會科學出版社，2009年），上卷，頁342。

渾樸之自然既失守，於是乎「人文」斯作，「教化」乃
立。……「樸散則為器」是不得已，「始制有名」（人文教化、
分官立職）是方便權設。聖人行其方便，不忘究竟；名亦既
有，不忘守樸。[5]

劉、王二先生的說法是非常相似的，即以政治上的制度、名位來理解
「制」、「名」二字。袁保新先生的分析更為細緻，他說：

周遍存在界的「大道」，本來是素樸無名的，在其德潤之下，
天地正位，四時有序，萬物均和。而聖人之治，體「道」備
「德」，為應人間社會之需，遂散樸為器，立官長，別倫秩，
分百工。但守「道」抱「一」的聖人，雖緣不得已散樸為器，
因器制名，卻並未「循名而忘樸，逐末而喪本」，因為「歙歙
為天下渾其心」的聖人，以其「德善」「德信」，復涵容一切因
名而有的區分與對立，因此「名亦既有」卻仍能夠「知止」，
「可以不殆」，故稱為「大制不割」。[6]

要之，劉、王、袁三位學者皆視「始制有名」之「制」為「制度」，
故相應地以「名」字表述制度中各種等級、階別之「名號」、「名分」
義。雖然他們對於「官長」的解釋稍別於王弼，但把「始制有名」理
解為構建政治等級及制訂相關名分的制度性設計則無二致。

必須承認，將「始制有名」置於政治活動的脈絡來理解，確有堅
實的文本依據。這可從三方面給予說明。

首先，老子雖然反對文化的發展和文明的擴張，卻從未否定政治

5　王淮：《老子探義》（臺北市：臺灣商務印書館，1980年），頁130。

6　袁保新：《老子哲學之詮釋與重建》（臺北市：文津出版社，1991年），頁92-93。

制度存在的必要性。在等級劃分上，老子同意「立天子，置三公」
（第六十二章），亦屢作「聖人」（或侯王）和「人民」之對比（第三
十二章、第五十七章、第七十二章、第七十五章）；在社會名器上，老
子不反對什伯之器、舟輿、甲兵之設（第八十章），亦倡言軍事可「不
得已而用之」（第三十一章）；在外交關係上，老子甚至承認眾多國度
和諧共存的可能性（第三十一章、第六十一章）。這些建立制度、創
設名位之主張，無疑有力印證了王弼和上述諸位學人對「始制有名」
的詮釋。觀老子「兵者，不祥之器……恬淡為上」（第三十一章）、
「法令滋彰，盜賊多有」（第五十七章）、「其政悶悶，其民淳淳，其
政察察，其民缺缺」（第五十八章）、「不如坐進此道」（第六十二章）
諸論，老子實非反對政治活動本身，而只是反對政治活動的某種偏差
或越軌的狀態。而這種偏差或越軌的狀態，則是人們對政治名位過分
執求有以致之者。要之，老子並不反對政治意義下的「始制有名」，
他只是要求人們正視人性的弱點，對「始制有名」保持警覺性。

　　此外，如前所述，「始制有名」乃是關聯著「名亦既有，夫亦將
知止」來說的。若謂「始制有名」涉及「名」的來源問題，則「名亦
既有，夫亦將知止」便涉及人類對「名」應持何種態度的規範問題。
對此，王弼注云：

　　　過此已往，將爭錐刀之末，故曰名亦既有，夫亦將知止也。[7]

從「爭錐刀之末」的「爭」字看，王弼無疑已把握到老子對欲望足以
導致社會亂象的批判。然而，老子此語不止於批判欲望，更是在此批
判基礎上警示人類必須重整對欲望的態度，以化除欲望對行為的干
擾，這就是「知止」。惜王弼竟略過此規範問題，實一間未達也。袁

7　〔魏〕王弼著，樓宇烈校釋：《王弼集校釋》（臺北市：華正書局，1992年），頁82。

保新先生「撤銷製造爭鬥對立的心知和情欲,以重建人間價值秩序」[8]之論,可補王弼注之不足。此一對「名」、「欲」關係之理解,老子書中多有言及。如「國之利器不可以示人」(第三十六章)、「侯王無以貴高將恐蹶⋯⋯是以侯王自稱孤、寡、不穀」(第三十九章)、「大者宜為下」(第六十一章)、「是以聖人欲不欲,不貴難得之貨;學不學,復眾人之所過」(第六十四章)諸語,皆旨在表示統治者勿以最高的武力、權位自驕自恃。此所以老子在「始制有名」後,立言「名亦既有,夫亦將知止」,要求統治者慎重對待政治高位為自己所帶來的滿足欲望的便利,避免權力令人腐化的後果。

最後,「知止可以不殆」則涉及人類對「名」抱持謹慎態度的成效問題。「可以」二字表示條件關係,即要達致「不殆」,必先做到「知止」。老子論「知止不殆」,多是對侯王之進言:若能限制、消解個人對政治權位的執持,轉以卑下態度對待天地萬物,則功績反可長久維繫。如老子主張「無為故無敗,無執故無失」(第二十九章)、「侯王若能守之,萬物將自賓/化」(第三十二章、第三十七章)、「我無為而民自化,我好靜而民自正,我無事而民自富,我無欲而民自樸」(第五十七章)、「大國以下小國,則取小國」(第六十二章)、「是以聖人終不為大,故能成其大」(第六十三章),以及「受國之垢,是謂社稷王;受國不祥,是謂天下王」(第七十八章)等,凡此皆謂侯王做到對「名」之「知止」而後有其功績之「不殆」。依此,由「始制有名」講政治名位之起源,下及「名亦既有,夫亦將知止」講人類對政治名位應抱之態度,直到「知止可以不殆」講人類對政治名位應抱之態度所達致之成效,三者義理環環相扣,亦能充分立足於文本。

---

8 袁保新:《老子哲學之詮釋與重建》(臺北市:文津出版社,1991年),頁95。

三　語言起源的詮釋

在政治活動的詮釋中，「始制有名」的「制」被理解為「法令」、「制度」、「體系」諸義，故其所謂「名」，亦僅限於政治上的名爵、名位、名分。有部分學者不循政治脈絡入手，而是把焦點擴展至人類語言活動之起源上，主張「始制有名」一般性地反映了老子的語言哲學。

許多學者視「制」為動詞，表「裁斷」、「離析」之意。在其詮釋下，進行裁斷、離析活動的主體乃是人類。人類裁斷道體，將之離析為分殊的萬有，遂為萬物廣立名號，以開展人文世界。如蔣錫昌（1897-1974）云：

> 「始制有名」，言大道裁割以後，即有名號，二十八章所謂「樸散則為器」也。[9]

「裁制」是一種人為的活動，「有名號」不是指「道」有名號，而是指「萬物」各有名號，觀其言「樸散則為器」可知。器即萬物也。劉信芳先生著眼於「始制有名」在郭店竹簡《老子》甲組中作「始折又名」，又發現「折」字在傳世古文、出土簡牘和字書如《說文》中通「析」字，表「分剖」之意[10]，從而主張「始制有名」有如下意涵：

> 「始」為原始狀態，分剖而為萬物，而萬物各有其名，此所謂「始折有名」。「折」字帛書、王本及後世諸本均作「制」，九店簡「折」字多用如「制」，《說文》：「制，裁也。」知折、制

9　蔣錫昌：《老子校詁》（臺北市：東昇出版事業有限公司，1980年），頁218。
10　劉信芳：《荊門郭店竹簡老子解詁》（臺北市：藝文印書館，1999年），頁20。

相通。然王弼注……雖不違《老子》原文之意，然不知「制」
原本作「折」，非僅謂制官長之謂也。[11]

所謂「析」或「分剖」，亦即「裁斷」之義。劉先生認為，將「始制
有名」理解為政治名號的創制只是源於後人不識「折」為本字。事實
上，「始制有名」應為「始折有名」，意謂語言活動起源於分剖大道以
為萬殊。丁原植先生之見近於劉信芳先生，然析論更為深入。他首先
指出「道」和「名」之間的張力：

> 王弼之所以用「離散」與「制定」來說明「制」，是強調由於
> 人離開了「道」，所以發生制定名號的事情。……「有名」確
> 實意指「樸散」。……這種自然而本然的狀態，只有被斷割而
> 捨離之時，才會發生了本質性的改變。[12]

> 以「折」所斷者，是離散了自然的運作，以「名」所有者，是
> 裁制了人為的規劃。[13]

　　據此，為萬物制定名號的語言活動實起源於人類脫離了「道」的
自然而本然的「無名之樸」的狀態。換言之，「有名」意味著「自然
運作」和「人為規劃」的斷割與捨離。這種斷割與捨離，王弼謂之
「制」，郭店竹簡《老子》則謂之「折」，而又以後者更具勝義：

> 王弼對於「制」的解釋，好像特意著重人文制度的設置方
> 面。……這種斷割與捨離，是一切人為形式的肇端，它也就是

---

11 劉信芳：《荊門郭店竹簡老子解詁》（臺北市：藝文印書館，1999年），頁21。
12 丁原植：《郭店竹簡老子釋析與研究》（臺北市：萬卷樓圖書公司，1999年），頁133。
13 丁原植：《郭店竹簡老子釋析與研究》（臺北市：萬卷樓圖書公司，1999年），頁134。

王弼所稱的「制」。但簡文的「折」字，不是更能清楚地表達了這種「斷」的意含？[14]

簡文出現的「折」字，卻使我們專注在「斷」的意義上來思索《老子》此處的義理。這種「斷」的意義，似乎更為純粹地表現了《老子》思想中指向於思辨的要求與作用。……「折」字的思辨性指向，不能限制在「制為官長」之中，「名」字的思辨性意義，不能拘限在「建立名份」之下。[15]

　　根據丁先生的看法，王弼的「制」字，是強調人文制度之設置；而郭店《老子》的「折」字，卻不拘限在「建立（政治）名分」下，而是更能思辨性地表達「斷」（裁斷）的意含。丁先生進而指出，對老子來說，回復到「亡名」，就是「守之」而不「折」。不「斷離」於「亡名」，就是「道恆亡名」之主旨所在。這樣，因「折」而有的「名」，就不再是「亡名」的本然情況，而成為世人所稱謂的「有名」，而「有名」也就必然形成各種以「名」所建構的人文多向世域，然後名教制度方隨之形成。[16]可以說，在丁先生看來，「折」不僅要比「制」更為原始，而且前者的「斷離」義更能涵蓋後者的「制度」義，因此前者更為基本。由這些引介可知，不少論者認為「始制有名」不當被規限在政治脈絡內來理解，它應當具有更普遍的意義──它意指人類的語言活動始出於人類對萬物的命名，而萬物之被命名，則肇因於人類對大道的裁斷。

　　然而，即使老子藉由「始制有名」來表達語言活動預設了對大道的裁斷，但人類為何割裂大道？對此，伍至學先生的觀點值得重視。他將老子對「始制有名」的論述重構為一套極具規模的批判哲學。伍

14　丁原植：《郭店竹簡老子釋析與研究》（臺北市：萬卷樓圖書公司，1999年），頁133。

15　丁原植：《郭店竹簡老子釋析與研究》（臺北市：萬卷樓圖書公司，1999年），頁134。

16　丁原植：《郭店竹簡老子釋析與研究》（臺北市：萬卷樓圖書公司，1999年），頁134。

先生認為，老子之「始制有名」揭露了對語言之起源的原初洞見[17]，而這原初洞見可分三個層次進行探討：

> 人之制名乃是對萬物本然之存在狀態的破壞，故所謂任名以號物，即人以其主觀之偏私任意地裁割並號令萬物，迫使其接受人之命名的設定，使人自以為可凌駕於萬物之上，為賦予萬物之名號的主宰者。[18]

> 前識之智作為人對事物所進行之辨識與知解，之所以是虛妄測度之偽，原因便在人之前識活動的「無」中生「有」。……名言之制定，亦人之前識無視於天地萬物之本然的「無名之樸」的狀態，而生之人文符號系統。命名之偽，亦人主觀之前識的「妄意度」。[19]

> 老子以為人之命名活動，實際上，即是人對萬物的宰制與占有。人以名號規定萬物以「有名」之存在型態呈現，使萬物之存在成為人類語言指涉之對象，如此，萬物之呈現是被人決定的，非獨立於人之命名之外的，非本然而有的，……「謂」亦對事物之命名也。故「謂」乃是人作為名言世界之秩序之立法者，展現其制名之權力的表現。[20]

要之，人類之所以制名，是因為人類有自私爭鬥之心、前識之智和宰制占有之欲──自私爭鬥之心使人主觀任意地裁割萬物、命名萬物，

---

17 伍至學：〈老子論命名之偽〉，《哲學雜誌》第13期（1995年7月），頁218。
18 伍至學：〈老子論命名之偽〉，《哲學雜誌》第13期（1995年7月），頁223。
19 伍至學：〈老子論命名之偽〉，《哲學雜誌》第13期（1995年7月），頁228-229。
20 伍至學：〈老子論命名之偽〉，《哲學雜誌》第13期（1995年7月），頁232。

從而奪取對世界的解釋權；前識之智使人無視萬物本然的無名狀態，而虛構出種種人文符號系統，對事物造成了主觀的干預與規劃；宰制占有之欲使人運用各種名號規定萬物，使萬物之存在取決於人類之語言，人類遂從制名活動中展現對萬物的掌控。伍至學認為，雖然藉由命名，吾人方能形成對事物之認識，清晰判明種種不同事物的存在，但命名乃畢竟是人為後起之妄作。命名不但割裂了道與人內在關聯，並以人為之偽封限萬物之自由呈現，干擾萬物之原初面貌。老子深知語言文字之繁衍擴展可能引致之人為蔽害，故對其有徹底的批判。[21]此所以老子提醒我們「名亦既有，夫亦將知止，知止可以不殆」，防止名言世界之過度蔓衍，避免不必要之名言的任意擴張。[22]

上述學者認為「始制有名」是關於人類語言活動起源的一套觀解，無疑能在《老子》中尋找到相應的說法。以下分從三點進行考察。

首先，根據這派的詮釋，「始制有名」的主體乃是人類──人類通過「命名」此一語言活動將作為整體的大道裁割成分殊的萬物。這一詮釋有一項預設：作為整體的大道在被裁割為各具名號的萬物之前，是不具有任何名稱的。這一預設，正可從首章「無名，天地之始」一語獲得印證。而萬物之存在之所以被體認──甚至可以說，萬物之所以存在──則是起因於人類擴展其語言能力，使萬物在各種名號下呈現它們本身所致。這正是「有名，萬物之母」的意義。換言之，將「始制有名」理解為萬物之名屬於人為之制作，並將名之制作視為對道的本然狀態之悖離，確可與《老子》文句彼此呼應。

而人類對萬物之命名，雖是構成知識體系的起步，文化秩序亦因此可能，但語言活動所衍生出來的價值分化，卻是人類社會禍亂之源。因此老子要求我們在制名之後，有必要為語文運作立下一個界限。這就是「名亦既有，夫亦將知止」。對「名」必須「知止」這一

21　伍至學：〈老子論命名之偽〉，《哲學雜誌》第13期（1995年7月），頁222。
22　伍至學：〈老子論命名之偽〉，《哲學雜誌》第13期（1995年7月），頁237。

觀點,《老子》各章有不同表達方式,如「多言數窮,不如守中」(第五章)、「悠兮其貴言」(第十七章)、「希言自然」(第二十三章)、「吾將鎮之以無名之樸」(第三十七章)、「知者不言」(第五十六章),甚至是「使民復結繩而用之」(第八十章)等。所謂「貴言」、「希言」、「無名」、「結繩」,皆在表示一切語言活動以至語言活動所涉及的知見情識之消解。由是觀之,這派詮釋認為人類雖然「始制有名」,對萬物構作了紛繁的名相,但仍主張由博而反約,此正合老子希言、無名之道也。

而由有名歸返無名,實可達致一定成效,此即「知止可以不殆」。制名之累,既在於執萬物之一偏而以為其全,而無法反映事物之真性;同時亦在於構造了價值的各種層級,而引發了人類競相爭奪的欲望。是故名言之止之「不殆」,既涵萬物之本然狀態的如實呈現,亦涵人類對「無欲」本性之復歸。前者可由「道法自然」(第二十五章)、「夫莫之命而常自然」(第五十一章)諸語證之,後者可由「不尚賢,使民不爭;不貴難得之貨,使民不為盜;不見可欲,使民心不亂」(第三章)、「無名之樸,夫亦將不欲。不欲以靜」(第三十七章)諸語得之。綜言之,從語言活動起源的角度來看「始制有名」,既與老子視命名為人為造作之觀點一致,亦合乎老子對語言的不信任態度,也能在老子有關放棄名言所能達致的成效之構想中獲得印證。

四 兩種詮釋之檢討

根據前文的論介可知,無論在《老子》的文獻證據上,還是在其義理的自足性上,兩種詮釋皆有充分成立的理由。然而基於學術討論的責任,這裡試從批判的立場考察兩種詮釋若干值得再議之處,並以這些考察的結果作為重新詮解「始制有名」的義理之出發點。

首先是第三十二章的題旨問題。整體來看,第三十二章的題旨主

要和權力欲之消解有關。這可從「小」、「莫之令」和「知止」三組概念著手分析。首先，老子論「小」，多循消解欲望之脈絡入手，第三十四章「衣養萬物而不為主，常無欲，可名於小」一語以「常無欲」釋「小」即為顯例。第五十二章「見小曰明」亦然。所謂「明」，老子指的是一種對於萬物運作規律的覺察力，即第十六章所謂「歸根曰靜，靜曰復命，復命曰常，知常曰明」。對老子來說，萬物運作規律呈現為各物皆返回自身之本根狀態，而此本根狀態就是「靜」。觀第三十七章「不欲以靜」、第六十一章「以靜為下……大者宜為下」諸語，可知「靜」主要是指一種侵占欲念不起的原初生命情態；依此，「明」作為對萬物運作規律的覺察力，同時關聯到對萬物原初生命情態所具有的清靜、無欲本質之肯認。由這個角度看，所謂「見小曰明」的「見小」，當是指對生命本來即處於為清靜、無欲之情狀的一種洞察和領悟。

「莫之令」一語更明顯地和權力欲之消解有關。「令」即命令，意思是一主體要求另一主體作出某種改變，藉此實現自己的意向。在政治上，這就是權力欲的伸張。老子認為，統治者通過各種政治活動或文化活動把權力侵展至人民的生活，正是社會大亂之由。要天下安寧，必須尊重萬物的本性，萬物不受干擾，自能各按其性穩定地生長遂成。依此，所謂「民莫之令而自均」，意思就是統治者對人民不妄加干擾、不發施號令，則社會自能和諧運作，而保持上下相安的均衡秩序。所謂「不言」（第二章）、「貴言」（第十七章）、「希言」（第二十三章）、「莫之命」（第五十一章），皆和「莫之令」義近，同屬勸戒侯王勿以權位自我膨脹之建言。

「知止」亦是針對欲望而提出的一個概念。除了第三十二章外，「知止」亦見於第四十四章，文曰：

名與身孰親？身與貨孰多？得與亡孰病？是故甚愛必大費，多

藏必厚亡。知足不辱，知止不殆，可以長久。

在此，「知止」和「知足」一樣，都是針對人類對外物需索過度之普遍事實而提出來的：名聲珍愛過甚，終必一無所得；財貨積聚太多，損失益發嚴重。因此，在對名利的欲求上，我們必須知道分寸（知足、知止），如此所得之物方能長久保持。

由上述分析可知，第三十二章的題旨主要是有關消解權力欲的問題。根據此一題旨，所謂「無名」，除了可被解作「沒有名字」外，也可讀為「化解求名之欲」或「勿以權位自恃」──正由於道不以萬物主之名自居，沒有對萬物施以權力的宰控，故萬物才甘願臣服於道，就像河川自然地東流大海一樣；依此，侯王若要人民自然賓服其下，亦得安守此一「無名」之道，勿以尊貴之名位自驕自縱。這正是章末「譬道之在天下，猶川谷之於江海」二語之義蘊。可以說，第三十二章的寫作策略（或編輯動機）乃是藉由道與萬物之關係向侯王進言處理欲望之方式，其所涉及的幾組重要觀念亦和化解求名之欲有關。當中既不涉及政治制度之建立問題，亦不過問人類語言之起源問題。依此，若把「始制有名」解作「建制立法」（政治活動）或「裁物立名」（語言活動），雖最終仍觸及如何處理權力欲之問題，但在義理上卻多了一重轉折，未能與本章其他句子環環相扣。

其次是《老子》之詞義問題。上述兩種詮釋對「始制有名」一語之分析有兩個共同點：一是把論述焦點集中在「制」、「名」二詞上，一是忽略了「始」和「有名」二詞在《老子》中的特殊用法。就前者來說，學人多把「制」解作名詞的「制度」、「法令」和作為動名詞的「裁制」、「分割」，而對於「名」字則一律解作「名分」、「名號」、「名稱」。此類解釋固合這些字詞之通義，在《老子》中亦有相符之用例，卻不是這些字詞唯一的解釋。就後者來說，學人多把「始」解作一般意義的「開始」或「起初」，亦常把「有」解作與「無」相反

的「擁有」、「具有」之義；而未察「始」字在《老子》中有特殊的哲學意涵，而「有」亦當與「名」字連讀，「有名」一詞在《老子》中另有玄義故也。事實上，「始制有名」之詞義及句義應當置放於《老子》文本脈絡進行理解為宜。前述兩種詮釋，似未能顧及「始」、「制」、「有名」三詞在《老子》中的殊義，致使其解讀相對於第三十二章題旨有畫蛇添足之虞，亦未能與《老子》其他章段之義理融貫一致。關於這一點，下文將會詳細討論。

　　最後是詮釋方法之問題。照學人之意，所謂「知止」，乃是指對名位制度之區分必須適可而止，或是指人類之名言不得任意擴張。依此見，老子並不反對有「制」有「名」，他只要求對此「制」此「名」必須訂立一合理的運作範圍。亦即，在老子來說，「始制有名」是必須的。從王弼開始，直到許多當代學人，都以第二十八章「樸散則為器」來詮解「始制有名」一語，認為萬物之分化、名謂之繁衍、百行之殊態皆源出於作為整體的真樸之道。然而當中含一疑問：在學人的理解下，「始制」和「樸散」意味著某種區分、對立、割裂的活動，即使有所「知止」，也只是對這些區分、對立、割裂的活動加以限制，而不是予以取消。如果這樣，則第二十八章「大制不割」一語如何安置乃是一大問題！當中的問題是：如果制度、名謂之設置是不得已而有的方便權法，則老子實無需提出「大制不割」這一無法企及的理想，更何況此「不割」（不作區分）之說和前句「樸散則為器」有直接的矛盾；反之，如果老子認為最完善的建制（政治活動）或裁制（語言活動）就是不作任何分割，並以之為可藉由致虛守靜之工夫致之者，則「始制有名」及「知止」之說豈非多此一舉，而「樸散則為器」此一與「大制不割」之理想背道而馳的分割活動又怎能讓聖人成為百官之長？

　　根據這三項分析，無論是把「始制有名」詮釋為政制初建時的名位之設，還是將之詮釋為語言初起時的名謂之設，似乎都得面臨一些

有待解決的疑難。兩者的理論背景與第三十二章有關「消解名望之欲」之題旨不但稍有差距，其對「始」、「制」、「有名」諸詞之解釋亦似未顧及《老子》的特殊用法。就其內部邏輯而言，如果老子認為分道而成物、因器而制名是人間社會之必然，則此論與「大制不割」之說亦似有不相容處。這類疑難難免促人反省：「始制有名」（及與之相關的「樸散為器」）是否應當如前述兩種詮釋那樣，指謂某種區分性、宰割性的政治活動或命名活動？

五 工夫論視野下的「始制有名」

根據前述的析論和探問，這一節嘗試證立以下論旨：若依「始」、「有名」諸詞在《老子》中的特殊用法及第三十二章有關「名望之欲的消解」的題旨來看，「始制有名，名亦既有，夫亦將知止，知止可以不殆」數語，所談論的乃是道或侯王處理欲望的方式及其成效之問題。

（一）「始」與「無名」、「有名」二者之關係

先對「始」字作一申論。撇除「始制有名」一句外，「始」字在通行本《老子》中另有六例，分別是：

> 無名，天地之始。（首章）
> 能知古始，是謂道紀。（第十四章）
> 前識者，道之華，而愚之始。（第三十八章）
> 天下有始，以為天下母。（第五十二章）
> 千里之行，始於足下。（第六十四章）
> 慎終如始，則無敗事。（第六十四章）

除了第三十八章和第六十四章共三例表一般意義的「開始」、「開端」外，其餘三例的「始」字都是在哲學意義上指涉作為萬物本原的「道」。也就是說，根據《老子》「始」字之用法，「始制有名」的「始」固可被理解為一般意義的「開始」，但也可以被理解為作為萬物本原的「道」的另一種表述。這兩種理解在《老子》中皆有相關的文本根據。

　　如前所述，無論是政治活動的詮釋，還是語言起源的詮釋，同是在一般意義上把「始」字解作「開始」、「起初」。然而，若參照《老子》其他章段，將「始制有名」的「始」字作「道」字解，在義理上似乎更通達一些。這一點，我們可從「始」和「無名」、「母」和「有名」這兩組概念之內部關聯性得之。在「始制有名」一語中，「始」和「有名」之關係由「制」字串連起來。先不論「制」字何義，老子有意把「始」和「有名」相提並論是顯然易見的。「有名」，老子將之界定為「萬物之母」，即首章的「有名，萬物之母」。依此，所謂「始制有名」，遂可被理解為「始」和「母」之關係的另一表述。考慮到「無名，天地之始；有名，萬物之母」（首章）、「有物混成，先天地生。……可以為天下母」（第二十五章）、「天下有始，可以為天下母」諸句的「始」、「母」都是表述作為萬物本原的道體之字詞，由此推知，「始制有名」之「始」字並非指一般意義的「開始」，「起初」，而是用作指涉道體的代名詞。

　　值得一提的是，「始」和「無名」的相干性。老子將「無名」界定為「天地之始」（首章），「無名」是對道體仍然處於「始」的階段的一種說法。可以說，「無名」指的是道體尚未創生天地萬物之時的某種性質。在此意義上，「始」和「無名」乃是從不同角度對道體的不同描述。由於「有名」乃「（萬物之）母」，依此，所謂「始制有名」，又可被理解為「無名」和「有名」之關係的一種表達方式。考慮到第三十二章開首提出「道常無名，樸。雖小，天下莫能臣」的

「無名」之道，是故把「始制有名」的「始」理解為「道」或「道」之「無名」，並以「名亦既有，夫亦將知止，知止可以不殆」表達了「無名」和「有名」的某種關係之語句，當是合乎第三十二章題旨的詮釋。

由上述對「始」和「有名」之關係的分析可知，「始制有名」既可被理解為關於「始」和「母」之某種關係，也可被理解為關於「無名」和「有名」的某種關係。由於「始」、「母」、「無名」、「有名」四者皆是對道體的不同描述，彼此之間具有「自一」之關係；因此，「始制有名」之句義遂可被理解為和道體之性質（或道體的某兩種性質之間的關係）有關，不一定非要被詮釋為指謂「始為官長」的政治活動或「稱器立名」的語言活動。事實上，這兩種詮釋之所以出現，主要是學人將「制」字讀作政治對於群體的「建制」或語言對於事物的「裁制」所致。但考慮到「制」字是「始」和「有名」二概念之關係詞，因此，「制」字在「始制有名」一語中究是何義，還是得從老子對「始」和「母」或「無名」和「有名」之關係的論述中著手分析。

（二）「始」、「母」之關係與「制」之字義

第五十二章首段明確表述了「始」和「母」的關係：

> 天下有始，以為天下母。既得其母，以知其子，既知其子，復守其母，沒身不殆。

老子在此以「以為」一詞連結「天下始」和「天下母」兩者。「以為」中的「以」字作「憑藉」解，旨在表述某種條件；「為」即「成為」，指向此條件所達致之成果。在「天下有始，以為天下母」二語中，所謂「以為」，意即「始」是「母」所以可能之憑藉，或曰「母」是以「始」為條件所出現之成果。值得一提的是，「以為天下

母」一語在傅奕本《老子》[23]和北大漢簡《老子》[24]中皆作「可以為天下母」。「可以為」之「可以」亦表「條件」之意，即「天下始」本身即具備了成為「天下母」之條件。合言之，無論第五十二章之「始」、「母」關係作「以為」還是「可以為」，同皆認定「始」是「母」之憑藉，「母」是「始」之成果也。

此義在《老子》別章可得印證。第二十五章云：

> 有物混成，先天地生。寂兮寥兮，獨立而不改，周行而不殆，
> 可以為天下母。

此章無「始」字，唯「先天地生」含「始」義，義近於首章「無名，天地之始」，故「有物混成，先天地生」即第五十二章的「天下有始」。老子認為，此一作為天地之始的道體一經運動，便即循環不已，天地萬物皆由此循環運動蜂擁而出，故曰「可以為天下母」。顯然的，在第二十五章中，老子同樣肯認道體之「始」含藏了其成為天下之「母」的條件——當道體處於「始」的階段時，天地萬物尚未出現；正因如此，道體才需要通過運動孕生天地萬物，此即道體之「母」的階段。

由是觀之，在「始」、「母」關係中，老子主要以「以為」或「可以為」將兩者串連起來——「始」是達致「母」之條件，「母」是「始」所達致的成果。以此考察「始制有名」，則「制」乃是「以為」或「可以為」之義——「始」是達致「有名」的條件。事實上，「制」有「作」義，正表示由「始」而達致「有名」的某種過程。有

---

23 轉引自劉笑敢：《老子古今：五種對勘與析評引論》修訂版（北京市：中國社會科學出版社，2009年），上卷，頁539。

24 北京大學出土文獻研究所編：《北京大學藏西漢竹書〔貳〕》（上海市：上海古籍出版社，2012年），頁156。

些學者依《說文》以「裁」釋「制」，認為「制」是「裁斷」、「分剖」，主張老子以語言為裁斷、分剖大道以為萬物之工具。此說固可通，但「裁斷」只是「裁」之一義。「裁」本義為裁衣，表示物料經由分割、加工而成為一件完整衣物之過程，正可引申為「達致」、「完成」之類的意思，而與「以為天下母」、「可以為天下母」之「以為」、「可以為」之義相通。

　　值得一提的是，「始制有名」在郭店竹簡《老子》中作「始折又名」。[25]大多數學者認為通行本《老子》之「制」字乃是「折」字之假借，故「始折有名」即「始制有名」，其所謂「折」或「制」仍作「制度」解。有些學者對「折」字另有看法，如劉信芳先生以「折」為「析」（分剖），丁原植先生以「折」為「斷」（斷離）。但無論是「析」是「斷」，在本質上和「制度」義的解法並無二致，蓋「制度」所指者正是對社會群體的尊卑、貴賤、上下之層級進行分剖、斷離的活動。事實上，此處的「折」字可如尹振環先生所言，表「轉折」、「折向」、「轉向」之義。[26]唯尹先生仍以一般意義的「開始」解讀「始」字。他認為，當天公作美、風調雨順、五穀豐登、人畜興旺之時（天地相合，以逾甘露，民莫之命，天自均安），人民便會對侯王感恩戴德。這時侯王便開始轉向具有名望，這即是「始折又名」。[27]然而依本文對「始」和「有名」之關係的瞭解，所謂「始折又名」，意思是道體由「始」的階段折向、轉入「母」的階段——這正呼應了第二十五章「有物混成，先天地生。……可以為天下母」和第五十二章「天下有始，（可）以為天下母」對於「始」、「母」關係之說明。

---

25 荊門市博物館編：《郭店楚墓竹簡》（北京市：文物出版社，2001年），頁112。

26 尹振環：《楚簡老子辨析：楚簡與帛書老子的比較研究》（北京市：中華書局，2001年），頁223。

27 尹振環：《楚簡老子辨析：楚簡與帛書老子的比較研究》（北京市：中華書局，2001年），頁223-224。

（三）「無名」、「有名」之關係與「制」之字義

由於「有名」為「萬物之母」，因此「始制有名」可被視為有關「始」、「母」關係之語句。同時，由於「無名」為「天地之始」，因此「始制有名」又可被視為有關「無名」、「有名」關係之語句。如果「始制有名」的「制」字涵蘊了「始」乃是達致「母」的條件，則它同樣涵蘊了「無名」乃是達致「有名」的條件。依此，我們可以進一步通過老子對「無名」、「有名」關係之說法來考察「制」字在「始制有名」一語中的意義。

在首章中，「無名」和「有名」分別被界定為「天地之始」和「萬物之母」。在此界定中，「無名」和「有名」一般被認為是有關命名（naming）問題的兩個概念：天地產生之前，只有渾一未分之道體存在著，這時對道體賦予名稱並無意義——因為命名之意義在於區分（至少）兩個不同的東西。但由於天地出現之先只有作為整體之道存在，並無另一物與之相對，是故「天地之始」為一「無名」狀態。唯道體一經運動，萬物即源源而出，此時在概念上便有「道」與「萬物」之區別。為便於認識和區分萬物，命名活動才因此可能，是故「萬物之母」為一「有名」狀態。

然而，若結合首章、第二十五章、第三十二章、第三十四章、第三十七章的說法，我們或可發現，「無名」、「有名」除了關乎命名問題外，尚關乎名望或權力欲的問題——「無名」意指對名望、權力的不競逐、不把持；「有名」意指由於對名望、權力做到了不競逐、不把持、反而因此取得了名望和權力。

首先，老子論「無名」、「有名」，多從「無欲」、「有欲」作解。在首章中，老子在談及「無名」、「有名」後，馬上轉入「無欲」、「有欲」的論述。唯「名」、「欲」關係在首章中並不明顯。然而，通過老子對「小」、「大」二詞之用法，我們卻可以分別把「無名」和「無

欲」、「有名」和「有欲」連結起來。以「小」字為例，第三十二章說：

> 道常無名，樸。雖小。

對於無名之道，老子以「小」稱之。第三十四章則謂：

> 衣養萬物而不為主，常無欲，可名於小。

在此，老子亦以「小」表道之「無欲」表現。由是「無名」和「無欲」即可通過「小」的概念連結起來。首章「故常無欲，以觀其妙」的「妙」字，王弼注曰「微之極也」[28]，正是「小」義。可知首章的「無欲」，也是扣住「小」而立論。又由於「無名」含「小」之義，故老子所謂「無名」，亦可謂扣住「無欲」而立論。第三十七章有「化而欲作，吾將鎮之以無名之樸。無名之樸，夫亦將無欲」之語，益見「無名」和「無欲」之密切關聯。依此關聯來看，「無名」在「沒有名謂」或「難以冠名」此解外，當被理解為「化解對名望之執取」或「不著力於競逐聲譽」才合乎「無欲」的脈絡。

「有名」和「有欲」之關係則可循「大」的概念看出。第二十五章說：

> 有物混成，先天地生。寂兮寥兮，獨立而不改，周行而不殆，
> 可以為天下母。吾不知其名，字之曰道，強為之名曰大。

在這裡，老子對於作為萬物之母（天下母）的道，強以「大」一名冠之。由於「有名，萬物之母」，可推知「有名」即「大」。此外，第三

---

28 〔魏〕王弼著，樓宇烈校釋：《王弼集校釋》（臺北市：華正書局，1992年），頁1。

十四章有言：

> 衣養萬物而不為主，常無欲，可名於小；萬物歸焉而不為主，可名為大。

「萬物歸」三字，實可與首章「常有欲，以觀其徼」的「徼」字相呼應。「徼」，王弼注曰「歸終也」。[29]王博先生指出：

> 「歸終也」，正是「萬物歸焉」之義。可見，首章所說的「常有欲」，其實就是在「萬物歸焉」的意義上使用的。[30]

依王博先生之說引申，如果「常有欲」即「萬物歸」，則由於「萬物歸」可「名為大」，而「大」又是「有名」，遂可發現「有欲」和「有名」之關聯性。依此，所謂「有名」，在「給予名謂」或「冠以名號」此解外，當被理解為「名望之取得」、「聲譽之獲致」才合乎「有欲」的脈絡。

　　如果這種對「無名」、「有名」之分析是可取的，那麼我們可以發現，老子對於名望、聲譽該如何處理之問題，正是循「無為而無不為」的思考方式來進行討論的——不執意求取尊貴的名望、聲譽（無為），正是獲得尊貴的名望、聲譽之道（無不為）。

　　試以第三十四章作一析論。老子在「衣養萬物而不為主，常無欲，可名於小；萬物歸焉而不為主，可名為大」之後，即以「以其終不自為大，故能成其大」作結。如前所論，「小」、「大」在老子的用法中有其殊義：「小」即「無名」，「大」即「有名」，「名」也者，主

29　〔魏〕王弼著，樓宇烈校釋：《王弼集校釋》（臺北市：華正書局，1992年），頁2。
30　王博：《老子思想之史官特色》（臺北市：文津出版社，1993年），頁213。

要是「名望」、「聲譽」之義。依此，所謂「以其終不自為大，故能成其大」，意思是道體並不積極追求成為萬物之「主」此一尊貴的名望，只是在背後默默地衣養萬物，而這正是為什麼道體最終獲得萬物的歸附，而成就其萬物之「主」此一尊貴的名望的原因。若此理解不誤，則「以其終不自為大，故能成其大」二語，正好表示「無名」乃是達成「有名」之條件。

道體在萬物之間取得「主」的名望，首先必須不以「主」之名自居，即第三十二章所謂「不為主」。亦即，道之「無名」（不為主），正是道所以「有名」（主）者。侯王治理萬民，亦得遵守此一無名之道。第三十九章說：

> 故貴以賤為本，高以下為基。是以侯王自稱孤、寡、不穀。此非以賤為本邪？

侯王以孤、寡、不穀自稱，意在自甘賤下，不以侯王的尊貴之名自我膨脹，此即「無名」。而由於「貴以賤為本，高以下為基」，「賤」、「下」為達致「貴」、「高」之出發點，故「無名」（賤、下）實為「有名」（貴、高）之出發點。第四十二章有相似之言：

> 人之所惡，唯孤、寡、不穀，而王公以為稱。

王公承受世間惡名，正是其所以貴為王公者。第四十七章「是以聖人……不見而名」亦然：聖人不以「聖人」之名自現，而「聖人」之名自歸。凡此可見老子對處理名望、權力之看法：統治者不以人主之名自我膨脹（無名），才是維繫其人主之名之正當途徑（有名）。

綜上所述，老子論「無名」、「有名」，除了涉及命名問題外，更多地是與處理名望之問題有關：不求取尊貴之名，正是所以達致尊貴

之名者。依此,「無名」是達致「有名」之條件,「有名」是「無名」達致之成果,要之,「無名」乃是所以達致「有名」者。這一解讀,或可支持前文把「始制有名」一句中的「制」字理解為「達致」、「完成」、「(可)以為」之觀點。

(四)「始制有名,名亦既有,夫亦將知止,知止可以不殆」之工夫論義蘊

　　總結前文對「始」、「制」、「有名」三詞之意義及彼此關係之分析,所謂「始制有名」,可被理解為第五十二章「天下有始,(可)以為天下母」的另一說法,也可被理解為老子有關「無名」、「有名」之關係的一種表達方式。由於「始」、「母」、「無名」、「有名」四個概念在《老子》中皆涉及談論欲望問題的脈絡,因此,「始制有名,名亦既有,夫亦將知止,知止可以不殆」數語,可被理解為談論道體和侯王處理名望的方式及其成效之問題:所謂「始制有名」,是指道體沒有追求作為萬物之「主」之名的欲求,反而因此贏得萬物之臣服,而被賦予「主」此一尊貴的名望。而「名亦既有,夫亦將知止」則是說,道體雖擁有了萬物之主的名望(有名),卻仍然不以「主」自我膨脹。正由於道體始終謹守其「無名」之道,不以萬物主自居,這樣道體在萬物之間作為「主」之名望才能恆久地維繫。此即「知止所以不殆」之義。更重要的是,老子旨在藉由道體和萬物之關係為侯王提供治國理民的通則,如此,「始制有名」便同時是對侯王之進言:侯王可通過實踐道體的「無名」之道取得臣民之賓服,從而建立世間最尊貴的名望(始制有名);但最尊貴的名望一旦獲得,必須自我警惕,勿以權位生驕恣之心(名亦既有,夫亦將知止)。必如此,侯王才能繼續取得臣民的支持,其最尊貴的名望亦可因此長繫不墜(知止所以不殆)。根據此一詮解,「始制有名」既涉及道體「事實上」如何對待萬物的自然規律,亦涉及侯王「理想上」如何對待民眾的行為規

範。由此可見，第三十二章對「始制有名」的論述，實在被安置在工
夫論的視野下獲得一合理的解讀。

六　結論

　　前文通過詞義分析和不同概念間之關係嘗試挖掘「始制有名」之
工夫論義涵。解讀的結果主要呈現了三種說明效力，茲析述如下，以
為本章總結。

　　首先是工夫論詮釋與第三十二章題旨之融貫性。前文已論證，第
三十二章之題旨主要是有關消解權力欲之問題：所謂「道常無名，
樸。雖小，天下莫能臣」，意思是道體並不追求成為萬物之主的名
望，正因如此，萬物之中沒有能將之臣服者。「臣」是與「君」或
「主」相對並立之概念。依此，「天下莫能臣」，正是從反面說明萬物
以「主」之名歸諸道體。換句話說，道體之「有名」，正因其首先滿
足「無名」之條件。而道體這種對萬物的行為表現，正可作為侯王取
天下之借鑑，故曰「侯王若能守之，萬物將自賓」──侯王若能仿效
道體不追逐「主」的聲名，則無需太多政治操作，而萬民自然賓服。
「賓」和「臣」一樣，亦是與「君」或「主」相對並立之概念，即侯
王安守無名之道，則萬民自甘為賓，自然以「主」之名歸之也。換言
之，侯王之「有名」，正因其首先滿足「無名」之條件。而所謂「無
名」（不求取名望），主要體現在道和侯王不伸張宰控他者的權力欲之
行為上。故老子在「侯王若能守之，萬物將自賓」後，即言「民莫之
令而自均」。「民莫之令」，即侯王不對人民發施號令，如此社會狀態
自歸均衡，所謂「自均」也。

　　要之，第三十二章首段無論言及道體抑是侯王，都是扣住「無
名」和「有名」之關係來說的──不追求尊貴之名，正是所以獲取尊
貴之名者。而此一義理，正由「始制有名」一語概括起來──老子以

「始」和「無名」為互換之詞，故「始制有名」即「無名制有名」。「制」表達致、完成之義，故「始制有名」實涵蘊了「無名」乃是達致、完成「有名」的一項條件。由此可見，「始制有名」一語在「政治建制」或「語言裁制」這兩種分割性活動的詮釋外，也可合理地被理解為順著第三十二章開首數語有關「無名」和「有名」之關係的一個總結性的語句。這種理解下的「始制有名」，或許更符合第三十二章勸諫侯王「不求尊名而尊名自歸」之無為思想。

　　其次是工夫論詮釋與《老子》其他章段之對應性。依本章的立場觀之，「始制有名」一段話之義理主要包含了三個環節：「始制有名」論及取得名望之方法——不著意追求名望，正是所以取得名望者；「名亦既有，夫亦將知止」論及取得名望後應持之態度——尊貴的名望既得，必須自我警惕，勿以此迷失自我；而「知止可以不殆」則論及持此態度所獲致之成效——正由於沒有以尊貴的名望自驕自縱，以權位侵犯他人，故其尊貴的名望得以在眾人的心悅誠服中長保不墜。

　　這種兼論「方法——態度——成效」的敘述方式，亦常見於《老子》其他章段。由於這些具有相同敘述方式的章段主要以「無為」思想為題旨，這便在某程度上支持了本章循「不刻意求取名望」的工夫論脈絡理解「無名」、「有名」之關係的詮釋角度。

　　第三十四章對大道孕生萬物的過程有此描述：

> 衣養萬物而不為主，常無欲，可名於小；萬物歸焉而不為主，可名為大。以其終不自為大，故能成其大。

在此，道為萬物所歸而有「大」（有名）之名，是由於道對萬物之輔育滿足了「不為主」之條件。所謂「不為主」，就是不著力於「主」之名的追求，老子以「小」名之，正是所謂「無名」。依此，由「衣養萬物而不為主」至「萬物歸」、「可名為大」，正表述了「無名」乃

是達致「有名」之條件、方法。需要留意的是，在「萬物歸焉」之後，老子再次強調了「不為主」，這不是語意重複的贅詞，而是處理名望的警語——不僅在取得萬物歸附之前要「不為主」，在萬物歸附之後也要「不為主」。前者的「不為主」是獲取「主」之名的方法，後者的「不為主」則是維繫「主」之名的態度。這一態度，老子謂之「終不自為大」——雖然道從萬物處取得了「大」（主、母）之名，但始終不以此自滿，此正呼應第三十二章的「知止」概念。由於道做到這一點，才能「成其大」——其作為萬物主的名望才能恆久維持。這又有類於第三十二章「知止所以不殆」之說。由這些分析可知，第三十四章有關道為萬物之主的文字，也是先論方法，次述態度，後言成效，與第三十二章之思路同出一轍。

第三十七章亦有相同結構：

> 道常無為而無不為。侯王若能守之，萬物將自化。化而欲作，吾將鎮之以無名之樸。無名之樸，夫亦將無欲。不欲以靜，天下將自定。

「侯王若能守之」的「守之」正是指章首的「無為」。帛書本此句作「道恆无名」[31]，是則侯王所守者，實為一「無名」之道。老子認為侯王不以名位侵犯民眾，則民眾便可在不被干涉的環境下自行化育，將生活的基礎安頓於侯王的寬容之政。這是侯王安守「無名」所達致之成果。可知「無名」是達致「有名」的方法，這與第三十二章的「始制有名」正相呼應。然民生既定，權位穩固，侯王難免驕恣，這正是「化而欲作」之階段。所謂「欲」，正是針對侯王對權力之腐蝕人心易生輕忽之意而言。故老子就此提出「鎮之以無名之樸」的建

---

31 高明：《帛書老子校注》（北京市：中華書局，2011年），頁421。

言──當侯王因名望而自滿時，就得以道體的無名之道自我警示。這
是第三十二章「名亦既有，夫亦將知止」所指之謙退態度。而在「欲
作」的階段把持此一無名之道，侯王的心靈便能回復虛靜，其欲望不
復波動，社會遂可在侯王的領導下繼續保持和諧狀態。這又與第三十
二章「知止可以不殆」之說互相發明。

　　第五十二章在措詞上與第三十二章更為接近：

> 天下有始，以為天下母。既得其母，以知其子，既知其子，復
> 守其母，沒身不殆。

雖然「始」、「母」從文字上看似講述道體的形上特質，但正如劉笑敢
先生所說，這裡的「始」、「母」關係或「母」、「子」關係表述的是對
道所代表的價值原則（雌柔、無為）的認識與遵循[32]，因此本章主旨
不在政制建設，不在語言發明，而在守母存子之行動哲學。顯然易
見，「天下有始，以為天下母」和「既得其母，以知其子」正是「始
制有名」──把握無為之道（無名），才能廣納萬物，無往不通（有
名）。但事業既成，慎勿以此炫耀，必須貫徹柔弱、卑下的處事態
度。這就是「既知其子，復守其母」之義。此又暗合第三十二章「名
亦既有，夫亦將知止」一語。而能夠「復守其母」，才有「沒身不
殆」之果效，文字和第三十二章「知止可以不殆」亦甚相近。用此觀
之，第五十二章論「始」、「母」關係或「母」、「子」關係，亦依循
「方法－態度－成效」的敘述方式。

　　藉前論可知，本章對「始制有名」三個環節之分析，正可對應第
三十四章、第三十七章和第五十二章有關道或侯王的處理名望或權力

---

32 劉笑敢：《老子古今：五種對勘與析評引論》修訂版（北京市：中國社會科學出版
　　社，2009年），上卷，頁545。

欲之說法。反過來看，如果這三章之主題確和處理名望或權力欲有關，則我們以此理解「始制有名」之義理，似乎較之於循「政治建制」或「語言裁斷」這類涉及分割性的活動進行詮釋來得簡潔、合理。

最後是工夫論詮釋在《老子》若干文句解讀上之有效性。在本章的立場，「始制有名」並非關乎劃分政治名位的論述，亦非關乎區別萬物名號的論述；亦即，「始制有名」不是關乎某種分割活動的論述。如果「樸散則為器」確如古今論者所言，意謂整全之道體分化為個殊之萬物，則本章觀點便似無法兼顧「樸散則為器」之義理。但前文已指出，「樸散則為器」若意涵某種分割或析離，則顯然與下句的「大制不割」產生矛盾。這一矛盾或反映出以分割義理解「樸散則為器」未必是可取之道。事實上，若依分割義理解「樸散則為器」，與下句「聖人用之，則為官長」的恰當釋讀便難免有隙。王弼的注文正有此病，他說：

> 樸，真也。真散則百行出，殊類生，若器也。聖人因其分散，故為之立官長。[33]

王弼由於把「散」理解為「分散」（整全分裂為殊類），所以他同時把「為官長」的「為」也理解為不同政治級別的「設立」。但事實上，「散」字在「樸散則為器」一語中未必是「分散」、「分裂」之意，而當是「展示」、「顯露」之意。例如司馬遷敘述莊子思想時謂：「莊子散道德，放論，要亦歸之自然。」[34]所謂「莊子散道德」，意即莊子「展示」或「顯露」了老子的道德理論。以此理解「樸散則為器」，

---

33 〔魏〕王弼著，樓宇烈校釋：《王弼集校釋》（臺北市：華正書局，1992年），頁75。
34 〔宋〕裴駰集解：《史記》，收入《四部備要叢書》（臺北市：中華書局，1966年），卷63，〈老子韓非列傳〉，頁10。

則此句大意為：道體展示、顯露為某種可用之器具。[35]但這器具意指什麼？這可循下句的「聖人用之，則為官長」取得線索。

　　王弼把「為官長」的「為」理解為「立」，由此把「官長」理解為各種政治級別，固可為一家之言，卻未必是唯一的詮釋。實則「為」也者，應是「成為」之意。「為官長」，即成為百官之長，亦即成為天下人的領袖。所謂「領袖」，用老子的話來說，就是「聖人」、「侯王」或「王公」。換言之，所謂「聖人用之，則為官長」，意思便是聖人運用了「樸散之器」，遂成為天下人的領袖。其實我們並不陌生，老子論聖人成為天下人的領袖之因素，多扣住「無為」立論，如第三十二章云「道常無名，樸。雖小，天下莫能臣。侯王若能守之，萬物將自賓」——侯王安守無名之道，而成為萬民之主，正是「聖人用之，則為官長」之意。又第三十七章曰：「道常無為而無不為，侯王若能守之，萬物將自化。」守之而萬物自化，所守者乃是「無為」原則。第三十九章「侯王得一以為天下正」、第六十六章「以其不爭，故天下莫能與之爭」、第七十八章「受國之垢，是謂社稷主；受

---

35 事實上，早有學者發現，「樸散則為器」若循分割活動的脈絡來理解，則和老子本旨不合。如劉韶軍先生介紹日本學者武內義雄（1886-1966）的老子研究時指出：「而《老子》之文在其末加入了『樸散則為器』等四句，其意在於貶低聖人之制是離樸因器而立的小制，這恐怕是主張絕聖棄知的慎到後學所傳的說法。」參看劉韶軍：《日本現代老子研究》（福州市：福建人民出版社，2006年），頁161。按：據武內義雄推斷，「樸散則為器」並非《老子》本有，而是主張「絕聖棄知」的慎到後學貶抑聖人藉制度操弄聖、知價值之辭。這意涵著「離樸立器」意義下的「樸散則為器」並非老子之學。若是，則多數論者所預認的觀點——「樸散則為器」是老子不得已之權法，甚至是老子積極提出的主張——便值得商榷。唯武內義雄仍是將「樸散則為器」視作某種分割活動，而將此一分割活動和老子本旨之間的潛在矛盾交予「其他學派思想摻雜其中」來解套；本章則嘗試論證「樸散則為器」可容許「分割活動」一義以外的其他詮釋。要之，從同處看，本章和武內義雄俱認為「樸散則為器」若作分割活動解，則未可視作老子之學；從異處看，武內義雄是依文獻史的立場消解「樸散則為器」和老子本旨之衝突，本章則是從哲學的角度重詮「樸散則為器」之義理。

國不祥，是謂天下王」等，所謂「得一」、「不爭」、「受國之垢／不
祥」而能為天下人之領袖，皆與「聖人用之，則為官長」義近。由此
可知，所謂「器」，指的仍然是道體本身，或狹指道體通過自然界所
顯示出來的可操作的無為、柔弱之道。事實上，老子有時亦以「器」
指謂形上道體，如第四十一章「大器晚成」一語所示。「大器晚成」，
拙意當從帛書乙本作「大器免成」[36]，即最偉大的器物無需經歷製作
的過程，而本具最完整規模之意。第二十五章「有物混成」的「混
成」，亦表道體之生成過程無法清晰敘述，似於朦朧幽冥之中自然本
有，故「混成」無異於「免成」也。且「物」即「器物」，故「有物
混成」和「大器晚（免）成」實有相同的義理。既然「大器」是「免
成」的，則「樸散則為器」的「散」便不宜讀為「分散」，而當作
「展示」解。又「樸散則為器」一句於北大漢簡本中作「樸散則為成
器」。[37]「成器」意即「既成之器」，一器之為既成，涵蘊了此器之功
能圓滿自足，跳過了一切制作的程序，故「成器」即「大器免成」。[38]

---

36 高明：《帛書老子校注》（北京市：中華書局，2011年），頁24。

37 北京大學出土文獻研究所編：《北京大學藏西漢竹書〔貳〕》（上海市：上海古籍出
版社，2012年），頁158。

38 值得一提的是，陳徽先生在其近作中說：「漢簡作『樸散則為成器』。據經文，
『器』字義已備，漢簡當衍『成』字。」參看陳徽：《老子新校釋譯：以新近出土
諸簡、帛本為基礎》（上海市：上海古籍出版社，2017年），頁172。按：陳先生主
張「成」為衍字，是由於他接受了傳統對「樸散則為器」的詮釋，即道體分散而為
萬物，一如原木經過切割的工序而為桌、凳、几、槅等器具。在這傳統詮釋中，
「器」是「樸散」的結果，故「器」字本就包含了「被製成」一義。陳先生謂
「成」字當衍，意思是「成」字和「器」字所含的「被製成」一義重疊。因此在他
看來，北大漢簡本的「樸散則為成器」非但無助於校正帛書本和通行本之句貌或補
充其義理，相反，它必須在帛書本和通行本的標準下被刪正或調整。而本章將「成
器」讀作「既成之器」，以與通行本之「有物混成」、帛書本之「大器免成」諸句互
相解釋，除了由於本書對「樸散則為器」採取了有別於傳統詮釋的解讀外，也是基
於詮釋上之善意原則，即：除非能夠證明一句話為假或不合理，否則應當認為那句
話是真的或有合理理據的。在這一態度下，本章儘可能對「樸散則為成器」一語作

也就是說，「樸散則為器」的「器」字，並不需依循傳統觀點指謂分殊的萬物，它指謂的可以是整全的道體本身。依此，「樸」、「器」在「樸散則為器」一語中乃是「自一」的概念：「樸」專言道之本體義，「器」偏指道之功能義。倘此解讀合理，則「樸散則為器，聖人用之，則為官長」之義便可釐定如下：道體（在經驗世界）展示了可操作的無為原則，聖人運用此一原則，即可成為百官之長。而這一解讀，正呼應本章對「始制有名」的詮釋——聖人不著意求取百官之長的尊名（始、無名），而做到這一點（制），恰好是他被賦予百官之長的尊名的原因所在（有名）。就此而論，「始制有名」和「樸散則為器，聖人用之，則為官長」之義理，皆可循「無為而無不為」之工夫論脈絡而得疏通。

至乎「大制不割」的「不割」，依本章看來，並不是指不進行政治級別的劃分，而是指不設定引發對立、紛爭的人間價值層序，如「賢」與「不賢」之區分、「難得之貨」與「不難得之貨」之區分、「可欲」與「不可欲」之區分、「美」與「惡」之區分、「善」與「不善」之區分等等。統治者設定這些價值層序（割），本意在積極有為，以求取賢主之聲名，但老子以為這種手段只會適得其反。正因如此，老子才倡議「不言」（第二章）、「貴言」（第十七章）和「希言」（第二十三章），避免聲教法令造成社會之割裂；又建言「不尚賢……不貴難得之貨……不見可欲」（第三章）以及「絕聖棄智……絕仁棄義……絕巧棄利」（第十九章），避免貴與賤、好與壞、善與惡之區分引發民眾勾心鬥角的競爭及連帶出現的社會亂象。這種「不割」，才是達致老子心中的理想政治（大制）的方法。由「不割」之方法而至「大制」之結果，正是「始制有名」——「不割」言其

出合乎詞義、語法及與老學義理互相融貫的釋讀，而未將不見於其他版本之「成」字視為衍字或訛誤。

「始」,「大制」言其「有名」,正是「無為而無不為」之義。當然,本章循「無為」的工夫論背景對《老子》第三十二章「始制有名」所作的解讀,實未敢言圓滿無憾,但最少能挖掘老子「有名」概念的可能義蘊,並呼應前章對「無名」之重詮,從而為老子的名論走出一條新的詮釋路徑。

第六章
循「無為」思想重讀《老子》首章

一　引論

　　第四章和第五章分從「無名」和「有名」兩個概念對老子之名論提出新說：老子之「名」，除了可循語言哲學的角度讀為「名字」、「名稱」或「名號」外，尚可在工夫論的視野下作「名望」、「地位」、「聲譽」解。依此，老子所謂「無名」，當含「不追求名望」之意，而其所謂「有名」，則是指「名望之獲得」——「有名」作為一種結果，乃是藉由「無名」的工夫所達致者。這是「無為而無不為」的思想在老子名論上的運用。順著此一成果出發，本章試循「無為」思想重讀《老子》首章[1]，並指出：支撐起《老子》首章義理框架的「道」、「名」、「欲」、「玄」這四組重要觀念，悉可依工夫論的脈絡將彼此串連起來。作為對《老子》首章的工夫論新詮，本章尤重「侯王如何藉由無為之道消解執持名位的欲望」此一問題的分析說明。在這意義上，本章應可作為對老子無名思想的輔助閱讀或補充材料。

　　《老子》首章云：

> 道可道，非常道。名可名，非常名。無名天地之始，有名萬物之母。故常無欲，以觀其妙；常有欲，以觀其徼。此兩者同出而異名，同謂之玄，玄之又玄，眾妙之門。

1　本章所稱《老子》首章，意即「道經上而德經下」的諸通行本如王弼本、河上公本、范應元本的第一章。

此章向被視為老子形上學之總綱，其要旨側重形上之道與天地萬物之創生關係。此一創生關係，不止解釋了宇宙的起源問題，還涉及道體的性質、語言的侷限、認知的界域、治術的根據諸問題。事實上，有關《老子》首章的詞義、斷句等問題，學人之間雖未取得共識，但大多承認形上學為首章題旨，並以此為出發點對首章義理展開多元討論。例如陳鼓應先生著眼於形上之道的存有性質，認為首章旨在對「道」之非經驗性、不可言說性、精深奧妙性作出說明。[2]劉笑敢先生則從認識論角度探析形上之道生化萬物之歷程。他主張首章之「無名」即宇宙的無法回溯之初始階段，乃人類不可認識者；而「有名」則是萬物生發之後的階段，乃人們認識的對象，是故首章中心非直接論及本體論或形上學問題，而是從認知角度討論宇宙總根源和總根據（道）之「無名」與「有名」的辯證關係和特性。[3]再如張舜徽（1911-1992）先生宣稱老子之「道」乃君人南面之術，此術因時而變，蘊之於己，微妙難識，故無可稱說。[4]這是把「君道」視為形上之道在人類社會的落實和具象化。至乎王淮先生依「真理」學說疏解首章義理，以為真理非言詮中事，凡可論謂之真理，皆處於語言文字之相對層次，非如形上之道含有一絕對義、究竟義。[5]朱謙之（1899-1972）先生則以首章之「道」為一變化之總名，其所意指的乃是一變動不居的自然規律，故實不得言、無可名。[6]此尤為治老學者不可不知之觀解。由這些簡介可見，從《老子》首章的形上學出發，我們實可引申出存有論、認識論、君道論、真理論、大化論諸種不同的詮釋

2 陳鼓應註譯：《老子今註今譯及評介》（臺北市：臺灣商務印書館，2000年），頁52-53。

3 劉笑敢：《老子古今：五種對勘與析評引論》修訂版（北京市：中國社會科學出版社，2009年），上卷，頁125-126。

4 張舜徽：《周秦道論發微》（臺北市：木鐸出版社，1983年），頁162。

5 王淮：《老子探義》（臺北市：臺灣商務印書館，1980年），頁2-3。

6 朱謙之：《老子校釋》（北京市：中華書局，2011年），頁3-5。

角度。當然，這些詮釋角度不是互相排斥的，它們可被視為理解《老子》首章的不同方式。可以說，這已經越過了判定《老子》基本立場的義理問題，而是關係到詮釋的多元性和開放性的方法論問題了！[7]

　　本章試在上述前輩學者的研究基礎上，將《老子》首章形上學和老子以「無為」思想為主的工夫論結合起來，對首章之可能義蘊提出若干淺見。這種結合主要考慮兩個理由。一、根據史官「以天占人」的傳統及遍貫《老子》全書的「推天道以明人事」的思維圖象，形上之道的運動模式可作為人類內在修養的通則——道無為，人就當無為；道柔弱，人就當柔弱，道不爭，人就當不爭。換言之，在老子哲學中，工夫論實由形上學所導出，「無為」之工夫乃取法於形上之道創生、輔育萬物之歷程。因此，將《老子》首章之形上思想結合其「無為」思想進行詮釋，或可深化首章形上學之義蘊，以呼應《老子》貫通天人之際、融合形上形下的哲學特色。二、首章的「道」、「名」、「欲」、「玄」四組重要概念除了形上學的解釋外，尚可容納有關無為工夫的解釋。以「道」為例，相對於萬物的形下性格來說，

7　附帶一提，有些西方學者並不認為形上學是《老子》首章的主題。亦即，他們否認首章的「道」是「形上之道」。這裡僅舉陳漢生（Chad Hansen）和夏含夷（Edward L. Shaughnessy）的觀點作為例釋。陳漢生主張，首章的「道」是指「引導性的論述」（guiding speech），其所意謂者乃是眾多具社會引導功能的語言系統。所謂「道可道，非常道」，並非預設一永恆的形上道體之存在，而是說任何語言系統皆可演變，而不具恆常性。參看 Chad Hansen, *A Daoist Theory of Chinese Thought: A Philosophical Interpretation* (New York: Oxford University Press, 1992), pp. 215-217。至於夏含夷則似乎傾向於以黃老學的時變觀理解首章的道論。他指出，首章的「道」並非如大部分注疏家所理解的那樣是指那個先天地生的宇宙本原。在「道可道，非常道」一語中，作為名詞的「道」應解作「道路」，或引申為政治意義上的「道法」；而作為動詞的「道」則應解作「引導」、「導致」。依此，「道可道，非常道」並不是指形上道玄妙難言，而是指「一個可以循導的道路（或道法）不是永久不變的道路（或道法）」。換句話說，能夠滿足各個不同時代和環境的道路（或道法）就是一直在演變著的道路（或道法）。根據同樣的方式，夏含夷認為「名可名，非常名」的意思是「一個可以創造的名稱（筆者按：泛指語言文化）就是按照時代演變的名稱」。參看夏含夷：〈非常道考〉，《中國哲學》2012年第4期，頁22-25。

「道」固可稱「形上之道」;而相對於「不禁其性、不塞其原」的生化萬物之歷程來說,道則可稱「無為之道」。「名」即名稱、名號,但名稱、名號一旦為人心所執,即變質為束縛生命的名望、聲譽,而膨脹為求名之「欲」。「玄」是老子描述形上之道奧密難知的形容詞,但從《老子》文本之脈絡意義、《老子》其他版本之用法、後世重玄學對「玄」字之理解諸方面來看,「玄」實可表達「損」義,而有了工夫字之身分。合言之,「道」既是「無為」之道,化解求「名」之「欲」亦為老子論「無為」的主線,「玄」所涉及的「損」義更是老子無為工夫之重要環節;依此,將首章形上學連結老子之工夫論進行詮釋,或可疏通首章「形上之道」和「無為工夫」之關係。當然,由於本章對《老子》首章的詮解是從《老子》的哲學體系著手進行,涉及了首章以外的多個章段之義理分析,同時又關係到郭店竹簡本、馬王堆帛書本、傅奕本、王弼本、北京大學藏西漢竹簡本這些不同《老子》傳本之考察,故難免思慮不周,疏失之處定然很多,還請方家不吝指正。

二 「道可道,非常道」與「無為」思想之關係

《老子》首章「道可道,非常道」兩句,歷來眾解紛紜,未成定論。大致上看,論者多同意「常道」為老子所認取者,而「道可道」的第一個「道」則為老子所拒絕者。而所謂「可道」,即廣被認為是「可論謂」、「可描述」或「可言說」之義。例如陳鼓應先生主張道體深微難詮,其翻譯是「可以用言詞表達的道,就不是常道」[8],而「『常道』之『常』,為真常、永恆之意」。[9]朱謙之先生以為老子之

---

8 陳鼓應註譯:《老子今註今譯及評介》(臺北市:臺灣商務印書館,2000年),頁52。

9 陳鼓應註譯:《老子今註今譯及評介》(臺北市:臺灣商務印書館,2000年),頁47。

「道」是一「變化之總名。……雖有變易，而有不易者在，此之謂常。」[10]而此不易之常道「非不可言說也。曰『美善』，曰『言有君』，曰『正言若反』，曰『吾言甚易知，甚易行』，皆言也，皆可道可名也」[11]，其所謂「可道」，即「可言說」之義。即使有些學者反其道而行，認為「道可道」方為老子認取者，而「常道」乃老子否定者，他們仍然是把第二個「道」字從「言說」解，同時亦以「永恆」釋「常」。例如陳漢生把「道可道，非常道」譯作 "Speak the speakable. The conclusion may be, first, that doing so is not constant speaking"[12]，即為顯例。陳漢生的"speaking"是指各種指導社會實踐的語言系統，這些語言系統固是可論謂的（speakable），但老子卻認為它們無法永恆運作（is not constant）。可以說，無論學人如何理解這三個「道」字及老子對「常道」所抱持的態度，一般都同意這六個字代表了老子的道論甚至其哲學體系的綱領。

依句意看，「常道」當為老子所認取者，而「道可道」則是老子所反對者；依此，「非」字即表述了「道可道」和「常道」之間的互不相容性：「可道之道」和老子之「常道」是背道而馳的。現試將「道可道，非常道」置於「無為」思想之脈絡上進行詮釋。

首先老子主張，若我們要恆久地把持某成效，則不妨打破常規，轉由常規之相反處入手。此其「無為」思想的一個很重要的環節。這裡所謂「常規」，主要是指一般人慣常的行事方式，其特點是直接、正面而強烈；而「無為」作為與常規相反之行事方式，其特點則是間接的、反面的、柔弱的。劉笑敢先生將此一意義的「無為」總結為

---

10 朱謙之：《老子校釋》（北京市：中華書局，2011年），頁4。

11 朱謙之：《老子校釋》（北京市：中華書局，2011年），頁4。

12 Chad Hansen, *A Daoist Theory of Chinese Thought: A Philosophical Interpretation* (New York: Oxford University Press, 1992), p. 216.

「以反求正，以弱勝強的一般性方法」[13]，是十分恰當的。舉例說，若要成為民眾之領袖（身先），常規性的做法是以權威的姿態指揮民眾；但老子主張，站在民眾背後謙卑服務（後其身）才是所以「身先」者（第七章）。又如要獲得「有德」的美名，一般人的慣常做法是在人群面前努力表現德行；但老子主張，此舉往往弄巧反拙，蓋與人自我標榜之感，反被視為「無德」。老子進而指出，能做到「不德」（不自我標榜有德），「有德」之美名自然來歸，不需刻意執取（第三十八章）。再如一般人追求長生，故飲食優厚，又服藥自奉，此從常規爭取相關效果之另一例。但老子指出，這種積極有為的做法往往適得其反，蓋奉養過度，身體難以荷載，反對性命有損（第五十章），事實上「無以生為」（不以生為生）方為長生之道（第七十五章）。當然，上述所論無法窮盡老子「無為」思想的複雜而豐富的內涵，但大體上我們仍然可以循此疏解「道可道，非常道」的義理。

先看「道可道」一語。學人多將第二個「道」字作「言說」、「論謂」解。此解固言之成理，但它其實不排斥另一理解的可能性——根據老子「以反求正」的「無為」思想，「道可道」一語所表達的乃是他所反對的行為方式，即從意欲取得成效之常規入手而展開的行為方式。正如「生生之厚」的第一個「生」字是指對第二個「生」字所涉及的狀態之促成，意即「從促成生命長久的常規性做法入手以求其長久」，「道可道」的第二個「道」字也可被理解為對第一個「道」字所涉及的狀態之促成，意即「一行為（倘若）可從促成其成效之常規性做法入手」。然而老子認為，這些被世人遵循的常規之舉其實反而無法讓成效持續，因此它實稱不上是一種「常道」（非常道）——不屬於能恆久地維繫成效的「無為」之道。

在此有必要對「常」字作一些補充性的分析。「常」字在《老

13 劉笑敢：《老子：年代新考與思想新詮》（臺北市：東大圖書公司，2005年），頁135。

子》中有「永恆」、「長久」之意。如第十六章和第五十二章分別提及的「知常」和「襲常」，即皆扣緊「不殆」一詞發言。所謂「不殆」，即持續不斷、無有消亡之時的意思。而若考察《老子》其他章段，當發現「常」和「無為」之間亦有密切關係，如第三章「常使民無知無欲。使夫智者不敢為也。為無為，則無不治」、第四十八章「取天下常以無事」、第四十九章「聖人無常心，以百姓心為心」、第五十一章「夫莫之命而常自然」、第六十一章「牝常以靜勝牡」、第六十五章「常知稽式，是謂玄德」等。這些用例從側面反映了「常」和「無為」思想的相干性。第三十七章「道常無為而無不為」一語，更直接以「常」和「無為」並言。特別要注意的是「復歸」、「無為」、「常」、「道」四者在老子思想中之關聯性。例如在第十六章「夫物芸芸，各復歸其根。歸根曰靜，是謂復命，復命曰常」一段話中，老子即以「歸根復命」釋「常」。又第二十八章「常德不離，復歸於嬰兒。……常德不忒，復歸於無極。……常德乃足，復歸於樸」數句，以及第五十二章「用其光，復歸其明，無遺身殃，是謂襲常」一語，亦將「常」和「復歸」進行連結。要之，所謂「復歸」，就是萬物恢復其原初的「虛靜」狀態之程序——對人來說，就是返回嬰兒時期無知無欲的狀態中去。這是效法「道」返回其原初狀態的運動模式，即第四十章所謂「反者，道之動」。而要復歸此「虛靜」狀態，方法即在於「損」——「損」去心靈的偏識和情欲，以免行為有所差忒，而對萬物構成干擾或侵犯，此即第四十八章「為道日損，損之又損，以至於無為」。可以看出，由於「常」即「復歸」，它是「道」返回其原初狀態的運動規律在萬物之中的體現；而「復歸」又有賴於「損」之無為工夫，故「常」字實表述一行為程序，即老子所倡的「無為」之道。[14]第十六章和第五十二章分別提出「知常」和「襲常」二詞，當

14 俞樾（1821-1907）將首章的「常」訓為「尚」，而以「尚」表「上」義，並據此論證「道可道，非常道」與《德經》首章「上德不德」有呼應關係：「『常』與『尚』

中所謂「常」，即可被理解為「常道」一詞的省語。

　　在《老子》中，最少有三處談及「非道」的文字可作為上述詮釋的佐證。首先是第五十三章中的一段文字：

　　　　服文綵，帶利劍，厭飲食，財貨有餘，是謂盜夸，非道也哉！

本章採于省吾（1896-1984）先生之說，把「盜夸」讀作「誕夸」[15]，意即浮華、粉飾的行徑。古往今來，領導層為了展露實力、宣示國威，都喜歡從外在的姿態從事文飾，「服文綵，帶利劍，厭飲食，財貨有餘」，皆浮華、粉飾之事，故老子斥之為「盜夸」。領導層積極有為，用意本在展示國家威勢，但正如「飄風不終朝，驟雨不終日」（第二十三章），有為至極，反而無法讓威勢持續下去，故老子即以「非道也哉」作結。所謂「非道」，可視為「非常道」之省語，即領導層之作為實與長保成效的無為之道背道而馳。易言之，「服文綵，帶利劍，厭飲食，財貨有餘」這些作為在時君世主眼中本為宣示國家

古通。……尚者，上也。言道可道，不足為上道；名可名，不足為上名。即『上德不德』之旨也。……《道經》首云：『道可道，非尚道。』《德經》首云：『上德不德。』其旨一也。」參看〔清〕俞樾：《諸子平議》（北京市：中華書局，1954年），頁143。按：俞樾是以「道可道」之第二個「道」字表「言說」之義。據此，「道可道，非尚道」的意思便是「道若可言說，便稱不上是上道」。然而，這一說法除了把「恆常之道」改以「最上之道」求解外，所採取的仍是「道不可言說」這一傳統詮釋。然俞樾未能充分說明的是：「道可道，非尚道（上道）」的新讀法除了在字詞上或形式上稍近於「上德不德」一句外，其所涉及的「語言問題」或「認知問題」如何能與「上德不德」所涉及的「修養問題」或「工夫問題」「其旨一也」呢？反觀本章的詮釋或能補充俞樾的不足：「道可道，非常道」可被理解為「循一般人所循之常規入手處事，稱不上是能長保成效的無為之道」；而「上德不德」則是指「循常規入手求取德名，反會使德名失喪」。顯然的，在此詮釋下，「道」、「德」兩者都涉及對相同性質的行為方式（無為）之說明，這或許能呼應俞樾道、德二經首章「其旨一也」之說。

15 于省吾：《雙劍誃諸子新證》（北京市：中華書局，1962年），頁242。

威勢的一般通則，但若一味循此無限擴張（道可道），只會適得其反，其想望之成效反不能持存也（非常道）。

第三十章亦有類似的說法：

> 以道佐人主者，不以兵強天下。其事好還。師之所處，荊棘生焉。大軍之後，必有凶年。善者果而已，不以取強。果而勿矜，果而勿伐，果而勿驕。果而不得已，果而勿強。物壯則老，是謂不道，不道早已。

「不道」，在傅奕古本中作「非道」。[16]「非道早已」可被理解為「非常道」的另一表述，即無法實踐無為而使所欲達致之成效無法維持。國君攻城略地（以兵），無非是要達致「強天下」（成為天下最強）的效果，亦即以前者作為達成後者的常規，此即「道可道」之一例。然而老子認為「物壯則老」，這種一般性的通則只會取得反效果，故並非一種恆久保持成效的行為方式（不道、非道）。「不道早已」之說亦重出於第五十五章：

> 含德之厚，比於赤子。……知和曰常，知常曰明。益生曰祥。心使氣曰強。物壯則老，謂之不道，不道早已。

值得注意的是，此章的「不道」二字在唐代敦煌本《老子》中作「非道」。[17]考慮到此處的「非道」是在與「知常曰明」對比的脈絡上提出的，故它亦可解作「非常道」。一般人求取健康，往往在飲食上有所

---

16 轉引自劉笑敢：《老子古今：五種對勘與析評引論》修訂版（北京市：中國社會科學出版社，2009年），上卷，頁881。

17 轉引自程南洲：《倫敦所藏敦煌老子寫本殘卷研究》（臺北市：文津出版社，1985年），頁154。

增益（益生），以壯體魄，此即從促成健康的常規著手的行為（道可道）。但老子認為「物壯則老」，益生過度反會損耗體理，故謂之「非道」，反非長保康健之術也。

綜合上述分析，所謂「常道」，乃是從一般人習用的常規之相反處入手的無為之道，它比起常規性的作為更能維繫所欲獲取之成效。它所以能如此，是由於它是一種處於虛靜狀態的操作，避免了一切激烈、衝撞的手段。之所以稱此「道」為「常」，一方面是取其「恆久」之義，另一方面是取其「復歸虛靜」之義。一般人欲達成某些效果，往往從正面入手，結果操之過急，反而弄巧成拙。例如求長生，我們往往從促成「長生」的各種一般途徑出發，結果反而傷生害性。必「無以生為」，避免執求「生」之各種因素，才說得上是求長生之道。總而言之，所謂「道可道，非常道」，實可順「無為」之思想脈絡暫得一解：一種行為方式若可循常規或一般性的做法入手進行（道可道），則並非一種可長保成效的行為方式（非常道）。

三　「名可名，非常名」和「無為」思想之關係

在「道可道，非常道」後，老子立即進入有關「名」的議題：「名可名，非常名。無名，天地之始；有名，萬物之母。」對於這裡的「名」字，無論如何斷句[18]，論者普遍作「名字」、「名稱」、「命

---

18 附帶一提的是，學界反對將「無名天地之始有名萬物之母」斷為「無，名天地之始；有，名萬物之母」，除了因為「無名」、「有名」乃是老子的專有名詞外，還基於帛書《老子》甲、乙本的斷句方式。如傅佩榮先生指出：「帛書《老子》……肯定王弼所斷句的『無名』、『有名』、『無欲』、『有欲』。……以『無名、有名』與『無欲、有欲』斷句，在王弼與帛書皆然。」參看傅佩榮：〈《老子》首章的文義商榷〉，《國立臺灣大學哲學論評》第33期（2007年3月），頁4-5。事實上，傅先生的說法只對了一半。帛書本《老子》「恆无欲也」、「恆有欲也」的「也」字，無疑起到了斷句的功用，解決了「無欲」、「有欲」是否《老子》首章古貌的千古疑難；然而，有關「無名」、「有名」的問題，帛書《老子》僅作「无名萬物之始也有名萬

名」解，而鮮有例外者。根據這一立場，這幾句話的大意是：「可以說出來的名稱，就不是恆久的名稱。沒有名稱之時，是天地起始的狀態；有了名稱之後，則是萬物出現的階段。」把這裡的「名」字解作「名稱」，既合乎「名」字之通義，亦不違老子在第二十五章中「吾不知其名，字之曰道，吾強為之為曰大」的說法，同時也呼應老子「道不可道」（道不可言說）的基本立場，可謂持之有故、言之成理。而若考察「無名」、「有名」等詞語在《老子》其他章段中的脈絡

物之母也」，這裡並不像「无欲也」、「有欲也」二句含有「也」這個虛詞充當標點。依此，帛書本此句固可斷為「无名，萬物之始也；有名，萬物之母也」，但卻也能斷為「无，名萬物之始也；有，名萬物之母也」。事實上許多學者正是同時採取「有，名……」、「無，名……」和「無欲」、「有欲」的斷法，例如朱謙之先生的做法正是如此。參看朱謙之：《老子校釋》（北京市：中華書局，2011年），頁3-7。循此可知傅先生以「無名」、「有名」斷句為帛書本《老子》原意，似無充足論據。主張帛書老子應以「無名」、「有名」為讀，鄭開先生誠有所見，他說：「帛書甲乙本呈現的『關鍵性證據』……兩本『恆無欲也』，『欲』下有一『也』字，足以證明古本《老子》以『有欲、無欲』為斷而不是以『有無』為讀；據此，上兩句也應讀作『有名、無名』。現在我們確信，《老子》古讀為『有名』、『無名』、『有欲』、『無欲』，而不是王安石所讀的『有』、『無』。」參看鄭開：〈試論《老子》中「無」的性質與特點〉，收入北京大學出土文獻研究所編：《古簡新知：西漢竹書《老子》與道家思想研究》，頁297。鄭先生之說，雖是推論多於文證，但畢竟指示出了一個思考的方向。鄙意以「無名」、「有名」斷句除了因為此二詞為老子專有名詞外，尚有另一項值得考慮的理由：在《老子》中，當「名」字用作「命名」（naming）時，所命之名必為單字之名。舉例說，第十四章開首即謂：「視之不見，名曰夷；聽之不聞，名曰希；搏之不得，名曰微。」在此，三個所命之「名」（夷、希、微）皆為單字之名。又如第二十五章說：「吾不知其名，字之曰道，強為之名曰大。」老子明言他不知「道」之名，但勉強命名，則可名之曰「大」，「大」亦單字之名也。再如第三十四章謂：「衣養萬物而不為主，常無欲，可名於小；萬物歸焉而不為主，可名為大。」相對於「衣養萬物」而言，道之名為「小」；而相對於「萬物歸焉」而言，道之名則為「大」。「小」、「大」亦為單字之名。由此五例可見，老子實有一用詞習慣：「名」若作「命名」解，則該名必為單字之名。循此觀點出發，由於「無，名天地之始；有，名萬物之母」的斷句主張無和有分別有「天地之始」和「萬物之母」兩個名稱，因此，這便與老子以單字進行命名的習慣不相協合。這或許能夠從一個新的角度支持以「無名」、「有名」斷句的合理性。

意義，以及老子對「名」字的其他用法，我們或許能夠挖掘出這幾個有關「名」的句子和無為工夫之關係。

　　無疑的，老子的「名」確有「名稱」、「名字」等義。例如第十四章「視之不見，名曰夷；聽之不聞，名曰希；搏之不得，名曰微。……繩繩兮不可名」和第二十五章「吾不知其名，字之曰道，強為之名曰大」兩段文字中的「名」，顯然必須解為「名字」、「名稱」。而在此用法外，老子的「名」，尚有解作「名望」、「聲譽」者，如第四十四章「名與身孰親」一語的「名」，學界一般都讀為「名望」、「聲譽」，句意為「名聲與身體哪一樣較親近」。這裡嘗試指出，「名可名，非常名。無名，天地之始；有名，萬物之母」這段話中的「名」字，在表述「名稱」（name）問題之外，尚可被理解為表述「名聲」（fame）問題。和上文「道可道，非常道」的詮釋一樣，此一「名聲」問題亦可在「無為」的工夫論視野中呈現新的焦點。這裡的論述，可呼應前兩章對老子「無名」、「有名」兩個重要概念的探討，因而也可看作是對老子「名論」的補充說明。

（一）「名可名，非常名」釋義

　　根據前文對「道可道，非常道」的詮釋，這兩個短句或含一「無為」觀念——一行為若可從常規入手，實非讓成效長久維持的方法。事實上，若從「名聲」而非「名稱」的角度看「名可名，非常名」一語，當發現它亦可循相同的方式理解——在求取、維繫名聲的過程中，若可循常規入手（名可名），並非讓名聲長久保存的方法（非常名）。約言之，所謂「名可名，非常名」，可被看作為「道可道，非常道」在名聲問題上的一種應用性的說法。侯王求取聲譽，往往積極把持其作為最高領袖的尊榮之名，這是古來今來一般統治者求名之常規。但以此自我膨脹，結果反會使名聲敗亡，所以老子說「侯王無以貴高將恐蹶」（第三十九章），如此實非持存其尊貴之名的可行之道。

要主名顯赫，歷久不衰，老子的建議是「侯王自稱孤、寡、不穀」
（第三十九章）、「人之所惡，唯孤、寡、不穀，而王公以為稱」（第
四十二章），即君主自處卑賤之名，才贏得民眾的尊重，而後名聲可
以長存。應當注意的是，「人之所惡，唯孤、寡、不穀，而王公以為
稱」一語，在新近面世的北京大學藏西漢竹書《老子》中作「人之所
惡，唯孤、寡、不穀，而王公以自命也」。[19]以「孤」、「寡」、「不穀」
這些卑賤之名「自命」，就是不以求取尊貴的聲譽為務，亦即打破求
名的常規之謂。蓋兢兢求取尊名（名可名），只會弄巧反拙，非使名
聲常在之道（非常名）。此或即「名可名，非常名」一語所涵蘊之無
為工夫。

　　值得一提的是，「名可名，非常名」在北大漢簡本《老子》中作
「名可命，非恆名也」。[20]曹峰先生認為，與「名」字的「言說」義相
較，「命」字的使用毋寧更強調「命名」義：

> 「名可命，非恆名也」，意為形下世界中的「物」可以被命
> 名，或者說可以讓「名」自發地發揮規範自我、約束自我的作
> 用。而處於形上世界之「恆名」立場者，則是不可被命名所制
> 約的。[21]

曹先生的分析無疑是很有啟發性的，尤其他把這種「命名」活動放在
先秦時代的政治哲學思潮中進行審視，確讓我們對道家形名之學的特
色有更深一層的領悟。有別於曹先生的思想史觀點，這裡試從《老

19　北京大學出土文獻研究所編：《北京大學藏西漢竹書〔貳〕》（上海市：上海古籍出
　　版社，2012年），頁125。
20　北京大學出土文獻研究所編：《北京大學藏西漢竹書〔貳〕》（上海市：上海古籍出
　　版社，2012年），頁144。
21　曹峰：〈《老子》首章與「名」相關問題的重新審視——以北大漢簡《老子》的問世
　　為契機〉，《哲學研究》2011年第4期，頁65。

子》各版本對「命」字的用法詮解「名可命也，非恆名也」一語。考
「命」字在通行本《老子》中主要有兩種用法，一是「本來狀態」，如
第十六章「歸根曰靜，是謂復命」中的「復命」，即「恢復本來狀態」
之意；二是「命令」，如第五十一章「莫之命而常自然」，即「（道）
不命令萬物而任其自生自長」之意。在通行本中，似乎找不到以
「命」表「命名」的用例。若以這些用法思考「名可命，非恆名也」
一語，則似無充分理由主張「名可命，非恆名也」中的「命」意味著
某種命名活動。反觀「命令」一用法更能符合本章的詮釋。蓋「命
令」意謂著上位者控制下位者的權力。通過權力的運作，上位者意圖
制服下位者，從而鞏固其高高在上的尊榮之名。但這種「以正求正」
的方式並非求名之要道，故老子遂有「自矜者不長」（仰仗權力，無
法領導別人）（第二十四章）、「執者失之」（把持反會失喪）（第二十
九章）、「物壯則老」（膨脹至極終必消退）（第三十章）之說。依此，
所謂「名可命，非恆名也」，乃可在「命名」之入路外進一新解：名
聲若可藉擴張權力而求得（名可命），則此名聲不可長保也（非恆
名）。由於權力之擴張對一般人來說乃是獲得聲譽的常法，和老子的
「無為」觀念恰成對反；故老子反對以權力之擴張作為求名之方，正
可被視為（無為思想下的）「名可名，非常名」的一種說明方式。

　　當然，曹先生的「命名」之說確有充足的文獻根據。蓋在北大漢
簡本《老子》中，「命」字在上述兩義外，也具有「命名」的涵義。
除了前文提及的「人之所惡，唯孤、寡、不穀，而王公以自命也」，
尚見於以「命」字取代通行本的「名」字的若干用例。如通行本第十
四章「視之不見，名曰夷；聽之不聞，名曰希；搏之不得，名曰
微」，北大漢簡本作「視而弗見，命之曰夷；聽而弗聞，命之曰希；
搏而弗得，命之曰微」[22]，此「命」即「命名」之義。有了此一依

---

22 北京大學出土文獻研究所編：《北京大學藏西漢竹書〔貳〕》（上海市：上海古籍出
　　版社，2012年），頁150。

據，「名可命，非恆名也」實可確立一「命名活動」的解釋。但除此以外，北大漢簡本《老子》的「命」字其實有著第四種用法，即「顯露」之義。通行本第四十七章「不見而名」，北大漢簡本作「弗見而命」。[23]衡諸第二十二章「不自見故明」和第二十四章「自見者不明」二語，可知「不見而名」即「不見而明」，意即不自我炫耀，反使名聲顯露。依此，「名」即「明」，而以「命」代「名」，「命」遂表「顯露」之義。倘此說不誤，則「名可命，非恆命也」亦可詮解如下：名聲若可藉自我顯露的方式求取，則此名聲無可久存——這顯然也可看作（無為思想下的）「名可名，非常名」的一種說明方式。由這些分析可知，無論是通行本的「名可名，非常名」還是北大漢簡本的「名可命，非恆名也」，除了可循「命名活動」一線索進行合理的解讀外，亦可扣住「名」、「命」等字在《老子》各種版本中的用法說明老子之無為工夫。

（二）「無名」與「有名」之關係

　　和「名可名，非常名」一樣，「無名，天地之始；有名，萬物之母」亦可被看做是涉及「名聲」問題的一種探討。觀乎《老子》中「無名」、「有名」二詞所出現的脈絡，當可看到此二詞毫無例外地和討論化解欲望（無欲）的文字有密切關係。而化解欲望的主張，正是構成老子「無為」觀念的一個要素。由於追求名望、聲譽也是一種欲望，因此，這裡試把「無名」理解為某種「無為」的方式——即不著力於名望、聲譽的追逐和把持，以免出現激進、衝撞的行為。

　　先以第三十二章作一例釋。第三十二章說：

23　北京大學出土文獻研究所編：《北京大學藏西漢竹書〔貳〕》（上海市：上海古籍出版社，2012年），頁127。

　　道常無名，樸。雖小，天下莫能臣也。侯王若能守之，萬物將
自賓。

在這段話中，「無名」是和「樸，雖小」連言的。「小」也者，乃是老
子稱許「道」沒有宰制、操控萬物的欲望的一個形容詞，第三十四章
「衣養萬物而不為主，常無欲，可名於小」可證。由此推之，所謂
「道常無名，樸，雖小」，乃是道雖衣養萬物，卻不以「主」之名自
居（無名）之謂。在此詮釋下，「侯王若能守之，萬物將自賓」亦可
得順解——侯王像道那樣衣養萬民，而不以「主」之名自詡，人民才
會心悅誠服地自然歸順。由這些分析可知，老子所謂「無名」，亦可
被理解為不（執意）追逐名聲之義，由是可被放在「無為」的思想脈
絡上而被賦予工夫論的意涵。耐人尋味的是，第三十七章「道常無為
而無不為」一語，在帛書《老子》甲、乙兩本皆作「道恆无名」。[24]而
第三十七章中段的主題正是「欲」。這或許反映出帛書《老子》的作
者是從化解欲望的觀點看待「無名」，從而把「無名」視為從側面表
達「無為」思想的一個概念。

　　老子有「無為而無不為」（第三十七章、第四十八章）之說。在
此語中，「無為」乃是達成「無不為」這一結果的程序。照此而論，
「無名」若可被視作「無為」的表達方式，則「有名」乃是「無名」
這種程序所達成之結果——亦即，不執意把持名望、聲譽，才可使名
望、聲譽長久保持。

　　這裡再從第三十二章「道常無名，樸。雖小，天下莫能臣也」一
段話作出申論。「天下莫能臣」即從反面表示「道使萬物臣服」之
義。在此，「天下莫能臣」乃是「無名」的結果。衡之於第三十四
章，可知「天下莫能臣」乃「有名」之內涵。第三十四章謂：

---

24 高明：《帛書老子校注》（北京市：中華書局，2011年），頁421。

衣養萬物而不為主，常無欲，可名於小；萬物歸焉而不為主，
可名為大。

顯然的，「萬物歸焉」在意義上近於「天下莫能臣」。由於「萬物歸
焉」乃前句「衣養萬物而不為主」的結果，而「衣養萬物而不為主」
乃是「小」，於老子屬「無名」的層次，由此可推知「萬物歸焉」作
為「大」，乃屬「有名」的層次。依此，「天下莫能臣」亦屬「有名」
的層次。老子接下來宣稱「侯王若能守之（守無名之道）」可獲得
「萬物將自賓」的結果，即表示一種由無名而有名的進程──「賓」
是相對於「主」來說的，「自賓」即意涵侯王雖不以「主」自名，而
萬民心悅誠服，自甘為其「賓」也。自甘為「賓」，即以「主」之
「名」加諸侯王。此即含有一「無為」觀念：侯王不自居為「主」
（無名），只是默默輔助萬民，終於獲得萬民的支持，而被賦與
「主」此一尊貴的名號（有名）。

　　根據上述對「無名」、「有名」二詞所作的「無為」式的詮釋，現
可回頭考察「無名，天地之始；有名，萬物之母」之意涵。根據第三
十二章「道常無名，樸。雖小」及第三十四章「衣養萬物而不為主。
常無欲，可名於小」二語，「無名，天地之始」中的「無名」當是
「小」義，即：道對於天地萬物只有創生活動和輔育活動，而不進行
制宰活動；萬物只知自行化育，而不知自行化育之所以然。故道在萬
物之間一開始並不存在任何名望──道並不執意追逐作為萬物之主的
聲譽，而萬物亦不以「主」之名歸諸道，這就是道之「無名」。稱之
為「始」，僅表示道對於萬物的根源性。然而，如同第五十二章「天
下有始，以為天下母」所示，此「始」實可成為萬物的母親，故首章
於「無名，天地之始」之後，立言「有名，萬物之母」。正由於道始
終默默輔佑萬物的生長遂成，而不對之有任何強力的主導或改造，故
道終於獲得了萬物的信任，這就是第三十四章的「萬物歸焉而不為

主，可名為大」。「萬物歸」，即反面表述萬物以己為子、視道為母之義，所以「有名」的「名」，應是指「名為大」的「大」，亦即由於萬物之歸附而取得了世間最大的名望之謂。而此一最大的名望，乃是由於道不逐求「主」的聲譽（無名），而永遠在背後加持萬物，終於取得萬物心悅誠服的支持所達成者。此即第三十四章末句「以其終不自為大，故能成其大」之義。

綜言之，所謂「無名」，可被詮釋為不著力於追求、把持名望、聲譽；於是所謂「有名」，即可被理解為名望、聲譽之獲得。兩者之關係可如此理解：「無名」乃是達成「有名」的工夫、程序，「有名」乃是「無名」所達致的結果、成效。據此，所謂「無名，天地之始」，是指道雖產生萬物，但非以高高在上之威勢干涉其發展，這是不追求作為萬物主宰的名望、聲譽的一種表現（無名）；而所謂「有名，萬物之母」，是指道始終默默輔助萬物之成長，終取得萬物之歸服；萬物以己為子，是視道為其母也，如此道即成就了作為萬物之主的聲名（有名）。故道之「無名」，乃其所以「有名」者，這正是「無為而無不為」之義──道不追求作為萬物之主的聲名（屬於無為），才能廣納萬物，而成此聲名（屬於無不為）。這樣看來，「無名」實是「有名」之先行條件，即要取得聲名，則不妨從放棄聲名的追逐入手。道的這種不求名望的表現，實為人間的侯王提供了治術的形上基礎──侯王欲維繫「侯王」之名，必須「以反求正」──培養以「孤」、「寡」、「不穀」這些人之所惡的污名以自謂的胸襟，若以「侯王」之名自矜自見，要結人心，則此尊名實不可常。第二十九章所謂「為者敗之，執者失之」是也。由此觀之，前兩章對老子「無名」、「有名」二概念之義理剖析，實可藉由《老子》首章「名可名，非常名」一語加以統攝。

四　「常無欲，以觀其妙；常有欲，以觀其徼」和「無為」思想之關係

在討論「無名」、「有名」之後，老子馬上連繫到「無欲」、「有欲」的問題上去：「故常無欲，以觀其妙；常有欲，以觀其徼。」「故」字表示「無名」、「有名」二句和「無欲」、「有欲」二句有一種前後相承的語意關係。這裡試指出，「無欲」、「有欲」乃是承接上句的「無名」、「有名」所涵攝的無為思想而來，我們不僅無需將「無」、「有」二字和「欲」字從中分開，亦可由此出發，進一步把「形上之道」和「無為工夫」結合起來進行討論。

（一）「無名」和「無欲」、「有名」和「有欲」之關聯性

先看「無名」和「無欲」之關係。第三十二章說：「道常無名，樸。雖小。」對於無名之道，老子以「小」稱之。第三十四章則謂：「衣養萬物而不為主，常無欲，可名於小。」在此，老子亦以「小」表道之「無欲」表現。由是「無名」和「無欲」即可通過「小」的概念連結起來。首章「故常無欲，以觀其妙」的「妙」字，王弼注曰「微之極也」[25]，正是「小」義。可知首章的「無欲」，也是扣住「小」而立論。又由於「小」含「無名」之義，故「常無欲，以觀其妙」，亦可謂扣住「無名」而立論也。事實上，「故常無欲，以觀其妙」可被看作是「無名，天地之始」之引申說明。這一點留待後文分析。

「無名」和「無欲」之關係可由「小」的概念連結，「有名」和「有欲」之關係則可循「大」的概念看出。第二十五章說：

　　有物混成，先天地生。寂兮寥兮，獨立而不改，周行而不殆，

25　〔魏〕王弼著，樓宇烈校釋：《王弼集校釋》（臺北市：華正書局，1992年），頁1。

可以為天下母。吾不知其名，字之曰道，強為之名曰大。

老子對於作為萬物之母（天下母）的道，強以「大」一名冠之。由於「有名，萬物之母」，可推知「有名」即「大」。又第三十四章說：

衣養萬物而不為主，常無欲，可名於小；萬物歸焉而不為主，可名為大。

「萬物歸」三字，實可與首章「常有欲，以觀其徼」的「徼」字相呼應。「徼」，王弼注曰「歸終也」。[26]王博先生恰當地指出：

「歸終也」，正是「萬物歸焉」之義。可見，第一章所說的「常有欲」，其實就是在「萬物歸焉」的意義上使用的。[27]

依王博先生之說引申，如果「常有欲」即「萬物歸」，則由於「萬物歸」可「名為大」，而「大」又是「有名」，遂可推論出「有欲」和「有名」之關聯性。

(二)「故常無欲，以觀其妙；常有欲，以觀其徼」疏解

上文指出，「妙」即「小」，而「小」又含「無名」之義；據此，「常無欲，以觀其妙」一語，實可被理解為對「無欲」和「無名」之關係的某種說明。當中的「觀」字，王博先生認為不是指「觀察」，而應作「顯示」解。[28]今從其說。依此，「常無欲，以觀其妙」之義理可疏解如下：道對欲望的化解（無欲）顯示為（以觀）它對名望、聲

---

26 〔魏〕王弼著，樓宇烈校釋：《王弼集校釋》（臺北市：華正書局，1992年），頁2。
27 王博：《老子思想之史官特色》（臺北市：文津出版社，1993年），頁213。
28 王博：《老子思想之史官特色》（臺北市：文津出版社，1993年），頁212-213。

譽的不追求、不執持（妙）。至於「常無欲」之「常」，主要是就「復歸」來說。第十六章說「歸根曰靜，靜曰復命，復命曰常」，故「常」的「復歸」義主要關聯到「靜」的狀態。參以第三十七章「不欲以靜，天下將自定」，可知「靜」乃是化解欲望（不欲）後的結果。據此，「常無欲」乃是指化解欲望以保持「靜」的狀態，而化欲而求靜的程序則表現在不著力追求聲名的作為上。

　　至於「常有欲，以觀其徼」，問題則比較複雜。「有欲」一詞一直對古今論者造成很大的困擾。他們多認為「有欲」與老子思想不合，且《老子》他章並無「有欲」之用例，故主張斷為「常有，欲以觀其徼」。在帛書《老子》出土之前，這種做法無可厚非。然而，帛書《老子》卻提供了兩項證據推翻上述做法。一是斷句問題，一是用例問題。就斷句問題說，帛書甲本作「〔故〕恆无欲也以觀其眇恆有欲也以觀其所〔噭〕」，乙本作「故恆无欲也〔以觀其眇〕恆又欲也以觀其所噭」。當中的「也」字，正好把「無欲」、「有欲」二詞和「以觀」句分開。可知秦漢古本正作「無欲」、「有欲」。而就用例問題說，通行本第二十四章和第三十一章的「故有道者不處」，在帛書《老子》甲、乙二本均作「故有欲者弗居」。[29]誠如高明先生所說：

---

29 高明：《帛書老子校注》（北京市：中華書局，2011年），頁336、387。按一：尤可注意的是，通行本第二十四章和第三十一章的「有道者不處」一語，在北大漢簡本《老子》中亦作「有欲者弗居」，見北京大學出土文獻研究所編：《北京大學藏西漢竹書〔貳〕》（上海市：上海古籍出版社，2012年），頁155、159。按二：雖然北大漢簡本《老子》的抄寫年代人言人殊，有謂惠帝朝者，有謂武帝朝者，亦有謂早於呂后執政期者，但大致上看，說北大漢簡本《老子》抄寫年代不晚於武帝朝當無大誤，此正與帛書《老子》乙本抄寫時期相距不遠。又觀北大漢簡本和帛書甲、乙本在措辭、造句、分章及虛詞之運用等方面均甚有差別，或可證三者抄寫所據版本來源不同。如此，三種版本以上的《老子》均有「有欲者弗居」一語，這實構成了很有力的理由否定了「有欲」一詞是傳抄有誤所致。有關北大漢簡本《老子》之年代問題，可參考王中江：〈北大藏漢簡《老子》的某些特徵〉，見氏著：《根源、制度和秩序：從老子到黃老》（北京市：中國人民大學出版社，2018年），頁304-312；韓巍：〈西漢竹書《老子》的文本特徵和學術價值〉，收入陳鼓應主編：《道家文化研究》（北京市：生活・讀書・新知三聯書店，2013年），第27輯，頁2-5。

帛書甲、乙本將前文與此文同寫作「有欲者」，恐非偶然。
「欲」字如係訛誤，則甲、乙本前後數處均將此字寫誤，如此
巧合，實屬不能，其中必有緣故。[30]

高先生認為其中的緣故在於形、音、義上的通假問題：「欲」假借為
「裕」，而「裕」字在音、義上皆與「道」字相同，因此，甲、乙本
的「有欲者」當讀為「有裕者」，與「有道者」詞異而義同。[31]高先生
的觀點雖然得到陳鼓應先生的支持[32]，但他的論證其實是可待商榷
的。一、即使「道」可假借為「裕」，但「裕」卻未必能假借為
「欲」。高先生認為「欲」可通假為「裕」，卻沒有細說這種「通假」
是什麼意義上的通假。事實上，現存古書中仍不見「欲」、「裕」互用
之例。二、倘「有欲」即「有道」，則帛書「恆有欲也以觀其所噭」
是否亦應讀作「恆有道也以觀其所噭」？如應作此讀，則前句「恆无
欲也以觀其眇」豈非應讀作「恆无道也以觀其眇」？如不應作此讀，
則何以「恆有欲也以觀其所噭」可維持「有欲」的讀法而「有欲者弗
居」卻需易以「有裕」和「有道」的讀法？其分別的標準為何？事實
上，高先生是認可蔣錫昌之說，以為「常有欲以觀其徼」表示「欲使
人知有欲要求之危險，而行無欲而免之也」。[33]據此，「有欲」即「有
欲望」之意，然則同為「有欲」，何以「有欲者弗居」之「有欲」反
作「有道」解？三，如果「有欲」即「有裕」，而「有裕」即「有
道」，則如何解釋帛書甲、乙本「天下有道」（第四十六章）和「唯又
（有）道者」（第七十七章）二句中「有道」一詞的使用？寫作「天
下有欲」和「唯有欲者」在文字上不是更為統一嗎？

---

30 高明：《帛書老子校注》（北京市：中華書局，2011年），頁389。
31 高明：《帛書老子校注》（北京市：中華書局，2011年），頁338、389-390。
32 陳鼓應註譯：《老子今註今譯及評介》（臺北市：臺灣商務印書館，2000年），頁172。
33 高明：《帛書老子校注》（北京市：中華書局，2011年），頁227。

　　經由上述分析，可知高先生的處理方式雖可讀通「有欲者弗居」一語，但卻引來更多難以回答的問題，尤其無法與「恆有欲也以觀其所噭」的「有欲」一詞構成一致的用法，故似非可取之道。事實上，「有欲者弗居」和「常有欲，以觀其徼」中的兩個「有欲」乃是同一意義，無需分拆解釋。正如「有名」是承接「無名」而來的結果或成效，「有欲」亦可被視為承接「無欲」而來的結果或成效。前文已論證由「無名」而「有名」（不著力追求聲名，乃所以取得聲名的途徑）乃是「無為而無不為」的一種具體說法，依此，由「無欲」而「有欲」亦當表達了相同的「無為」意涵。然則該如何說明？

　　故嘗試論之。前文指出「無欲」一詞乃是在「化解欲望」的意義上使用的。根據「無為而無不為」的原則，「有欲」遂可被理解為「實現欲望」。這是說，正由於道化解了成為萬物之主的欲望，而只是默默地在背後養育萬物，終於得遂其成為萬物之主的欲望。當然，「有欲」一詞驟看很有誤導性，它很容易給人以「滿足私欲」這樣的負面印象。但如同劉笑敢先生所主張，老子對於「有欲」的「欲」字是有特殊規定的：

> 何為《老子》之大欲？《老子》並未明言。然據「道法自然」一語，《老子》之最高追求顯然不是統治天下，而是天下之自然和諧、安定。如果可以自然而然地取得天下，治理天下，《老子》並不反對；但是如果要處心積慮、窮兵黷武地追求統治天下，《老子》絕不贊成。[34]

根據劉先生的說法，「無欲」、「有欲」之殊義可如此理解：「無欲」是化解以剛烈、衝撞的手段達成統治天下的欲望，而「有欲」則是實現

---

34 劉笑敢：《老子古今：五種對勘與析評引論》修訂版（北京市：中國社會科學出版社，2009年），上卷，頁309-310。

了天下之自然和諧安定的欲望。而要達成後者，必以前者為先行條件。「無欲」和「有欲」的這種關係，老子多有述及，如第三十四章即如此結尾：

> 萬物歸焉而不為主，可名為大。以其終不自為大，故能成其大。

「不自為大」即「無欲」，意指沒有宰制萬物而成為萬物之主的欲望；而「成其大」即「有欲」，意指實現了「萬物歸」（成為萬物之主）的欲望。但請注意：「成其大」之「有欲」並不是對萬物的強勢掌控，而是萬物之自然歸趨。而萬物自然歸趨之「有欲」的達成，乃是由於「衣養萬物而不為主」有以致之──即輔佑萬物（衣養）而無掌控萬物（不為主）之欲，所謂「無欲」也。又第六十一章以大國對待小國之應有態度作出說明：

> 大國者下流，天下之交。天下之牝，牝常以靜勝牡，以靜為下。故大國以下小國，則取小國；小國以下大國，則取大國。故或下以取，或下而取。大國不過欲兼畜人，小國不過欲入事人。夫兩者各得其所欲，大者宜為下。

「大國以下小國」的「以下」，即「以靜為下」，即沒有吞併小國的意欲，這屬於「無欲」；而其結果則是「則取小國」──取得了小國的歸附，老子稱之為「得其所欲」，這則屬於「有欲」。換言之，所謂「有欲」，並不是指滿足了吞併別國的野心，而是指取得了別國的信任，維持了國與國之間的友誼，從而實現了「天下安定」的大欲。顯然的，這種「有欲」的結果乃是藉由「無欲」的程序而達成的。

根據這種對「有欲」的分析，「有欲者弗居」一語或無需作「有道」解。帛書《老子》甲本相等於通行本第二十四章的文句是：

炊者不立，自視不章，〔自〕見者不明，自伐者无功，自矜者
不長。其在道，曰餘食贅行，物或惡之，故有欲者〔弗〕居。

「弗居」是指不從事「自視」、「自見」、「自伐」、「自矜」這些作為。
何以有欲者不從事這些作為？因為這些作為都有炫耀能力、展示威勢
以逼迫別人認可的用意在。如此即與「無欲」背道而馳。由於「無
欲」（化解統治欲望）是「有欲」（實現天下和諧的欲望）的先行條
件，意即「有欲」無法越過「無欲」之程序而得；因此，「有欲者」
若要其「欲」（章、明、功、長）得以實現，便得拒絕「自視」、「自
見」、「自伐」、「自矜」這些違反「無欲」的作為，故曰「弗居」也。

　　循此線索，現可回到對「常有欲，以觀其徼」一語的考察。如上
指出，「徼」即「歸終也」，取第三十四章「萬物歸」之義。而「萬物
歸」的「歸」字意味著道之「大」一名非由強勢把持而得，從而喻示
了道和萬物之間的和諧關係，此正是「有欲者」所希望實現的天下安
定的大欲。依此，此句可疏解如下：道的欲望的實現（有欲），顯示
為（以觀）它可讓萬物自然歸從（徼）。又由於「萬物歸」可「名為
大」，此為道的「有名」；因此，「常有欲，以觀其徼」又可理解為道
的「有欲」是通過它的「有名」顯示出來——道的欲望的實現顯示為
它終於得到了「大」之名。而「大」一名，正是道得到了萬物的支持
而被萬物所賦予的。而「常有欲」的「常」字，仍然是取第十六章
「歸根曰靜，靜曰復命，復命曰常」的「復歸」義：因為萬物歸附、
天下安定的欲望雖已實現，但不能以此自驕或讓權力過度伸張，而必
須返回「靜」的根源處，繼續讓萬物安頓於自然的秩序。第十六章說
「知常曰明」，即謂做到「復歸」就是「明」。參以第五十二章「見小
曰明」、第三十四章「常無欲，可名於小」諸語，可知「常」即「復
歸」，「復歸」即「明」，「明」即「小」，「小」即「常無欲」。以此推
之，「常有欲」的「常」，仍然暗示了復歸「無欲」的本來狀態。所以

第三十二章認為在「名亦既有」（有了聲名）之後便要「夫亦將知止」（禁止欲望擴張、保持虛靜心靈），這樣做才能「不殆」，即讓聲名得以持續。第五十二章亦謂「既知其子，復守其母，沒身不殆」，意即萬物歸從之大欲（知其子）實現之後，仍然要返回「無欲」（守其母）的狀態，如此才能使「萬物歸」（子）之大欲得以恆久維繫（沒身不殆）。

如果前文的分析是恰當的，則我們便可瞭解為什麼老子要在「無名」、「有名」二句和「常無欲」、「常有欲」二句之間加一「故」字。因為「故」字的作用正在於表示後二句乃是上承前二句的引申說明。依句意看，「常有欲，以觀其徼」上正省一「故」字，其實義當為「故常有欲，以觀其徼」，以其上承「有名，萬物之母」而言故也。依前文所述，「無名，天地之始」是指道不追求作為萬物之主的聲名，只是輔助萬物之生成化育，是以（故）這種「無名」的作為顯示了（觀）道對（追求聲名或掌控萬物的）欲望的化解（常無欲）。反過來說就是道之「常無欲」顯示為（以觀）其「妙」，「妙」即「小」，「小」即「無名」也。同理，「有名，萬物之母」是指道因為輔助萬物成長而獲得了萬物之主的聲名，是以（故）這種「有名」的結果顯示了（觀）道的（萬物歸從或天下安定的）欲望的實現（常有欲）。反過來說，就是道之「常有欲」顯示為（以觀）其「徼」，「徼」即「大」，「大」即「有名」也。綜言之，在「故常無欲，以觀其妙；常有欲，以觀其徼」數語中，「形上之道」和「無為工夫」之關係正由「欲」之主題而得到說明。

五　「玄之又玄，眾妙之門」與「無為」思想之關係

在「常無欲」、「常有欲」二句之後，老子提出了「玄」這個概念：「此兩者同出而異名，同謂之玄。玄之又玄，眾妙之門。」幾乎

古今中外的學者都以「奧妙」、「神奇」、「深遠」一類意義來理解首章的「玄」字。考其原因，一則「玄」字本含「奧妙」之義，二則《老子》中亦的確有此用法，如第十章「滌除玄覽，能無疵乎」和第十五章「微妙玄通，深不可識」，三則受到了「道不可言說」這種主流詮釋的影響。蓋道體不可言說，非思辨對象，乃經驗所不及處，故可云玄妙難知也。既然首章「道可道，非常道」廣被解作「可以言說的道並非恆存的道」，而涵衍了「道不可言說」之義，則將首章的「玄」字解作「奧妙」以呼應「道可道，非常道」之「不可言說」義當是合乎邏輯的做法。這裡將指出，首章的「玄」字除了境界字的身分外，尚可作工夫字之運用──它可被視為表達了和「無為」思想有關之修養程序。

（一）「玄」字可作為一工夫字之理據

1　《老子》「玄」字的脈絡意義

　　首先考察《老子》「玄」字的用法。連同首章的用例，「玄」字在通行本《老子》中有多達十例左右，如第六章「玄牝」、第十章「玄覽」、「玄德」、第十五章「微妙玄通」、第五十一章「玄德」、第五十六章「玄同」、第六十五章「玄德」。論者多以這些「玄」字表「奧妙」之義，而事實上以「奧妙」解之亦深合老學義理；但若考察這些「玄」字所出現的脈絡，我們或能發現它的另一種用法。

　　首先探討第十章和第五十一章。這兩章皆有「生而不有，為而不恃，長而不宰，是謂玄德」這一段話。「生而不有，為而不恃，長而不宰」的大意是「道生成萬物而不據為己有，輔育萬物而不炫顯才能，領導萬物而不強加制肘」。可以看到，這段話對「玄德」的說明皆涉及某些行為：不加掌控（不有）、不作炫耀（不恃）、不施制約（不宰）──這幾句話公認表達了老子的無為思想。也就是說，「玄

德」一詞應當還隱藏著某種行為義,以與「不有」、「不恃」、「不宰」之無為義相呼應。依此,「玄德」的「玄」字,除了用為作「奧妙」解的境界字外,尚可用為作「損」解的工夫字,其義為「從事減損工夫之品德表現」。「玄」、「損」之關係可從兩方面得之。首先,就發音問題來說,「玄」、「員」上古音同屬匣紐,音近可通。第四十八章「為學日益,為道日損。損之又損,以至於無為」的「損」字,在郭店竹簡《老子》乙組中正作「員」:「學者日益,為道者日員。員之或員,以至亡為也。」[35]據此,「玄」、「員」一聲之轉,而「員」又為「損」,這便為「玄」、「損」通假提供了聲韻學、文字學的基礎。其次,所謂「損」,主要是指減損知見、欲望,以免行為受到知見、欲望之干擾,而對萬物構成傷害,這是「無為」的先行工夫,故第四十八章曰「損之又損,以至於無為」。而減損知見欲望之修養(損),見之於行為,就是「生而不有」、「為而不恃」、「長而不宰」——此正是「無為」這種特殊行為方式之表現。由此可知,「玄德」一詞之所以被放在「不有」、「不恃」、「不宰」的脈絡上,或與「損之又損,以至於無為」的「無為」觀念相關。依此,「生而不有,為而不恃,長而不宰,是謂玄德」,當可被理解為「做到生成而不把持,輔育而不逞能,領導而不制肘,這就是從事減損工夫之品德表現」。這種對「德」的理解,和第三十八章「上德不德,是以有德」的「不德而德」的思路正相一致——「不德」即心態上不自以為有德,即「損」之工夫;實現為行動,正是「不有」、「不恃」、「不宰」,即「無為」之事。「不德」即「玄」,「有德」即「德」也。

第六十五章也有「玄德」一詞:

> 古之善為道者,非以明民,將以愚之。民之難治,以其智多。

---

35 荊門市博物館編:《郭店楚墓竹簡》(北京市:文物出版社,2001年),頁118。

> 故以智治國，國之賊；不以智治國，國之福。知此兩者亦稽
> 式。常知稽式，是謂玄德。玄德深矣，遠矣，與物反矣，然後
> 乃至大順。

這裡提到「常知稽式，是謂玄德」一語。所謂「常知稽式」，就是指知道「以智治國，國之賊」和「不以智治國，國之福」兩者之差別，而對後者有所認可。如果「不以智」就是「稽式」，而「知稽式」就是「玄德」，則顯然「玄」字也是在行為脈絡上使用的──「不以智」正是「損」的一項內容。尤可注意者是「玄德深矣，遠矣，與物反矣，然後乃至於大順」這個結語。參以第四十八章，所謂「與物反」，指的正是「為學日益」、「為道日損」之對比──當為學者積極增益各種知識、從事各種競爭活動時，為道者卻反其道而行，將各種人為的價值觀念和容易導致紛擾的情識一點一點消耗掉（損之又損）。而「乃至於大順」，就是指為道者透過「損」的工夫而避免出現激進行為（以至於無為），如此才能保持世界的和諧（無為而無不為）。「大順」也者，就是指「無不為」的後果而言。如果這種看法成立，則「玄德深矣，遠矣」的「玄」正是指「為道日損」的「損」，而「深矣遠矣」則是對「損之又損」的工夫所涵攝的持之以恆的毅力的嘆語也。

又第五十六章論「玄同」之說亦堪重視：

> 塞其兌，閉其門，挫其銳，解其分，和其光，同其塵，是謂玄
> 同。故不可得而親，不可得而疏；不可得而利，不可得而害；
> 不可得而貴，不可得而賤。故為天下貴。

和「玄德」的用例一樣，「玄同」一詞的脈絡意義也是行為性的──「塞其兌，閉其門」講的是克除欲望，「挫其銳，解其分，和其光，

同其塵」講的是收斂鋒芒。顯然的，克除欲望和收斂鋒芒恰好指涉一「損」之工夫。因此，「玄同」一詞固可解為「奧妙齊同的境界」[36]，但亦可解為「從事減損工夫以達至齊同之境」。而「同」（齊同之境）也者，即後文「親疏」、「利害」、「貴賤」的差別性之泯除——蓋克除欲望、收斂鋒芒的「損」之工夫，所擺脫的正是對「親」、「利」、「貴」這些價值的認知和追求。

2 北大漢簡本《老子》的「玄」、「損」關係

前文從聲韻、義理的角度論證老子之「玄」字或可用作一工夫字，其義通「損」，即減損知見、欲望以達至「無為」的一種工夫程序。所謂「玄德」、「玄同」，在「奧妙的德」、「奧妙齊同之境」之義外，也可表「從事減損工夫之品德表現」和「從事減損工夫而達至齊同之境」之義。事實上，「玄」、「損」的關係，還可在《老子》文獻中獲得實證。北大漢簡本《老子》有一個值得注意的現象：相當於通行本第四十八章的「損之又損」一語，北大漢簡本作「〔損〕之有損之」[37]；而相當於通行本首章的「玄之又玄」一語，北大漢簡本則作「玄之有玄之」。[38]「損之有損之」和「玄之有玄之」在措辭上、句式上的一致性，啟發了我們對首章的「玄」字之可能義涵的重新思考。

曹峰先生提醒我們「玄」、「損」二字在北大漢簡本《老子》中之互通性：

「玄之又玄之」文本的出現，決不是偶然的現象。首先，這種

---

36 陳鼓應註譯：《老子今註今譯及評介》（臺北市：臺灣商務印書館，2000年），頁286。

37 北京大學出土文獻研究所編：《北京大學藏西漢竹書〔貳〕》（上海市：上海古籍出版社，2012年），頁128。

38 北京大學出土文獻研究所編：《北京大學藏西漢竹書〔貳〕》（上海市：上海古籍出版社，2012年），頁144。

表現方式和「損之又損之」恰好形成對照，促使我們去思考這樣一種可能性，即「玄之又玄之」中的「玄」也應該讀為動詞，「玄」同樣應該理解為減損或否定，「之」是「玄」所減損或否定的對象，在北大漢簡《老子》下經的首章中有著工夫論的內容。而這一切，在《老子》解釋史上、在道家思想史上並非沒有蛛絲馬跡，……。[39]

「玄」要否定的「之」正是「有欲」和「無欲」，即，首先，「玄之」否定的是人外在的各種欲望，如果與「損之又損之」及《莊子》〈知北遊〉聯繫起來看，那就指的是「仁」、「義」、「禮」這些儒家所鼓吹的東西及相應的知識與智能。……其次，「又玄之」否定的是對「有欲」、「無欲」二元因素作出思考的主體思維活動本身。[40]

曹先生的意思可歸納為兩點：一、「玄之有玄之」和「損之有損之」的同構現象反映出「玄」字有否定、減損之動作義，不需依傳統將之理解為表「玄妙」義的形容詞。二、「玄之有玄之」所要減損、否定者，乃是各種欲望和儒家鼓吹的人為價值。大體上看，這兩點皆合老義。雖然曹先生把「有欲」、「無欲」二者視為「玄」的對象這個觀點可再討論，而此文對於「玄」的說明和曹先生另文對於「名」的說明亦似有不一致之處[41]；然而他對北大漢簡本《老子》「玄」、「損」二字

---

39 曹峰：《老子永遠不老：《老子》研究新解》（北京市：中國人民大學出版社，2018年），頁5。

40 曹峰：《老子永遠不老：《老子》研究新解》（北京市：中國人民大學出版社，2018年），頁13。

41 曹峰先生對首章「玄」、「名」二字之說明似乎未能一致。這裡僅提一點。在分析「名」時，他說：「既然『名』是構成形下世界的主要因素，既然『名』是可以『命』的，那麼由誰去『命』，如何去『命』，……就是政治的首要課題之一。……

之關係的發現，確實在文獻證據上有力地支持了「玄」可用作一工夫字之假設。

3 重玄學的詮釋

前文分從《老子》中「玄」字之脈絡意義及《老子》古抄本之句式來支持「玄」作為一工夫字之可能性。這兩項理由皆是扣住《老子》文本而提出者。事實上，從後人對老學的解說來看，以「玄」表「損」義或為古已有之的傳統。這裡姑就唐代興起的重玄學作一初探。

學界一般認為重玄學乃受佛教三論宗有關「非有非無」的中觀學說所影響[42]，而針對《老子》首章「玄之又玄」一語所發展起來的一

唯有聖人能由『道』而『名』，並建立政治秩序，它保證了君主在政治上的壟斷權。……唯有最高之統治者能夠把握『常道』，處於不可命名、不可制約的『常名』的位置，從而使自己立於政治的最高點。參看曹峰：〈《老子》首章與「名」相關問題的重新審視──以北大漢簡《老子》的問世為契機〉，《哲學研究》2011年第4期，頁63-67。而在分析「玄」時，他則借王弼之「玄」有工夫義以助己說：「在王弼這裡『玄之又玄』可以理解為，對『道』的追求過程，同時就是不斷擺脫名號稱謂束縛的過程，以不斷否定的方式，最後返歸於『道』，這和『損之又損』顯然是同一原理，……『玄之又玄之』……即對外物影響以及主體執著的排除和否定。……『又玄之』否定的是對「有欲」、「無欲」二元因素作出思考的主體思維活動本身。」參看曹峰：《老子永遠不老：《老子》研究新解》（北京市：中國人民大學出版社，2018年），頁8-13。要之，曹先生談「名」的重點有二：一、聖人可立於「無名」之形上層次而對形下世界的萬物作恰當的命名；二、聖人對「名」的使用，構成了政治秩序，亦保障了其對權力的壟斷。其談「玄」的重點亦有二：一、「玄」是指「損」的減損欲望的工夫，當中包括對名號稱謂的解脫；二、「玄之又玄之」旨在消除主體思維活動。顯然地，「命名萬物」和「擺脫名號」是互相矛盾的，而「壟斷權力」和「減損欲望」亦難以調和。由於曹先生這兩段對「名」和「玄」的討論都是針對《老子》首章而提出的，因此，既然他對「名」和「玄」的討論是互相矛盾、難以調和的，這就涵蘊了他對《老子》首章的說明是缺乏邏輯一致性的。

42 當然也有其他看法。如董恩林先生同意蒙文通（1894-1968）先生之說，主張重玄一派始於梁陳，盛於唐初，其重點在於宗教修煉，實即「道士派」，並以其深遠挽救魏晉清談陳義虛薄之失。參看董恩林：《唐代《老子》詮釋文獻研究》（濟南市：齊

種道家修養工夫論。無論其產生原因為何，有一點應是沒有疑問的，那就是重玄學主要是把《老子》首章的「玄」視為一種和「損」有關的修養工夫。以成玄英為例，他對首章「同謂之玄」的「玄」字有一界說：

> 玄者，深遠之義，亦是不滯之名。……深遠之玄，理歸無滯，既不滯有，亦不滯無。二俱不滯，故謂之玄。[43]

成玄英繼承傳統看法，以「玄」表「深遠」之義。除此之外，他亦提出一突破性的見解，即認為「玄」指涉一「不滯」之工夫。所謂「不滯」，即擺脫知見情識對心思和行為的干擾之謂。成玄英指出，不滯之工夫修煉至化境（深遠之玄），知見情識便不被外物誘發（既不滯有），同時此一境界之維繫亦無需再依靠不滯之工夫（亦不滯無），換言之，就是把外物和工夫本身兩者都擺脫掉（理歸無滯）。成玄英對「玄之又玄」的分析尤見「玄」之工夫義：

> 有欲之人，唯滯於有；無欲之士，又滯於無。故說一玄，以遣雙執。又恐行者滯於此玄，今說又玄，更袪後病，而非不滯於滯，亦乃不滯於不滯。此則遣之又遣，故曰玄之又玄。[44]

在此，成玄英把「玄」和「又玄」區分為兩種層階之工夫：「玄」旨在「遣雙執」，所謂「雙執」，即「滯於有」和「滯於無」兩者。「有」

魯出版社，2003年），頁47-48。又曹峰先生主張王弼《老子指略》將「玄之又玄」理解為不斷擺脫名號稱謂束縛的否定過程，這和「損之又損」顯為同一原理，實開啟了後來重玄說的先聲。參看曹峰：《老子永遠不老：《老子》研究新解》（北京市：中國人民大學出版社，2018年），頁8。

43 〔唐〕成玄英：《老子義疏》（臺北市：廣文書局，1974年），頁24-25。

44 〔唐〕成玄英：《老子義疏》（臺北市：廣文書局，1974年），頁25。

（誘於外物）、「無」（制於工夫）固有別，但以其具有依賴性（滯），故皆有所偏執（執）。「遣」，即泯除、解消之義，即「不滯有」、「不滯無」之「不滯」也。但成玄英指出，當修行者以「玄」之工夫遣除雙執時，「玄」之工夫本身或會質變成另一種「執」（滯於此玄），故需行「又玄」之工夫對之作後一層次之遣除（更袪後病）。亦即，修行者不單要作「不滯於滯」（遣除「滯於有」、「滯於無」兩種滯）的「玄」之工夫，亦必須作「不滯於不滯」（遣除或將另成一滯的「玄」之工夫）的「又玄」之工夫。換言之，修行者不止要遣，亦要遣其遣，此之謂「遣之又遣」，成玄英認為這正是「玄之又玄」之真義。

　　從成玄英的說法可見，他主要是把「玄」理解為「遣」之工夫。由於「遣」有「不滯」之義，即擺脫知見情識對心思和行為的干擾，故對成玄英來說，「玄」實是當作一工夫字來使用的。「玄」作為一指涉「遣」之工夫，成玄英在另疏中謂之「損」。如第四十八章疏謂：

> 為學之人，執於有欲；為道之士，又滯無為。雖復深淺不同，而二俱有患。今欲袪此兩執，故有再損之文。既而前損損有，後損損無，二偏雙遣，以至於一中之無為也。[45]

首章疏的「今說又玄，更袪後病」，在第四十八章疏中說作「袪此兩執，故有再損之文」。「又玄」和「再損」，俱是指對前一層次之「玄」或「損」之工夫或將另成一滯的可能性之遣除。所謂「前損損有」，即以「玄」之工夫對治「滯有」、「滯無」之層次；而所謂「後損損無」，即以「又玄」之工夫對治「前損」之層次。要注意的是，成玄英將「有」、「無」之「損」稱之為「二偏雙遣」，即把兩種偏執同時解消之意。可知在成玄英的用法中，「損」、「遣」、「玄」三字乃

---

45 〔唐〕成玄英：《老子義疏》（臺北市：廣文書局，1974年），頁311。

「自一」之概念，俱是從不同角度對同一修養工夫之描述也。

　　事實上，將《老子》首章之「玄」視為一工夫字，乃是唐代以來不同重玄學者所遵守之共法，不獨成玄英而然。諸如李榮、唐玄宗、杜光庭等以「遣」、「不滯」等工夫字闡「玄」字俱反映了這種觀念。[46]合上述三點而言之，將老子之「玄」字用作一工夫字，以其指涉「損」之工夫，無論是從《老子》之用法來看，從《老子》之古抄本來看，還是從老學之詮釋史來看，都是有足夠理據成立的一個論斷。

（二）《老子》首章「玄」字所涵蘊之無為工夫

　　前文已確立了「玄」、「損」二字之互通性。由於「損」之工夫乃是所以達致「無為」者，可知「玄」作為一工夫字，乃是構成首章「無為」思想的一個環節。依此，我們遂可循此「玄」字之新釋通解「此兩者，同出而異名，同謂之玄。玄之又玄，眾妙之門」這一段首章結語，從而與前文對「道」、「名」、「欲」三組概念的「無為」詮釋構成邏輯的連結。

　　有關「此兩者，同出而異名，同謂之玄」這段話中的「此兩者」何所指，歷來爭訟不已。高明先生對古人王弼、河上公、王安石、范應元以及今人高亨、張松如（1910-1998）等先生的說法作了很好的歸納，並指出：

> 舊釋已將經文中相對詞語如「道」與「名」、「恆道」與「可道」、「無名」與「有名」、「無欲」與「有欲」、「無」與「有」、「始」與「母」、「妙」與「徼」等等，皆已講遍，諸家理解不同，各抒己見，而使讀者無所適從。[47]

---

46 董恩林：《唐代《老子》詮釋文獻研究》（濟南市：齊魯出版社，2003年），頁114-115、162-163、239-240。

47 高明：《帛書老子校注》（北京市：中華書局，2011年），頁227-228。

受篇幅所限，這裡無法逐一評論上述各項有關「兩者」的見解，故僅指出這些見解的共同點——這些見解皆以「兩者」所指為具有對反關係的兩組概念。高先生謂「舊釋已將經文中相對詞語……皆已講遍」，即有此強烈意味。而若循本章對「玄」字之詮解出發，我們或可從一個全新的角度挖掘「兩者」一詞的可能義蘊。

「此兩者，同出而異名，同謂之玄」的「兩者」，或可被理解為「無名」和「無欲」。理由是：一、老子謂兩者「同出而異名」。「同出」，意思是來源相同；「異名」，意思是稱呼有別。而「無名」（不逐聲名）和「無欲」（化解欲望）雖在措辭上有所分別，但同樣是道所顯示出來的表現，故謂「無名」和「無欲」兩者皆源出於道，亦於義可通。二、老子說「此兩者」「同謂之玄」，意思是「兩者」皆可用「玄」字稱之。而本節既已論證「玄」可視為和「損」相通之工夫字，則可知「兩者」一詞應能置於「損」之工夫脈絡上理解。經前文分析可知，所謂「無名」，意思是「不著力於追逐、把持名望、聲譽」；而所謂「無欲」，意思則為「化解欲望」。顯然的，「化解欲望」（無欲）本身正是一「損」之工夫，而「不追逐聲名」的作為本身，正是化解欲望的一種表現方式，因而亦屬於「損」之工夫。以此推之，「此兩者」可被看作是「無名，天地之始」和「故常無欲，以觀其妙」之合語，而「同謂之玄」則是對「無名」、「無欲」的共同性之概括——「無名」和「無欲」兩者（此兩者），雖然稱呼不同，但皆為「道」之表現方式（同出而異名），兩者同樣可稱為減損工夫（同謂之玄）。即使以帛書本、北大漢簡本的「（此）兩者同出，異名同謂」[48]為古貌，前述詮釋亦可應用——「無名」和「無欲」皆源出於道（兩者同出），兩者雖稱呼有別，但指謂同一種行為方式（異名同

---

48 高明：《帛書老子校注》（北京市：中華書局，2011年），頁227；北京大學出土文獻研究所編：《北京大學藏西漢竹書〔貳〕》（上海市：上海古籍出版社，2012年），頁144。

謂）。在此，「異名同謂」一語更能貼切地指示出「無名」和「無欲」之一體性——蓋在拙文的詮釋下，「無名」乃是「無欲」之某種表現；亦即，「無名」所指謂的行為方式，亦必為「無欲」所指謂的行為方式之所涵。而「異名同謂」一語正好反映了「無名」和「無欲」兩者之「自一」關係。[49]

　　至於「玄之又玄，眾妙之門」兩句和無為工夫之關係，亦可循上述線索而得以顯豁。「玄」既指減損工夫，而上文亦已論證「玄之又玄」和第四十八章「損之又損」有相通之誼，則「玄之又玄」即可理解為此一減損工夫之持續進行。老子認為，此一減損工夫之持續進行

---

[49] 廖名春先生曾質疑帛書本《老子》「異名同謂」一句的語意。他指出：「如果以『異名同胃』連讀，則『異名』與『同胃』矛盾。因為既是『異名』，所『胃』（謂）就應當不同，而不應當『同胃（謂）』。所以，我們只能說帛書本『同胃（謂）』後有脫文，至少脫落了一個『玄』字。如果是『兩者同出異名，同謂（玄）』的話，這些矛盾就自然消除了。」參看廖名春：〈《老子》首章新釋〉，《哲學研究》2011年第9期，頁41。按：廖先生質疑古本的求真態度值得敬佩，在此試對其說法提出一點補充性的意見：廖先生認為「異名」和「同謂」是矛盾的，意即「異名」必涵衍（entail）「異謂」。然而，廖先生對於「胃」（謂）字何義未有詳細說明。考先秦文獻「謂」字主要有二義：一是「意義」（meaning）或「意思」（sense），一是「指謂」（denotation）或「指涉」（reference）。如果「異名同謂」是指「不同名稱有相同意思」，則這並無廖先生所擔憂的「矛盾」，因為一詞多義的情況本就是正常的語言現象，此所謂「歧義」（ambiguity）也。老子之「異名同謂」是否有「矛盾」（contradiction），端視該兩名是否同時斷定了兩個不能同時成立之概念或命題；若該兩名只是承載著不同的意思，而老子強行等同之，則老子最多只是混淆了不同名稱或詞語的用法，而算不上是矛盾，因為「混淆不同名稱或不同詞語之用法」不等於「同時斷定兩個不能同時成立之概念或命題」。又，如果「異名同謂」是指「不同名稱有相同指涉」，則這和「矛盾」當是不相干的。因為不同名稱能夠指涉相同的項目也是正常的語言現象。如「朝陽」和「夕陽」乃不同名稱，其意思亦互有差異，但俱指涉「太陽」這一星體。由上述分析可知，無論「謂」指「意思」或「指涉」，「異名同謂」一語都沒有廖先生所說的「矛盾」。從文脈看，「異名同謂」的「謂」字，當從「指涉」解，即「無名」和「無欲」這兩個不同的名稱（異名）俱指涉「玄」或「損」這一相同的修養工夫（同謂）。這是前文以「自一」概念詮釋「異名同謂」一語的理由。由此出發，我們便可在保留帛書古貌的情況下讀通此句，而不必以通行本為標準強行更改了。

乃是「眾妙之門」。在老子的用法中,「門」字旨在譬況一產生某種結
果的條件。如第六章說:

> 谷神不死,是謂玄牝。玄牝之門,是謂天地根。綿綿若存,用
> 之不勤。

在此章中,老子以「玄牝之門」形容產生天地萬物的本根(天地
根),亦即以玄牝之門為天地萬物得以產生的條件。據此用法,我們
可以如此理解「玄之又玄,眾妙之門」的意思:減損工夫之持續進行
是使「眾妙」這種結果得以產生的條件。至於「眾妙」何義,我們還
是得回歸到第四十八章有關「無為」的說法中求解。第四十八章說:
「損之又損,以至於無為,無為而無不為。」老子認為減損工夫持續
下去,便是一種「無為」的行為表現,而此一「無為」的行為表現可
讓一切事情皆能順當地完成(無不為)。按照此一思路,所謂「眾
妙」,乃是針對「無不為」所提出的一個形容詞──「眾」即「一切
事情」之謂,而「妙」則是對「無為」的行為表現使得一切事情皆能
順當地完成的讚嘆之詞。也就是說,所謂「玄之又玄,眾妙之門」,
應可有意義地連繫到「無為而無不為」的觀念──只要不斷地從事減
損工夫,便是一無為的行為表現(玄之又玄);踏出這一門戶,便可
通向萬事皆成的坦途(眾妙之門)。這一對「玄之又玄,眾妙之門」
之工夫論詮釋,除了第四十八章的「無為而無不為」外,在《老子》
中尚有各種說法,如第三章的「為無為,則無不治」、第十三章的
「及吾無身,吾有何患」、第三十五章的「執大象,天下往」、第三十
八章的「上德不德,是以有德」、第五十七章的「我無為而民自化,
我好靜而民自正,我無事而民自富,我無欲而民自樸」等等。由此可
知,《老子》首章的「玄」論,實可與《老子》其他章段的「無為」
之說彼此呼應。

六　結論

　　根據前文對「道」、「名」、「欲」、「玄」四組觀念之分析考察，當可發現《老子》首章的形上學實未嘗不具實踐的意義。這一被置放在工夫論脈絡上所作的詮釋，既能對首章各句之說明提供連貫性，亦能與《老子》整體思想維持一致性，在各種出土的《老子》簡帛本之釋讀上也能展示應用性。當然，本章著眼於首章的形上之道和無為工夫之關聯，實無可避免地忽略了首章中「道」與「名言」之詭譎關係及老子「以言去言」的語言策略，[50]因而在立論上稍異於存有論、認識論、真理論、君道論諸種廣被接納的說法。但應當指出，以「無為」思想詮釋《老子》首章之目的並不在於排斥眾說或標新立異，而在於揭示首章義理的一個可能的側面，並由此彰顯老子以形上知識支持實踐原則之哲學特色。

---

50 關於《老子》中「道」與「名言」之關係、老子批判名言卻又使用「可道之道」等「詭譎為用」的言說方式諸問題，在當代學人中應以袁保新先生所論最為通透。袁先生認為老子之「名」，除了一般名言概念外，還意味著某種特定的、相對的認知方式。這種特定的、相對的認知方式在人間活動是必須的，但卻造成了人類心靈對名器的執著，這就是老子批判名言、主張致虛守靜的理由。參看袁保新：《老子哲學之詮釋與重建》（臺北市：文津出版社，1991年），頁87、93-95、168-182。按：倘此理解不誤，則袁先生所謂「無名」，所取的仍然是「沒有名謂」之義，但其解讀卻能把此一意義下的「無名」邏輯地連貫到「無為」的思想脈絡上去。這不僅較其他學人（如俞樾）難以貫通「語言」（無名）和「行為」（無為）二域來得合理而全面，甚至能在不違眾說的基礎上充分說明形上之道和無為工夫之關係。

參考文獻

一 古籍文獻

〔漢〕嚴遵著　王德有點校　《老子指歸》　北京市　中華書局　1994年

〔漢〕許慎著　〔清〕段玉裁注　《說文解字注》　臺北市　洪葉文化事業公司　1999年

〔魏〕王弼著　樓宇烈校釋　《王弼集校釋》　臺北市　華正書局　1992年

〔唐〕成玄英　《老子義疏》　臺北市　廣文書局　1974年

〔宋〕裴駰集解　《史記》　收入《四部備要叢書》　臺北市　中華書局　1966年

〔宋〕范應元撰　黃曙輝點校　《老子道德經古本集註》　上海市　華東師範大學出版社　2010年

〔宋〕胡宏著　吳仁華點校　《胡宏集》　北京市　中華書局　2009年

〔宋〕朱熹　《四書章句集注》　臺北市　大安出版社　1996年

〔明〕王畿著　吳震編校整理　《王畿集》　南京市　鳳凰出版社　2007年

〔清〕永瑢等撰　《四庫全書總目》　北京市　中華書局　1965年

〔清〕紀昀總纂　《四庫全書總目提要》　石家莊市　河北人民出版社　2000年

〔清〕俞樾　《諸子平議》　北京市　中華書局　1954年

〔清〕王先謙撰　沈嘯寰、王星賢點校　《荀子集解》　北京市　中華書局　1981年

北京大學出土文獻研究所編　《北京大學藏西漢竹書〔貳〕》　上海市　上海古籍出版社　2012年

荊門市博物館編　《郭店楚墓竹簡》　北京市　文物出版社　2001年

二　近人著述（中文）

（一）專書

丁四新　《郭店楚墓竹簡思想研究》　北京市　東方出版社　2000年

丁原植　《郭店竹簡老子釋析與研究》　臺北市　萬卷樓圖書公司　1999年

于省吾　《雙劍誃諸子新證》　北京市　中華書局　1962年

王中江　《道家學說的觀念史研究》　北京市　中華書局　2015年

王中江　《出土文獻與道家新知》　北京市　中華書局　2015年

王中江　《根源、制度和秩序：從老子到黃老》　北京市　中國人民大學出版社　2018年

王　淮　《老子探義》　臺北市　臺灣商務印書館　1980年

王　博　《老子思想之史官特色》　臺北市　文津出版社　1993年

王德有　《以道觀之——莊子哲學的視角》　北京市　人民出版社　1998年

尹志華　《北宋《老子》注研究》　成都市　巴蜀書社　2004年

尹振環　《帛書老子釋析——論帛書老子將會取代今本老子》　貴陽市　貴州人民出版社　1998年

尹振環　《楚簡老子辨析：楚簡與帛書老子的比較研究》　北京市　中華書局　2001年

牟宗三　《道德的理想主義》　臺中市　東海大學　1970年

牟宗三　《中國哲學十九講》　臺北市　臺灣學生書局　1983年

牟宗三　《才性與玄理》　臺北市　臺灣學生書局　1993年

向世陵　《善惡之上：胡宏・性學・理學》　北京市　中國廣播電視
　　　　出版社　2000年

李天命　《語理分析的思考方法》　香港　青年書屋　1999年

李明輝　《康德倫理學與孟子道德思考之重建》　臺北市　中央研究
　　　　院中國文哲研究所　1994年

李　零　《郭店楚簡校讀記》　北京市　北京大學出版社　2002年

朱謙之　《老子校釋》　北京市　中華書局　2011年

余開亮　《先秦儒道心性論美學》　北京市　北京師範大學出版社
　　　　2015年

佐藤將之　《中國古代的「忠」論研究》　臺北市　臺灣大學出版中
　　　　心　2010年

林明照　《先秦道家的禮樂觀》　臺北市　五南圖書出版公司　2007
　　　　年

郭　沂　《郭店竹簡與先秦學術思想》　上海市　上海教育出版社
　　　　2001年

姜國柱、朱葵菊　《中國歷史上的人性論》　北京市　中國社會科學
　　　　出版社　1989年

高　正　《諸子百家研究》　北京市　中國社會科學出版社　1997年

高　亨　《重訂老子正詁》　上海市　上海古籍出版社　1956年

高　明　《帛書老子校注》　北京市　中華書局　2011年

唐君毅　《中國哲學原論・原性篇：中國哲學中人性思想之發展》
　　　　臺北市　臺灣學生書局　1989年

袁保新　《老子哲學之詮釋與重建》　臺北市　文津出版社　1991年

徐　華　《道家思潮與晚周秦漢文學形態》　武漢市　華中師範大學
　　　　出版社　2008年

徐復觀　《中國人性論史・先秦篇》　臺北市　臺灣商務印書館　1969年

陳　來　《竹帛《五行》與簡帛研究》　北京市　生活・讀書・新知三聯書店　2009年

陳鼓應註譯　《老子今註今譯及評介》　臺北市　臺灣商務印書館　2000年

陳鼓應　《老莊新論》　香港　中華書局　2002年

陳鼓應　《道家的人文精神》　北京市　中華書局　2012年

陳鼓應　《莊子人性論》　北京市　中華書局　2017年

陳　靜　《自由與秩序的困惑──《淮南子》研究》　昆明市　雲南大學出版社　2004年

陳　徽　《老子新校釋譯：以新近出土諸簡、帛本為基礎》　上海市　上海古籍出版社　2017年

陳麗桂　《近四十年出土簡帛文獻思想研究》　臺北市　五南圖書出版公司　2013年

崔仁義　《荊門郭店楚簡老子研究》　北京市　科學出版社　1998年

許宗興　《先秦儒道兩家本性論探微》　臺北市　文史哲出版社　2008年

許朝陽　《善惡皆天理：宋明儒者對善惡本體義蘊之探討》　臺北市　文史哲出版社　2014年

曹　峰　《老子永遠不老：《老子》研究新解》　北京市　中國人民大學出版社　2018年

張岱年　《中國哲學大綱》　南京市　江蘇教育出版社　2005年

張舜徽　《周秦道論發微》　臺北市　木鐸出版社　1983年

張鴻愷　《先秦至漢初《老子》思想之發展與變遷》　臺北市　萬卷樓圖書公司　2009年

馮達文　《回歸自然──道家的主調與變奏》　廣州市　廣東人民出版社　1992年

馮耀明　《「超越內在」的迷思：從分析哲學觀點看當代新儒學》　香港　香港中文大學出版社　2003年

梁光耀　《思考方法淺論（共十二講）》　香港　香港人文哲學會出版　1997年

梁　濤　《郭店竹簡與思孟學派》　北京市　中國人民大學出版社　2008年

勞思光　《中國哲學史》　香港　崇基書局　卷2　1980年

程南洲　《倫敦所藏敦煌老子寫本殘卷研究》　臺北市　文津出版社　1985年

彭浩校編　《郭店楚簡《老子》校讀》　武漢市　湖北人民出版社　2000年

黃　釗　《帛書老子校注析》　臺北市　臺灣學生書局　1991年

曾暐傑　《打破性善的誘惑——重探荀子性惡論的意義與價值》　新北市　花木蘭出版社　2014年

楊祖漢　《儒家的心學傳統》　臺北市　文津出版社　1992年

楊儒賓編　《自然概念史論》　臺北市　臺灣大學出版中心　2014年

董恩林　《唐代《老子》詮釋文獻研究》　濟南市　齊魯出版社　2003年

葉海煙　《老莊哲學新論》　臺北市　文津出版社　1997年

葉海煙　《道家倫理學：理論與實踐》　臺北市　五南圖書出版公司　2016年

葉錦明　《邏輯分析與名辯哲學》　臺北市　臺灣學生書局　2003年

路德斌　《荀子與儒家哲學》　濟南市　齊魯書社　2010年

鄧小虎　《荀子的為己之學：從性惡到養心以誠》　北京市　北京大學出版社　2015年

鄧立光　《老子新詮——無為之治及其形上理則》　上海市　上海古籍出版社　2007年

廖名春　《荀子新探》　臺北市　文津出版社　1994年

廖名春　《郭店楚簡老子校釋》　北京市　清華大學出版社　2002年

蒙培元　《中國心性論》　臺北市　臺灣學生書局　1990年

鄭吉雄主編　《觀念字解讀與思想史探索》　臺北市　臺灣學生書局　2009年

鄭成海　《老子河上公注疏證》　臺北市　華正書局　1978年

鄭　開　《道家形而上學研究》　北京市　宗教文化出版社　2003年

鄭　開　《德禮之間：前諸子時期的思想史》　北京市　生活・讀書・新知三聯書店　2009年

蔡仁厚　《儒家心性之學論要》　臺北市　文津出版社　1990年

蔣錫昌　《老子校詁》　臺北市　東昇出版事業公司　1980年

劉笑敢　《莊子哲學及其演變》　北京市　中國社會科學出版社　1988年

劉笑敢　《老子：年代新考與思想新詮》　臺北市　東大圖書公司　2005年

劉笑敢　《老子古今：五種對勘與析評引論》修訂版　北京市　中國社會科學出版社　2009年　上、下卷

劉信芳　《荊門郭店竹簡老子解詁》　臺北市　藝文印書館　1999年

劉榮賢　《莊子外雜篇研究》　臺北市　聯經出版公司　2004年

劉韶軍　《日本現代老子研究》　福州市　福建人民出版社　2006年

賴錫三　《當代新道家——多音複調與視域融合》　臺北市　臺灣大學出版中心　2011年

錢　穆　《莊老通辨》　香港　新亞研究所印行　1957年

鍾振宇　《道家與海德格》　臺北市　文津出版社　2010年

北京大學出土文獻研究所編　《古簡新知：西漢竹書《老子》與道家思想研究》　上海市　上海古籍出版社　2017年

武漢大學中國文化研究院編　《郭店楚簡國際學術研討會論文集》　武漢市　湖北人民出版社　2000年

（二）論文（期刊論文、專書論文、論文集論文）

丁　亮　〈《老子》文本中的修身與無名〉　《臺灣人類學刊》第7卷
　　　　第2期（2009年12月）　頁107-146

王　博　〈無的發現與確立──附論道家的形上學與政治哲學〉
　　　　《中國哲學》2011年第12期　頁24-31

王　博　〈虛無的偉大意義：道和德的另外一個方向〉　《中國道
　　　　教》2017年第3期　頁22-24

伍至學　〈老子論命名之偽〉　《哲學雜誌》第13期（1995年7月）
　　　　頁218-243

牟宗三主講　盧雪崑整理　〈《孟子》講演錄〉（一）　《鵝湖月刊》
　　　　第29卷第11期（總號第347期）　2004年5月　頁7-14

牟宗三主講　盧雪崑整理　〈《孟子》講演錄〉（五）　《鵝湖月刊》
　　　　第30卷第4期（總號第352期）　2004年10月　頁3-12

牟宗三主講　盧雪崑記錄　〈老子《道德經》講演錄（五）〉　《鵝湖
　　　　月刊》第29卷第2期（總號第338期）　2003年8月　頁5-17

李靈玢　〈老莊人性觀〉　《湖北社會科學》2009年第12期　頁105-
　　　　108

沈清松　〈老子的人性論初探〉　收入臺灣大學哲學系主編　《中國
　　　　人性論》　臺北市　東大圖書公司　1990年　頁1-18

季旭昇　〈郭店楚墓竹簡札記：卞、絕為棄作、民復季子〉　《中國
　　　　文字》新24期　臺北市　藝文印書館　1998年　頁129-134

呂錫琛　〈論道家「因性而教」的道德教育思想〉　收入吳光主編
　　　　《中華道學與道教》　上海市　上海古籍出版社　2004年
　　　　頁109-124

周大興　〈王弼「性其情」的人性遠近論〉　《中國文哲研究集刊》
　　　　第16期（2000年3月）　頁339-374

林永勝　〈從才性自然到道性自然──六朝至初唐道教自然說的興起與轉折〉　《臺大文史哲學報》第71期（2009年11月）　頁1-35

郭　沂　〈從「欲」到「德」──中國人性論的起源與早期發展〉　《齊魯學刊》2005年第2期（總第185期）　頁10-15

郭　沂　〈從道論到心性之學──老子哲學之建立〉　《哲學與文化》第24卷第4期（1997年4月）　頁351-368

夏含夷（Edward L. Shaughnessy）　〈非常道考〉　《中國哲學》2012年第4期　頁21-26

陳鼓應　〈從郭店簡本看《老子》尚仁及守中思想〉　收入陳鼓應主編　《道家文化研究》第17輯　北京市　生活・讀書・新知三聯書店　1999年　頁64-80

陳鼓應　〈先秦道家之禮觀〉　《漢學研究》第18卷第1期（2000年12月）　頁1-22

張杰、鞏曰國　〈《老子》、《莊子》及《管子》稷下道家性超善惡論〉　《管子學刊》2016年第3期　頁5-11

曹　峰　〈《老子》首章與「名」相關問題的重新審視──以北大漢簡《老子》的問世為契機〉　《哲學研究》2011年第4期　頁58-67

馮耀明　〈中國哲學可以用分析哲學的方法來處理嗎？〉　收入氏著《中國哲學的方法論問題》　臺北市　允晨文化實業公司1987年　頁311-325

傅佩榮　〈人性向善論──對古典儒家的一種理解〉　《哲學與文化》第12卷第6期（1985年5月）　頁25-30

傅佩榮　〈《老子》首章的文義商榷〉　《國立臺灣大學哲學論評》第33期（2007年3月）　頁1-14

廖名春　〈《老子》首章新釋〉　《哲學研究》2011年第9期　頁35-42

賴錫三　〈渾沌與秩序之間──《老子》的原初倫理與他者關懷〉
　　　　收入陳鼓應主編　《道家文化研究》第29輯　北京市　生
　　　　活・讀書・新知三聯書店　2015年　頁104-145

劉又銘　〈從「蘊謂」論荀子哲學潛在的性善觀〉　收入政治大學文
　　　　學院編　「孔學與二十一世紀」國際學術研討會論文集》
　　　　臺北市　政治大學　2001年　頁50-77

劉固盛　〈范應元《老子道德經古本集注》試論〉　《中國道教》
　　　　2001年第2期　頁10-13

劉榮賢　〈從老莊之異論二者於先秦為不同的學術源流〉　《東海中
　　　　文學報》第12期（1998年12月）　頁75-100

劉榮賢　〈理性與自然──道家自然主義中的人文精神〉　收入東海
　　　　大學中國文學系編　《美學與人文精神》　臺北市　文史哲
　　　　出版社　2001年　頁75-98

鍾振宇　〈老子的語言存有論〉　收入氏著　《道家的氣化現象學》
　　　　臺北市　中央研究院中國文哲研究所　2016年　頁155-196

韓　巍　〈西漢竹書《老子》的文本特徵和學術價值〉　收入陳鼓應
　　　　主編　《道家文化研究》第27輯　北京市　生活・讀書・新
　　　　知三聯書店　2013年　頁1-35

（三）學位論文

林明照　《莊子「真」的思想析探》　臺北市　臺灣大學哲學研究所
　　　　碩士論文　2000年6月

葉錦明　《中國哲學與分析哲學之互補》　香港　香港中文大學哲學
　　　　學部博士論文　1993年

三 近人著述（英文）

Chong, Kim-chong, *Early Confucian Ethics: Concepts and Arguments*　Chicago　Open Court　2007

De Reu,Wim,　"Right Words Seem Wrong: Neglected Paradoxes in Early Chinese Philosophical Texts." *Philosophy East and West*　vol. 56　no. 2　(April 2006)　pp. 281-300

Fung, Yiu-ming,　"Two Senses of 'Wei 偽': A New Interpretation of Xunzi's Theory of Human Nature." *Dao: A Journal of Comparative Philosophy*　vol. 11　no. 2　(June 2012)　pp. 187-200

Hansen, Chad, *A Daoist Theory of Chinese Thought: A Philosophical Interpretation*　New York　Oxford University Press　1992

Hutton, Eric,　"Does Xunzi Have a Consistent Theory of Human Nature?"　T. C. Kline III and Philip J. Ivanhoe, eds., *Virtue, Nature, and Moral Agency in the Xunzi*　Indianapolis/Cambridge　Hackett Publishing Company　2000　pp. 220-236

Knoblock, John, *Xunzi: A Translation and Study of the Complete Works (Volume II, Books 7-16)*　Stanford　California　Stanford University Press　1990

Kripke, Saul. A., *Naming and Necessity*.　Cambridge, Mass　Harvard University Press　1980

Slingerland, Edward, *Effortless Action: Wu-wei as Conceptual Metaphor and Spiritual Ideal in Early China*　New York　Oxford University Press　2003

後記

　　筆者自碩士班研習中國哲學開始，即對老子哲學發生很大的興趣。碩士研究範圍原初屬意老子，感力有未逮，只好擱置計劃。後來攻讀博士學位，畢業論文雖以老子、莊子、黃老之學三系道家思想為主題，畢竟不屬於老子哲學的專門研究。近年因教學所需，較常閱讀《老子》幾種通行本及簡、帛本，亦廣泛接觸了學界的老學成果。唯教研工作繁重，行政庶務困身，拙著六篇老子專論，可說是在壓力甚鉅的工作環境中逐字擠出來的。背了多年的包袱終於放下，鬆一口氣之餘，亦驚覺人生之旅竟走完一半！

　　拙著分甲、乙兩編，凡六章。甲編三章以老子之人性論為主題，乙編三章以老子之無名思想為主題，大部分曾於學術會議上宣讀及發表於學術期刊。甲編三章為筆者科技部專題研究計畫「老莊人性論研議──兼論儒道人性論異同」（計畫編號：105-2410-H-005-029-MY2）之部分成果。第一章〈老子人性論研究述評〉的第二節「性自然論述評」，曾以〈以自然為人性？──老子人性論的一個商榷〉為題發表於香港中文大學中國語言及文學系、中國文化研究所劉殿爵中國古籍研究中心主辦的「古籍新詮──先秦兩漢文獻國際學術研討會暨中國文化研究所五十周年慶典」（2017年12月14至15日）。第三章〈老子性超善惡論評析〉則刊載於《中央大學人文學報》第六十五期（2018年4月）。乙編三章的出版資訊則如下：第四章〈重探老子「無名」思想〉，以〈老子「無名」思想重詮〉為題刊載於《興大人文學報》第六十期（2018年3月）；第五章〈工夫論視野下的「始制有名」〉，先以〈《老子》三十二章「始制有名」重詮〉一名發表於中興大學中國文

學系主辦的「2015經學與文化全國學術研討會」（2015年12月4日），
後以同名刊載於《興大中文學報》第三十九期（2016年6月）；第六章
〈循「無為」思想重讀《老子》首章〉，原題〈試論《老子》首章
「形上之道」與「無為工夫」之關係〉，刊登於《國立政治大學哲學
學報》第三十六期（2016年7月）。在研究計畫審查、出席學術會議和
投稿學報的過程中，承蒙多位審查委員、特約講評人和前輩學者賜予
寶貴意見，筆者實在由衷感激。審查拙著的兩位匿名委員不僅指出了
初稿的許多錯誤和待修正、補充的地方，對當中一些較大膽的觀點亦
非常包容和鼓勵，筆者謹受教，在此致以深切謝意。

自任職中興大學中文系以來，薪傳老師劉錦賢教授經常關心筆者
的教研狀況，拙著順利撰成，多賴劉教授督促鞭策。學友黃泊凱教授
從研究生時代起便是筆者分享生活和學術討論的良好伙伴。拙著各章
以研究計畫和單篇論文形式接受審查期間，浮沉起伏，數歷轉折，徬
徨之餘，對他多有攪擾，甚覺抱歉。內子美齡多年照料，讓筆者專心
壹志，無後顧之憂。尤感激博士論文導師馮耀明教授。他一直鼓勵筆
者從事學術研究，又在百忙之中批閱拙著，賜序推薦，師恩深重，無
可言喻。當日增月益，教不負期許。

蕭振聲 謹識
於中興大學人文大樓九樓研究室

哲學研究叢書・學術思想叢刊　0701016

老子之人性論與無名思想

作　　　者	蕭振聲
責任編輯	邱詩倫
特約校稿	林秋芬

發 行 人	陳滿銘
總 經 理	梁錦興
總 編 輯	陳滿銘
副總編輯	張晏瑞
編 輯 所	萬卷樓圖書股份有限公司
排　　　版	林曉敏
印　　　刷	森藍印刷事業有限公司
封面設計	斐類設計工作室

發　　　行　萬卷樓圖書股份有限公司
　　　　　臺北市羅斯福路二段 41 號 6 樓之 3
　　　　　電話 (02)23216565
　　　　　傳真 (02)23218698
　　　　　電郵 SERVICE@WANJUAN.COM.TW
香港經銷　香港聯合書刊物流有限公司
　　　　　電話 (852)21502100
　　　　　傳真 (852)23560735

ISBN 978-986-478-236-9
2018 年 12 月初版一刷
定價：新臺幣 360 元

如何購買本書：

1. 劃撥購書，請透過以下郵政劃撥帳號：
   帳號：15624015
   戶名：萬卷樓圖書股份有限公司

2. 轉帳購書，請透過以下帳戶
   合作金庫銀行　古亭分行
   戶名：萬卷樓圖書股份有限公司
   帳號：0877717092596

3. 網路購書，請透過萬卷樓網站
   網址 WWW.WANJUAN.COM.TW

大量購書，請直接聯繫我們，將有專人為
您服務。客服：(02)23216565 分機 610

如有缺頁、破損或裝訂錯誤，請寄回更換

國家圖書館出版品預行編目資料

老子之人性論與無名思想 / 蕭振聲著.
-- 初版. -- 臺北市 ： 萬卷樓, 2018.12
面 ；公分. --（哲學研究叢書・學術思想叢刊）

ISBN 978-986-478-236-9（平裝）

1.（周）李耳 2.老子 3.學術思想 4.先秦哲學

121.31　　　　　　　　　　　　107020575